JN221574

ラテンアメリカ研究入門

〈抵抗するグローバル・サウス〉のアジェンダ

松下 冽 Matsushita Kiyoshi

法律文化社

は し が き

　20世紀末には新しい世紀に向けた「21世紀」を掲げた様々な企画や書籍・論文が喧伝された。だが、今や21世紀もすでに20年を経過しようとしている。確かに世紀末を挟んで重要な歴史的出来事が世界的に頻発しており、それは、学問的にも、人類の生存と生活環境においても、また多くの人々の意識にも無視できない変化と影響を及ぼしている。

　こうした変容は新自由主義的グローバル化の急速な展開を契機にしている。それは、冷戦の終結、第二次世界大戦以降の時代を支配した「ケインズ―フォード主義型」資本蓄積の限界と危機、情報・通信革命の急速な発展、それらの結果としての新自由主義的蓄積体制への転換とグローバル資本主義の本格的展開と深化を基本的な背景としている。

　21世紀に入り人類は連続的に深刻な危機に直面している。この危機は経済的・金融的、政治的、社会的な出来事として表出してきた。9.11同時多発テロ（2001年）、リーマンショック（2008年）、イギリスの EU 離脱をめぐる迷走、偏狭なナショナリズムと結びついた「ポピュリズム」的潮流の世界的な台頭、複雑で多様な紛争と貧困と結びついた止まることのない移民・難民の流れ、等々。さらに、人類の生存に関わる地球環境の累積的な悪化は一刻の猶予も許さないスピードで悪化している（2019年現在、ブラジルの極右大統領ボルソナードはアマゾンの広大な熱帯雨林の伐採と破壊に積極的である）。他方、貧困や格差の拡大や雇用不安といった社会的不安の拡大は、「ホモ・エコノミックス」の覇権のもとに多くの人々の消費主義的メンタリティを強め、精神と思考の委縮と画一化に導いている。その結果は国家主義の強まりとそれへの依存、民主主義制度の空洞化である。

　以上のように、現在の時代状況はポスト国民国家とグローバル化が不可避的な傾向であるが、それゆえに、ナショナルな発想と思考がこれと対峙し、あるいは共振・協調している情況にある。本書が対象とするラテンアメリカはまさにこうした時代状況を先取りしている。この地域の現代史はまさに新自由主義

の「実験室」であたった。同時に、この地域の民衆は軍事的・抑圧的・独裁的体制をくぐり抜けて、ポスト「新自由主義」と「もう一つのグローバル化」、「下からのグローバル化」を困難ななかで試行錯誤しながら模索してきた。

　本書は「ラテンアメリカ研究入門」というタイトルを掲げているが、この地域の政治的・経済的・歴史的な諸現象を包括的かつ総合的に扱ってはいない（筆者はラテンアメリカに関する単著としては、『現代ラテンアメリカの社会と政治』日本経済評論社、1993年；『現代メキシコの国家と政治──グローバル化と市民社会の交差から──』御茶の水書房、2010年を出版した）。その意味では、本書は限定的・選択的である。ラテンアメリカの現在を考え、その将来を構想する点で基本的な論点と課題に集約させている。それゆえ、本書は「新自由主義的グローバル化」の時期を対象とし、それが民衆の生活に与えた諸困難を再確認し、民衆が主体的にそうした困難にどのように立ち向かっているか、そのためのナショナル、リージョナルに市場の論理を超えるどのような構想を抱いているか、さらには米国のヘゲモニーに対して「抵抗するグローバル・サウス」をいかに構築しようとしているのか、こうした論点を検討・考察した。

　本書は大学での「ラテンアメリカ研究」という授業向けに、法律文化社の有能な編集者、小西英央氏のご尽力をいただいて極めて短期間で書き上げた。小西氏の理解と協力なしでは本書は日の目を見なかったかもしれない。ここに、改めてお礼を申し上げる。

　2019年9月21日

松下　冽

目　　次

引用・参考文献

　本書の引用・参考文献は、以下のサイトより PDF ファイルをダウンロードのうえご参考にしてください。パソコンであればブラウザで開けます。

　法律文化社 HP 教科書関連情報

　〈https://www.hou-bun.com/01main/01_04.html〉

【学習のためのウェブサイト】

The North American Congress on Latin America（NACLA）　〈https://nacla.org/〉

　　1966年に創設された非営利・独立組織。ラテンアメリカ（以下、LA）諸国と人民による抑圧と不正義、経済的・政治的従属からの自由な世界を目指している。

CIP Americas Program　〈https://www.facebook.com/cipamericas/〉

　　米国の対 LA 外交政策の分析、LA における相互尊重、非介入、非軍事化、民主主義、社会正義の推進に向けた草の根組織・運動の連帯と強化を使命とする。

América Latina en Movimiento　〈https://www.alainet.org/es〉

　　目的はほぼ同上。英語版もあり。テーマ別分類あり。

La Jornada　〈https://www.lajornadanet.com〉

　　1984年設立。メキシコシティを代表する日刊紙の一つ。進歩的・独立的な立場を維持。

Trans-Border Institute　〈https://www.facebook.com/USDTBI/〉

　　調査・教育を通じメキシコと国境地域の持続的平和構築への貢献を使命とする。

Latin American Perspectives　〈latinamericanperspectives.com/〉

　　1974年発行。LA の全領域をカヴァーするアカデミックなジャーナル。興味深い論争的なテーマを特集している。

Instituto Nacional de Estadística y Geografía（INEGI）　〈https://www.inegi.org.mx/〉

　　メキシコ国立統計地理情報院。メキシコの基本的な情報・資料を提供。

Pew Research Center　〈https://www.pewresearch.org/〉

　　世界を諸問題、諸傾向、態度についての世論調査を提供する中立的シンクタンク。政策的な姿勢はとらない。ヒスパニックの多様な傾向をも提供されている。

The Official James Petras Website　〈http://petras.lahaine.org/?p〉

　　ビンガムトン大学の著名な左翼的社会学者で名誉教授のホーム・ページ。LA、中東、帝国主義、グローバル化、社会運動など幅広い発言で知られる。

Democracy Now！　〈https://www.democracynow.org〉

パシフィカ・ラジオ・ネットワークの報道番組。番組はメインストリームのマスコミが取り上げないようなニュースを扱うことを目的としている。LA 研究にも参考になる。

ル・モンド・ディプロマティーク（日本語・電子版）　　＜www.diplo.jp/＞
　　グローバルな市民社会形成の姿勢からの記事は参考になる。LA の記事も多い。

日本ラテンアメリカ学会　　＜www.ajel-jalas.jp/＞
　　『ラテンアメリカ研究年報』発行

ラテン・アメリカ政経学会　　＜www.js3la.jp/＞
　　学会誌『ラテン・アメリカ論集』発行

JETRO・アジア経済研究所　　＜https://www.jetro.go.jp/＞
　　『ラテンアメリカ・レポート』発行

一般社団法人ラテンアメリカ協会　　＜https://latin-america.jp/＞
　　季刊誌『ラテンアメリカ時報』発行

【最近のラテンアメリカを学べる著作】

ラテン・アメリカ政経学会編『ラテン・アメリカ社会科学ハンドブック』新評論、2014年。

後藤政子／山崎圭一編著『ラテンアメリカはどこへ行く』ミネルヴァ書房、2017年。

序　章　21世紀のラテンアメリカを考えるために

1　グローバル世界の中のラテンアメリカ：その歴史と現在

近代世界史のダークサイド

　コロンブスによるこの地域の「発見」はこの地域の「収奪」の始まりを意味していた。もっとも「発見」という言葉自体に西欧的バイアスがあることは言うまでもない。1992年の「500年記念」の際にその意味をめぐって論争があったことは記憶に新しい。「発見」か「収奪」か。妥協的な意味づけとして文化の「遭遇」という言葉が浮上した。

　ウルグアイのジャーナリスト、エドゥアルド・ガレアーノは1971年に『収奪された大地——ラテンアメリカ500年』（邦訳）を出版した。原題は『ラテンアメリカの切り開かれた血脈（*Las venas abiertas de América Latina*)』である。

　ガレアーノは本書で、まさに500年間にわたる欧米による収奪の歴史を膨大な資料を駆使して描いている。それは、西欧の資本主義的発展とラテンアメリカ（以下、引用以外はLA）の「低開発」が併存する世界の歴史である。従属論の影響が指摘されるが、彼は「官製の歴史、勝利者によって語られる歴史が隠蔽したり偽造したりしているある種の事実を広く知らせる」意図で描いている。

　さらに、同書は「ラテンアメリカの低開発は他地域の開発の結果」で、「ラテンアメリカ人が貧しいのは、われわれの踏んでいる大地が豊かだからだということ、自然によって特権を付与されている地域が歴史により呪われてきた」ことを明らかにしている。この表現はある種の単純化を含んでいるがここではさして重要ではない。1994年にメキシコのチアパスでサパティスタ民族解放軍（以下、サパティスタ）が蜂起したときに、彼らの生活は500年間変わらなかったという意味の言葉を発したことが思い出される。

米国は19世紀にメキシコの多くの土地を略取した。20世紀の転換の時期に米西スペイン戦争にきっかけにキューバを保護国としている。キューバ革命までのLAに対する事実上の支配・抑圧・収奪と地域ヘゲモニー確立の過程はLAの理解には重要である。米国の支配層からするとLAは歴史的に米国の「勢力圏」と理解された。他方、この地域では「北の巨人」に対する反米ナショナリズムが民衆の対米意識の底流として持続している。こうした両者の認識と意識は時代状況により強弱はあるが現在でも無視できない。こうしたLAの歴史についての考察は本書の直接的な目的ではない。様々な概説書や研究書があるので参考にしてほしい。

新自由主義にまつわる黒い歴史

　ガレアーノが描いた500年の歴史は、当然、この大陸に住む多様な民衆の抵抗、反乱、蜂起、革命を引き起こした。メキシコ革命やサンディーノの反米の戦いなど幅広く多様な性格の運動が歴史に組み込まれ、民衆の深い記憶が刻まれている。

　LAはグローバルな世界史の中で翻弄されながらも、独自のナショナルな、またリージョナルな動きを決して止めることはなかった。1970-80年代に始まる米国を震源とする世界資本主義のグローバルな再編は、本書で具体的に考察するようにこの地域の政治、経済、社会の全般的な激変を生み出した。

　G.グランディンは『帝国の実験場：ラテンアメリカ、米国、そして新しい帝国主義の台頭』（2008）において、LAを米国の世界戦略の実験場として位置づけている。彼は、「新自由主義にまつわる黒い歴史」を知るうえで、米国の対LA政策の再検討が不可欠であると強調する。とりわけ1980年代における中米に対する「低水準」戦争の分析が重要であると主張する。それは、9.11以降中東で行われていることの「予行演習」の意味合いをもっていた。

　グランディンは言う。中米において、共和党は初めて、「今日の帝国主義にその道義的力を与えている三つの要素」を結びつけた。すなわち、「懲罰主義的理想主義、自由市場絶対主義、そして右派キリスト教徒の動員」である（グランディン, 2008：22）。

　米国が最も大規模に帝国的経験をした一つの地域はLAである。「ブッシュ

の9.11後の先制的で攻撃的な軍事優先主義型外交政策とレーガンの中東政策との関連は、現実には人員のリサイクル以上のずっと深いものがあった。」

　さらに再確認すべきことは、新保守主義の政策的・イデオロギー的側面である。この面でのレーガン政権の中米政策と作戦として、グランディンは次の三つの側面に注目する。

　第1に、広告業界ならびに情報機関の技術を駆使した、洗練された集中的「外交広報」である。これには、メディア、教育、広告業界、心理戦の専門家の動員が挙げられる。

　第2に、反体制に対する監視・威嚇、国内の秘密工作であり、これらは今日、愛国法につながる。1980年代、中米への連帯運動活動家に対する嫌がらせや・脅迫や自宅への不法侵入などがある。

　第3に、レーガンは軍事専門家や福音主義者の動員による右派の「草の根勢力」を構築した。そこには、「解放の神学」への対抗戦略が含まれた。

　これらの結果は、ニュー・ライトが支配的政治勢力となるための理念と基盤構築を進めることに成功することになる。

変革と革命、反革命・軍事独裁が継続的に交差する大陸

　LA では歴史的に激しい政治的・社会的な変動が「周期的」に浮上してきたように見える。キューバ革命以降の現代史（後藤, 2016；河合, 2016参照）に限っても、変革の動きと権威主義的・抑圧的な動きが交差しながら現代史を形成してきた（松下, 1993：第5章, 第6章参照）。

　キューバ革命の衝撃はこの大陸で広範なゲリラ運動を引き起こした。チェ・ゲバラは1967年にボリビアで殺されたが、革命の象徴的な存在として大きな影響を及ぼし続けた。1968年にはペルーでのベラスコ政権、パナマのトリホス政権、1970年にはボリビアのトーレス政権といった革新的・民族主義的軍事政権の誕生を引き起こした。サルバドル・アジェンデが主導したチリ人民連合政府（1970-73年）は合法的・平和的な手段を通じて、また世界中の注目を浴びて誕生した。しかし、1973年9月11日に米国の支配層とそれに連携したチリ国内の反人民連合勢力によるクーデターにより倒された（もう一つの9.11）。その後も、ニカラグアにおいてサンディニスタ民族解放戦線による革命が発生しソモ

サ独裁を倒している。このようにLAでは変革を求める運動が底流として無視できない存在であった。

　他方で、キューバ革命を受けた米国のLA戦略は、この地域の「低開発」と非民主主義の克服を口実に様々な領域で追求された。そでは政治経済的には軍事政権の誕生となって現れてきた。1964年のブラジルの軍事政権の誕生をはじめとして、チリのピノチェト軍政、アルゼンチンなど軍政が陸続と出現し、この流れは変革の流れを圧倒していわば暗い「軍政の時代」を迎えることになった。

　世界的な「民主化の第三の波」をも背景として、1980年前後からこの大陸でも民主化の動きが浮上してくる。そして、1990年代末から2000年初期にかけて、多くのLA諸国では軍政期の政治的・社会的な抑圧と経済的貧困と格差の体験を潜り抜けた、先住民をも含む広範な民衆の支援を受けて左派勢力が大統領選挙で勝利し、政治的左傾化の波がほぼ20年の間続くことになった（いわゆる、ピンク・タイド）。

　ところが、最近、保守的諸勢力の巻き戻しが強まっている。2016年には中道左派政権を代表するブラジルでは、ルーラ政権が国内大資本との間での新自由主義との癒着した関係を批判された。そして後継のルセフ政権も保守派の攻撃にさらされた。2018年には極右で元軍人のボルソナーロに政権を奪われた。LAの「左派」政権による政治的左傾化の波は様々な要因により厳しい問題に直面し、今日ではその趨勢も終わったかの感がある。

　とはいえ、この間の新しい「左派」政権の台頭と左傾化の波は、LAの現代史に決定的な意味をもつ一時代を画している。LA社会の民主的な変化と課題を追求し、一定程度その可能性に期待を抱かせた。この経験は単純に清算できないであろう。その意味でも、とりわけ「左派」政権と民衆の主体的な関わりを再考することは不可欠な作業であろう（本書第5章）。

2　本書の課題：
　　新自由主義の生成・展開、そしてポスト新自由主義に向けて

　LAにおける新自由主義が及ぼしてきた決定的影響は、それがあらゆる領

域・部門の全域に浸透し、現代の LA を考察するための前提となっている。社会的諸現象はほとんどすべてが新自由主義的政策を媒介にして表出し顕在化してきた。貧困・格差、移民、麻薬カルテルと暴力、先住民運動と共同体の破壊、乱開発など、民衆の生活を根底から揺さぶってきた。こうした状況を背景にして「左派」政権が誕生してきたことを考察する必要がある。この点でも、「左派」政権の挫折の原因を真剣に探らなければならないであろう。

　ポスト新自由主義の諸課題を分析し21世紀の新たな民主化を構想し展望するには、いまだ続いている新自由主義型グローバル化が及ぼした社会的・政治的・経済的・思想的な帰結の包括的な再考が要請されよう。

　「国家―市民社会―経済」関係如何という枠組みから、とりわけ重要な主体的要素となった社会運動の位置と役割を分析する必要がある。20世紀後半、この地域の従属的開発は社会経済構造を大きく変えた。当然、階級構造も意識構造も変容を遂げてきた。「新しい労働運動」と労働者党の誕生（松下，2012a：第5章参照）、「解放の神学」の民主化に果たした役割（松下，1993：第7章参照）、さらに本書でも取り上げるポルト・アレグレに象徴される民衆参加の諸制度、リージョナルなレベルでの変革の実験、とりわけ米州ボリバル同盟（ALBA）、民衆レベルのリージョナル・ガヴァナンス、社会連帯経済など限界を含めて積極的に検討されるべきであろう。世界社会フォーラムの設立と発展にはブラジルの役割が大きかった。もちろん、これらの実践と企図は多国籍な支配層の抵抗と妨害もありスムーズには展開しなかったが、貴重な経験であることは否定できない。

　同時に、新自由主義グローバル化が言うまでもなく地球規模の政策かつ動きであり、その克服が単に LA のみならず、とりわけグローバル・サウスの緊急の課題であるとすれば、この地域の経験はポスト新自由主義をめぐる課題や展望などの諸問題を実践的にも理論的にも提示している（松下，2016b：2016c）。

　本書は、こうした研究課題を含む新自由主義時代の LA を以下の視座から総括し、これから新自由主義を乗り越える必要性と可能性を「民衆の視点」から考えてみたい。

3 本書の視座・アプローチ

　LA の複雑な歴史と構造を背景に政治・経済を始めとした先駆的な知的・学問的な業績の提起がなされてきた。たとえば、政治領域ではポピュリズム論、コーポラティズム論、権威主義論などが挙げられよう。経済・開発・歴史分野では従属論、国内植民地論、世界システム論などが注目を浴びた。さらに、民族的アイデンティティの一体性と文化的・社会的多様性にも関心が示された。リージョナリズムは現代的課題である。これらはほんの一部である。

　そこで、上記の「本書の課題」を視野に入れて、本書は以下の視座とアプローチをとる。現在では、新自由主義の社会的帰結は民衆の生活体験からも、とりわけ LA の民衆の中では明らかになっている。しかし、新自由主義の言説はいまだ支配的であり、「われわれの多くが世界を解釈し生活し理解するに一体化してしまうほど、思考様式に深く浸透している」（ハーヴェイ，2007a：11）のである。ここに、新自由主義に抗して生活と民主主義を取り戻す困難さがある。また、新自由主義は、教育現場から経済・金融政策、国家の重要諸機関、国際的諸機関にいたるあらゆる領域にその影響力を埋め込んでいる。

　LA で21世紀に拡がり始めた「左派」政権が、一時的に民衆の幅広い支持を獲得できたにもかかわらず、今や挫折と後退を余儀なくされている。それゆえ、ポスト新自由主義へのプロジェクトは、知的・文化的ヘゲモニーをめぐる戦いを含む広範な領域で展開されざるを得ない。そして、それは「ローカル／ナショナル／リージョナル／グローバル」の重層的連関の中で、また、ナショナルなレベルでの「国家―市民社会―市場」の相互関係を民衆の視点から組み立てることが必要になる。

　その際に、以下の基本的視点が重要になるであろう。

　第1に、「ローカルな視点と基点」から、すなわち「市民の生活空間」から「国家―市民社会」関係の民主的再構築を最も重視すること。サパティスタの蜂起はローカルな空間で始まったが、グローバルな歴史的背景と意味を内包していた。

　第2に、市民の立場から「重層的なガヴァナンス」構築を構想する際に必要

なことは、「国家の退場」の立場ではなく、「国家の再構造化」の視点から「国家」を再考することである。国家は「退場」しておらず、グローバル資本主義への参入の推進役を果たしている。

　第3に、「国家―市民社会」関係の民主的再構築、さらには「重層的なガヴァナンス」の構想においてアソシエーションや社会運動と参加型の民主的制度構築の相互作用、シナジー関係に注目している。普通の民衆はそれぞれの生活をめぐる問題から直線的にはグローバルな問題に対応できない。

　第4に、グローバル・サウスの諸実践が既存の諸概念の再考を促していることを無視できない。たとえば、民主主義の民主化や深化の課題、制度と運動の対立的関係を超えた相互連関の問題、市民の立場に立った「知識と権力」の対立と調停の議論、政党の新たな積極的役割の問題、新たな「国家―市民社会」関係における国家および市民社会の再考、等々である（松下，2012a：第9章参照）。

　第5に、以上で示唆した論点と課題は、グローバル化時代におけるLAの変革戦略の探求、すなわちこの大陸を含めたグローバル・サウスにおける新たな「国家―市民社会」関係構築の模索と深く絡み合ってくる。それはグローバル化時代における政治の優位を民衆の側に取り戻すこと、民衆のために政治を動かし、国家を再構築する戦略を追究することでもある。ベックが述べる以下の主張は、新自由主義に呻吟する世界に当てはまる。

> 「市民の満足と政治的了解は、お金で買うことができない。了解と同意の生産と再生は、世界経済が自らの墓穴を掘るのでない限り、決して経済の論理に従属しないような政治や文化、民主主義、国家といった固有の領域を必要としている。したがって、国家を断念させないという戦略は、新自由主義による敗北的政治に抗して、信念と経験を新たに強化することを試みる。つまり、政治なしにはまったく成功はありえないということである。」（ベック，2008：211，傍点筆者）

　最後に、本書は民衆の異議申し立て、「国家―市民社会」関係の民主的再構築の追求と同時に、複雑化し錯綜するグローバル秩序にも関心を示している。たとえば、中国のグローバル・アクター化がアフリカやLAで及ぼしている重大な影響に見て取れよう。ここには、国家利益と市民の利益の離齬・対立、国境を越えたナショナリズムのリージョナル化現象、「ローカル／ナショナル／

リージョナル／グローバル」な関係の新たな局面が現れている。

　以上の基本的視点の中で、とくに重要な要素は社会運動の役割であろう。なぜなら、「市民の生活空間」から出現し、「国家─市民社会」関係を民主的に転換し、民主的ガヴァナンスを重層的に構築する基本的な担い手は、市民運動やNGO を含む多様な社会運動であるからである。

　上に指摘したナショナルなレベルでの「国家─市民社会─市場」の相互関係を民衆の視点から組み立てることは、グローバルな視座を軽視することを意味しない。現在では、ナショナルな一国レベルの思考と構想を乗り越える必要も不可欠である。すなわち、グローバル・サウスの時代認識を踏まえた「抵抗のグローバル・サウス」の視座が不可欠であることは言うまでもない。

4　グローバル・サウスにおけるラテンアメリカ

　グローバル・サウスは、新自由主義型資本主義のポスト冷戦期のユニークな特徴をもった新たな段階である。これらの特徴は、多国籍企業の先例のない権力と拡がり、そして、そのグローバルな生産チェーンを含んでいる。これらの政策の帰結は良く知られている。グローバルかつナショナルに富の激しい集中があり、超富裕層と大多数の人々とのギャップは拡大している。コモンズ──保健、水、輸送、エネルギー、知識、種子など──の民営化は民間部門の権力を拡大した。さらに、注目すべき最近の現実は、「南」と同様な貧しい場所は「北」にも多数存在し、同時に、ナショナルなエリートが富を蓄積している多くの裕福な地帯が「南」にもあることである。グローバル化のもとで、国境を越えて組織され拡散されている新たな社会的ヒエラルキーや不平等の諸形態が出現している。

　以上の視点から、「グローバル・サウス」という概念は、新自由主義型グローバル化のもとで搾取、疎外、周辺化の共通した経験を有するすべての人々、グループ、諸階級を包含する。これは政治的グローバル・サウス、あるいは抵抗のグローバル・サウスである。抵抗のグローバル・サウスは、世界社会フォーラム（WSF）のようなプロセスを通じて新自由主義型グローバル化の共通理解と抵抗を構築している。

こうして、グローバル・サウスにおけるガヴァナンスは新自由主義国家に対する各種の異議申し立てから始まった。新自由主義は「国家の後退」を通じて進められるのではなく、「国家権力の再編成」を通じて、結局、「新たな国家形態＝新自由主義国家」の出現を通じて進められた。そして、グローバル・サウスにおける新自由主義国家が直面している中心的な政治・社会的問題は、その再構築過程が、貧困化と排除の拡大を進めるゆえに新自由主義型ヘゲモニーに対する従属諸階級の同意調達の基盤を侵食してきたことである。これはLAに典型的に見られる。

　今日、グローバル・サウスでは幅広く多様な異議申し立てが起こっている。それらは潜在的に「抵抗するグローバル・サウス」の重要な構成要素となっている。「グローバル・サウス」において民主的なガヴァナンスを構築できるか、その場合、如何なる状況と条件が必要とされるか、そもそも「グローバル・ノース」との関係で「グローバル・サウス」が政治的・経済的・社会的に自立することが可能なのか、こうした問題を考えてみたい。これは極めて困難で複雑な問題であることは確かである。だが、「ユートピア」の探求ではなく、世界中で行われている民衆主体の実験と努力を前提に、「グローバル・サウス」の民主的ガヴァナンス構築の構想と可能性を探ることは、今日、緊急に要請される人類的な課題でもある。

第 1 章　ラテンアメリカ——脱国民国家への胎動

1　資本主義と国民国家の「黄金期」

　20世紀の LA における経済開発は主に国内市場を基盤としたナショナルな戦略であった。それは後に「フォード—ケインズ主義的」と呼ばれた開発モデルである。そして、この開発モデルは、この世紀を通じて多様な形態をとりながら世界資本主義システムの中枢から「南」の旧植民地まで拡がった。それはナショナル志向のエリートに推進され、彼らは自分たちの権力と地位の維持のため、少なくとも一定の民衆階級と労働者階級に依拠することが多かった。

　1930年代から50年代の LA に見られるように、このモデルは多階級型開発モデルを追求する傾向があった。それは開発主義型、ポピュリズム型、あるいはコーポラティズム型と呼ばれた。第三世界の国々でも開発主義的工業化戦略は、先進諸国のニュー・ディールや社会民主的変種とは異なった形態をとった。それは、しばしば国家や公共部門の役割の重要性を強調し、民族解放運動から成長した大衆的社会動員を伴っていた。また、ポピュリズム型あるいはコーポラティズム型政治プロジェクトを含んでいた。メキシコ、ブラジル、アルゼンチン、チリなど LA の多くの国家はこうした政治体制を共有していたといえる。

　いずれにしても、この開発モデルは民衆への再配分を通じて国民統合・包摂と国内市場の拡大を目指した。LA を含む第三世界のエリートの正統性はこの再配分と民衆階級の社会的再生産の論理に密接に結びつけられてきた。

　世界資本主義はこの時期、国民国家内で、また国家間システムを通じて発展した。国民国家はブレトン・ウッズ体制により調整された統合型国際市場の下に国際分業と通商と金融の交換を通じてお互いに結びつけられていた。こうして、この体制は経済政策や社会政策に対してナショナルな統制形態を提供し、

またナショナルな資本主義的発展にかなりの自律性を提供した。こうして、第二次世界大戦以降四半世紀にわたり、世界経済は持続的な成長期、いわゆる資本主義の「黄金期」を経験した。しかし、この「繁栄」は1970年代に始まった世界経済の下降とともに破綻し、ナショナルな企業資本主義に危機をもたらした。

　1970年代に始まった世界資本主義危機は、一般にグローバル化に向かう転換点と認識された。それは「新たな多国籍段階への移行の前兆」であった。20世紀の大部分、第一世界のケインズ主義型資本主義と第三世界の開発主義型資本主義は結局、共通する二つの特徴をもっていた。すなわち、経済への国家介入と再配分的論理である。1970年代に始まった危機は、これらのポスト第二次世界大戦の社会的蓄積構造の枠組みでは解決不可能であった。第一世界において、「ケインズ―フォード型」福祉国家の連続的な崩壊かあった。そして、第三世界では、とりわけ経済的収縮と1980年代の債務危機に示されるように、開発主義プロジェクトはすでに使い果たされた（Robinson, 2012：352）。

国民国家型資本主義の蓄積から新しい蓄積様式＝「略奪による蓄積」へ

　1980年代の債務危機により要請されたのが、大企業と支配的階級に有利な富の再分配であり、それが彼らの至上命題となる。D. ハーヴェイ（2007a）がいう「階級権力の復活」のための「略奪による蓄積」が戦略として浮上してくる。グローバル化は蓄積モデルの新たな様式を探求する資本家と国家管理者としての現実的な戦略となった。グローバルに参入することは、前の時代のナショナルな国家と労働者階級および民衆階級によって押しつけられてきた階級的妥協と譲歩から別れ、国民国家型資本主義の蓄積による束縛を資本家が払いのけることを可能にした。1973年の固定為替相場制を放棄する米国政府の決定は、効果的にブレトン・ウッズ体制を取り去り、多国籍資本の運動と多国籍企業の急速な拡大と規制緩和に向け水門を開いた。資本は新しい方法で国境を超えて展開する能力を得た。それはグローバル資本主義時代のさきがけとなった。

　多国籍企業は労働者を統制する新たな権力を獲得し、階級と社会的諸勢力の世界的規模での配置を彼らに有利に変えた。前の時代の国際資本は多国籍資本

に変身した。この過程で、先進資本主義諸国のみならず、多くの発展途上国では労働者階級や多くの民衆との伝統的なコーポラティズム的妥協による解決は困難になった。ナショナルな経済エリートや支配階級は政治的脅威にさらされた。チリ（1973年）とアルゼンチン（1976年）の軍事クーデターは、この困難を力に訴えた解決であった。新自由主義政策の最初の実験場と化したチリに見られたように、この政策には軍部を中心とした政治的抑圧と一連の「ショック療法」が続くことになる（グランディン，2008；クライン，2011a；2011b）。

　グローバルなエリートと多国籍資本家は、新たにグローバルで「フレキシブルな」蓄積レジームの構築を企てた。ケインズ主義は、マネタリスト政策、規制緩和、資本のために逆進課税と新たなインセンティブを含む「供給サイド」アプローチに置き換えられた。フォード主義型階級的妥協は、脱組合化、フレキシブルな労働者の飼い慣らし、労働条件の規制緩和を基盤にした新たな労資関係に置き換えられた。そして、「埋め込まれた自由主義」（Ruggie, 1982）と福祉型社会契約は緊縮政策と市場法則と競争を最優先する生産活動に置き換えられた。1880年代以降、資本が利潤を創出し蓄積する過程は資本主義的グローバル化と結びついた。ロビンソンによれば、それは次の特徴をもっていた（Robinson, 2012：353）。

　第1は、新たな労資関係の創出であった。それは規制緩和、労働市場のインフォーマル化、労働の「フレキシブル化」に基づいていた。

　第2は、資本蓄積における新しい段階が見られた。旧来の第三世界と第二世界（社会主義諸国）の広大な地域を世界資本主義経済に再統合を通じてシステムは拡大した。そして、1990年代までにはあらゆる地域がその統合システムの外側に留まれなかった（外延的拡大）。同時に、それまで市場関係の外側にいた公共空間と共同体領域は商品化され、民営化と国家の規制緩和、知的所有権などの拡大を含めた再規制を通じた蓄積に道を開いた（内包的拡大）。

　第3は、世界貿易機関（WTO）の創設を含め、グローバルな蓄積を推進するグローバルな法的・規制的構造の設立であった。

　第4は、各国への新自由主義モデルの押しつけである。それは、国境の内外で資本の自由な展開、そして世界的規模での資本蓄積の政治的・法的条件の同一化のための条件を創出する構造調整プログラムを含んでいた。新自由主義を

通じて、世界はますます「グローバル資本主義のための統一した単一領域」になってきた。資本は国民国家からの自由を確保し、グローバル化の攻撃とともに労働者に関連する新たな権力を獲得するにつれ、国家はケインズ主義的な社会構造の再生産から蓄積を最優先する新たなグローバル蓄積体制へ移行した。

2 支配的様式としての新自由主義モデルの展開

「第3の征服」による超富裕階級の出現

1980年代初頭に開始されたLAに対する新自由主義的猛威を、米国の歴史家、グレッグ・グランディンは「第3の征服」と呼ぶ（グランディン, 2008）。鉄道、郵便事業、道路、工場、電信電話事業、学校、病院、刑務所、ゴミ収集、水道、放送、年金制度、電力会社、テレビ放送会社などが売却された。チリでは「幼稚園から墓地や地域のプールにいたるすべて」が入札にかけられた。

1985年から1992年の間に、LA全域で2000以上の政府系産業が売却された。これらの売却資産の多くは多国籍企業やLAの「超億万長者」の手に渡った。「超億万長者」とは、国家の解体から利益を得て驚くべき規模の金持ちになった「新たな階級」である。

メキシコでは、平均実質賃金が急激に落ち込んだ時でさえ、億万長者の数は1987年の1人から1994年の13人に増加している（『フォーブス』）。そして、翌年には24人とほぼ2倍になっている。この超富裕階級の出現の多くは、サリーナス大統領（1988-94年）が強行した民営化計画、すなわち「前例のない腐敗」を伴った民営化の時期に集中した。彼自身はLAの最富裕階級の1人になったのだが、それは1700万の貧しいメキシコ人の資産に匹敵する。

このように、新自由主義の主要な目標は、資本蓄積を復活させる方向で国家と市場との関係を「改革」することであった。それは、今ではよく知られているように、国家の「撤退」と基本的な社会サービスの民営化という過程を伴っていた。それは、規制緩和、民営化、課税削減、政府サービスの低下や社会的保護と低賃金雇用の常態化といった政策の採用に導いた。とくに労働市場の劇的な変化は、市民の社会的諸権利の急激な縮減を生み出した。それは広範囲な

社会的不安を引き起こすことになった。

　21世紀に向けた LA が置かれている状況は、新自由主義型グローバル化がヘゲモニーを握る以前の「20世紀型」の経済発展モデルではない。前述のように、このモデルは蓄積における国家の積極的な役割や寡頭制型の政治的コーポラティズム同盟を伴っていた。コーポラティズム型ポピュリズムと輸入代替工業化は LA の20世紀モデルであった。

　しかし、LA の政治・経済は全面的な転換が起こったのである。新たな支配的蓄積部門はグローバルな蓄積循環に密接に統合されているのである。1960年代には、ナショナルな資本主義や世界資本主義に対する一定のローカルな「自治」を享受できる孤立した地域がかなりあった。たとえば、先住民は世界資本主義から一定の自律性をまだもっていた。しかし、21世紀のグローバル資本主義は LA の隅々まで浸透しているのである。

大規模な抵抗への社会的基盤醸成

　こうして、新自由主義モデルはグローバルなエリートの中でコンセンサスを得た。新自由主義型改革は、市民生活のかなりの部分を市場法則に従属させることを目的にした。しかし、当然、こうした改革は多くの市民から異議申し立てや激しい抵抗を受けることになった。大規模な抵抗や暴動は、1989年のベネズエラやアルゼンチンで噴出した。チリやブラジルのような国でさえ、失業や半失業の増大、そして賃金の下落によって新自由主義が問題を孕んでいるとますます認識されるようになった。こうした歴史的・構造的な背景のもとに、のちに検討するが、LA において政治の左傾化が強まり、左派が「復活」する社会的基盤を形成するのである。

　LA では、チリのアジェンデ政権（1970-73年）の挫折とニカラグアのサンディニスタ政権（1979-90年）の崩壊以降、メキシコのサパティスタの運動などが見られたとはいえ、左派勢力は相対的に低迷していた。しかし、1999年のベネズエラにおけるチャベス政権の誕生を契機に、ブラジルのルーラ（2003年、2007年再選、以下、大統領就任年）、アルゼンチンのネストル・キルチネル（2003年、2008年のクリスティーナ・フェルナンデス・キルチネル）、ウルグアイのタバレ・バスケス（2005年）、ボリビアのエボ・モラレス（2006年）、チリのミッチェ

ル・バチェレ（2006年）、エクアドルのラファエル・コレア（2007年）、パラグアイのフェルナンド・ルーゴ（2008年）と「左派」政権が陸続と出現した。中米でもニカラグアのダニエル・オルテガ（2007年）がこの流れに合流した。この地域の人口の約60％が左派政権のもとで生活するまでにいたった。

　こうして、新自由主義に対する民衆の異議申し立てが最も明瞭に接合したのがLA であった。1994年、メキシコのチアパス州におけるサパティスタの蜂起は、新自由主義型ヘゲモニーに反対する歴史的な不満の爆発であり、社会的な異議申し立ての象徴として顕在化した。コロンブスがこの大陸に到着して以降、500年を超える低開発状況と暴力に呻吟した先住民が「もうたくさんだ！」との叫びを掲げた蜂起であった。これは、LA のみならず、グローバル・サウスの深刻な状況を示す重要な指標であった。1990年代はこの地域で開発主義と新自由主義を超えようとする多くの社会運動の台頭を目撃することになる。これらの運動は新自由主義を拒絶しただけでなく、多くの場合、開発と政治のもう一つの形態を構想し構築しようとした。

　こうして、新自由主義政策による「略奪による蓄積」を通じて経済エリートの階級権力は回復したが、他方、地球規模での貧富の格差が拡大した。『人間開発報告書1992：南の台頭──多様な世界における人間開発』が指摘するところによれば、世界で最も富んでいる20％の人々が総所得の約83％を独占し、最も貧しい人々はわずか1.4％の所得しか得ていない。さらに、『人間開発報告書1999：グローバリゼーションと人間開発』は、世界人口の５分の１を占める最富裕国に住む人々と、世界人口の５分の１を占める最貧国の人々との間の所得格差が、1960年の30対１から1990年には60対１に、1997年には74対１になったと報告している。

3　本格化するグローバル資本と連携するテクノクラート政権

新自由主義化に包摂されるメキシコ

　資本の権力の復活はLA の多くの国でテクノクラートの台頭と結びついていた。テクノクラートはナショナルな政治エリートに代わり統治ブロックの一翼を担うことになる。ここではメキシコのケースを概略する。

メキシコの政治体制は、1929年から2000年まで基本的には制度的革命党（PRI）によるコーポラティズム型の支配構造により統治されていた。この体制のもとで、国家主導型の輸入代替型経済戦略に基づく経済発展モデルが追求され、輸送、エネルギー、公益事業、一定の基幹産業など広範な公的セクターが形成されてきた。

　1965年に始まったマキラドーラと呼ばれる保税加工区は、安価な労働力を提供することでのメキシコ国境地域での生産活動を米国企業に承認する外資導入計画であった。この計画はメキシコの産業・雇用構造の根幹を構成するものとなった。とくに、マキラドーラは厳格な新自由主義原則で展開され、1980年代のペソ平価切下げ以降最も急速に拡大した。こうして、新たな開発アプローチとしての輸出指向型工業化の優位を保証した。

　1968年の学生と民衆の広範な運動は、PRI体制の正統性に疑問を明確にする最初の兆しであった（ポニアトウスカ，2005参照）。他方、コーポラティズム型支配と「協調」する形で統合されていたビジネス界は、1970年代にはそこからの「自立性」を強め、外国資本との連携を模索し始めた。1982年の債務危機とデフォルトは巨額の資本逃避、銀行の国有化と続き、メキシコの政治的・経済的転換の直接的転機となった。こうした混乱の中で、国際通貨基金（IMF）、世界銀行、アメリカ財務省はデラマドリ政権（1982-88年）に圧力をかけ緊縮政策と新自由主義的改革を要求した。1984年にはガットに加盟し、グローバル経済にメキシコを開放した。

　こうした新自由主義とグローバル化の時代的趨勢、メキシコの債務危機、この国の支配体制の中核であったPRIの支持基盤の傾向的低下とその分裂など、これらの諸要因は、米国の北米自由貿易協定（NAFTA）構想の要請を積極的に受容する以外の選択肢をメキシコの支配ブロックは考えられなかった。同時に、新自由主義を積極的に担う政治勢力とテクノクラートの存在と形成は、1980年代初めから育成されてきた（松下，1997：2001a）。

新自由主義とテクノクラート政権

　メキシコの新自由主義化と統治機構におけるテクノクラート化について、ウイリアム・ロビンソンはグローバル資本主義の視角から論じている。

メキシコ国家と政治制度は、この国がグローバル経済に統合された1980年代と1990年代にナショナルなエリートの分派と多国籍なエリートの分派との厳しい流血をも伴った闘争で崩壊した。これらの闘争の間、多国籍志向の諸分派はメキシコ国家を支配し、PRI内での統制を握る支配的グループになるため、メキシコの外部のグローバルなエリートや多国籍型国家（TNS）諸制度から広く支持された。メキシコのエリートのこの多国籍分派は、1988年の不正選挙を通じてその中心的代表カルロス・サリーナスの勝利で決定的な支配を収めた。そして、これらの階級は、メキシコ国家によるNAFTA促進のための広範な環境を構築した。彼らは、とりわけメキシコの農業システム——それは1910年のメキシコ革命によって存在してきたし、国内市場に向けたかなりの貧農生産、共同組合生産、小規模生産を含んでいた——の大規模な輸出向け資本主義農業を基盤にし、グローバルに統合されたシステムへの転換を目標にしていた。NAFTAそれ自体は、後述するように、メキシコのビジネスおよび政治的エリート内部の多国籍諸集団によって推進された。NAFTAのデザインと統括に基本的な役割を果たした三極委員会の北米グループは、12名のメキシコ人メンバーを含んでいた（Robinson, 2014：89）。

　メキシコのグローバル化に向けた衝動は、世界銀行のような超国家的諸機関と連携してサリーナス政権のもとでメキシコ国家内の多国籍志向のテクノクラートから起こった（Centeno, 1994）。その後、彼らはメキシコの産業界内の強力な経済諸グループを動員した。彼らはナショナルな蓄積循環から多国籍な循環に移行することができたし、強力なメキシコ基盤の多国籍企業を主導しようとした。この場合、多国籍型国家（TNS）諸機構はローカルな支配集団を組織化し、グローバル化する際に主導権を握った。メキシコ国家とメキシコ資本家階級のかなりの部分の多国籍化は、米国帝国主義によるメキシコの従属化といった旧来の新植民地的分析の視角からは理解されない過程である（Robinson, 2014：90）。

国民的アイデンティティへの攻撃

「哀れメキシコよ、米国にあまりに近く、天国からあまりにも遠い」

これは、メキシコの悲しい宿命を嘆いた、メキシコ人であれば誰でも知っているポルフィリオ・ディアスの言葉である。この独裁者を倒して革命を達成したメキシコは民族的自立の道を半世紀近く維持してきた。しかし、1980年前後から新自由主義の暴走に飲み込まれ、その経済のみならず、国家も社会も解体・空洞化されつつある。この過程は、メキシコ人のアイデンティティの源泉である1917年メキシコ憲法（1917年2月5日に署名）を侵食し、骨抜きする過程でもあった。

　この憲法がとくに注目されるのは、それがLA最初の近代革命の産物であり、一連の社会的諸権利を市民に付与していた世界で最初の憲法であったことにある。憲法27条、73条、123条は経済への国家介入を是認し、民衆的権利のために私的所有を規制する権利を国家に与え、資本と労働の諸関係を調整する権限を国家に与えた。憲法27条はあらゆる土地と資源に対するメキシコ国家の統制を主張していた。同時に、憲法123条は当時世界で最も進歩的な労働立法を確立し、最低賃金の保証、ストライキと集団交渉の権利、8時間労働日制、使用者の義務と労働者の保険、子ども労働の禁止、性にかかわらず平等な支払い、産休などの規定といった項目を定めていた。

　しかし、革命から現れた政治秩序は、多くの人が望んだような階級間の権力の転換ではなかった。本質的にはブルジョアジーにより指導されていた。言うまでもなく、憲法の条項がメキシコ社会の現実となったわけではなかった。そこにはメキシコ国内の諸勢力や諸関係の利害関係や力関係が反映していた。

　憲法の裏切りは早くから始まっていた。だが、憲法が保障する社会的諸条項の無視や憲法が明示していた国民主義の総崩れは、新自由主義者のもとで1980年代に本格的に始まった。1982年にミゲル・デラマドリ（1982-88年）が大統領に就任した。そして、彼の継承者カルロス・サリーナス・デ・ゴルタリ（1988-94年）は、メキシコのNAFTA実現に向け1992年に27条にメスを入れた。彼は共同体的土地所有（エヒード）の私的所有を可能にし、さらなる土地の再配分を終わらせるために27条を修正した。

　その後、政治家による執拗な憲法修正が続けられた。エンリケ・ペニャ・ニエト大統領はその進歩的内容の最後の面影を急襲した。彼は石油やガス、発電部門を外国資本に「開放」するため、修正を通じて憲法27条の本来の意図を破

壊した。

　2013年12月21日、ペニャ・ニエト大統領は、75年の歴史をもつ国有石油会社PEMEX を終わらせる政府行政命令を発表した。このことにより、PEMEX および電気委員会 CFF は今や民間企業と同等な地位にあると考えられており、それは組合が管理委員会のメンバーとして諸決定に参加する権利を含む特別な地位を失うことを意味した。2012年９月、議会は労働者の権利を無視し一掃する労働諸改革を立法化した。こうして、メキシコに向けられた米国の新自由主義「戦略」はその「最終目標」が達成されつつあった。

　この命令は、電力発電と配給システムが二つの国営制度のもとにあった時代の終わりを意味した。文字通り、PEMEX も連邦電力委員会（CFE）もその存在を止めることになる。この民営化は新自由主義の狙いを象徴的に示す政策の具体化である。著名な知識人アルナルド・コルドバは、この民営化に対して、「憲法が死につつある」（Córdova, 2013）と論じた。また、1930年代に大統領であったラサロ・カルデナス（1934-40年）の息子クアウテモック・カルデナスは断言した。「独立国家としての我々の歴史を通じて、国がその主権と自決のためのこうした解体を見たことはなかった」（Cárdenas, 2013）と。「憲法が死につつある」状況や国家主権と自決権の「解体」の過程は、1980年代初めから徐々に進行し、サリーナス政権期における新自由主義政策の本格化し、さらに1994年の北米自由貿易協定（NAFTA）の調印を契機に加速的に具体化してきた。

　また、ペニャ・ニエト政権のもとで、治安部隊は血なまぐさい「ドラッグ戦争」の暴力に関わってきた。これには強制的行方不明、超法規的な殺人や拷問を含んでいた。1980年代半ば頃からメキシコに登場しつつあった市民社会は、新自由主義国家のもとで沈黙を余儀なくされた。「権力の空白」状況が深まり、犯罪経済が影響力と役割を拡大し、一種の「麻薬取引国家（Narco-State）」が現れた。

　2014年11月、ゲレロ州の43名の学生と教師が地域の警察に捕まり、ドラック・ギャングに引き渡された。この恐ろしい事件は政治的権力者をも巻き込み、ドラッグの情報収集と戦闘に特化していた軍の派遣部隊から数マイル離れたところで起こったのである。しかし、それは氷山の一角にすぎない。2007年以降、数万の人々が殺され、数千の強制的行方不明が報じられてきた。

これらの事件は、NAFTA を含む新自由主義の30年間の帰結でもある。NAFTA と新自由主義政策は、メキシコの工業と農業の生産構造、そして公的社会制度を破壊してきた。この過程は、「犯罪的な経済取引を組み込んだ本源的蓄積の第二の波」(Laurell, 2015：247) として理解できる。すなわち、この過程は極端に豊かで少数の集団とますます貧しくなる膨大な数の民衆との社会的分断化であった。仕事や教育の機会を得ることのできない若者たちにとっては極めて深刻な打撃となっている。同時に、マスメディアが新自由主義イデオロギーに追随して極端な個人主義と消費主義を推進している。

　こうして2017年で100歳を迎えたメキシコ憲法はほとんど瀕死の状態であるが、「1917年憲法は100歳で酷い病状にある。しかしまだ死んではいない」(O'Toole, 2017)。確かに、憲法はなお重大な価値がある。1994年、サパティスタ民族解放軍がメキシコ政府に対し戦争を宣言したとき、彼らは39条を引用して反乱を正当化した。「いかなるときでも、人民はその政府形態を変更あるいは修正する不可譲の権利をもっている」と。

【注】

1）　メキシコ国家と政治制度の内部におけるナショナルなエリート分派と多国籍なエリート分派と闘争については、松下（2010）の第4章「メキシコ官僚制度の展開と変容」および第5章「グローバリゼーションとメキシコ権力構造の再編」で論じた。

2）　メキシコの新自由主義化と統治機構のテクノクラート化の推進者は、関連する二つのサークルに属していた。一つは、大規模商業企業であり、彼らは外国資本にますます浸透されており、Televisa や Telmex のようなテレコミュニケーション企業、Banamex などの銀行組織、強力なモンテレイ・グループに結びついた企業家を含んでいた（Camp, 2002）。もう一方の分派は、旧来の政治構造に結びついていた若い官僚であった。彼らは米国のエリート大学で教育を受けた精力的な新しい世代で自由な企業経営の確固とした信奉者、テクノクラート化したエリートであった。

3）　国営企業としての CFE の創設は、農村の電力供給を通じて農業部門を強化する長期のプログラムの一部であり、ラサロ・カルデナス大統領（1934-40年）のもとで1937年に開始した。一方、PEMEX は、「真のナショナルな」石油産業を促進するためにアベラルド・ロドリゲス大統領（1932-34年）により1934年に設立された。しかし、この時期、外国石油企業はメキシコの石油を所有し支配していた。この支配に抗して、1935年から1937年の間に石油労働者は1892回のストライキを引き起こした。石油労働者組合と当時メキシコで活動していた16の企業との長引いた論争の後、カルデナス大統領は1938年にこの産業を国有化した。現実には、PEMEX がその基盤を構築したのは1952年に

なってからであった（Hamilton, 1982：216-240）。

4） メキシコの市民社会は、1985年のメキシコ・シティー大地震を契機に本格的に始まった（松下，2007a；2007b 参照）。

5） メキシコにおける「権力の空白」についての議論は、Edgardo（2013）を参照。

6） カルテルへの PRI の統制システムが解体したとき、犯罪経済が役割を拡大した。この政治状況を一種の「麻薬取引国家（Narco-State）」と表現されている（Laurell, 2015）。

7） 麻薬取引と暴力・犯罪・人権侵害についてはビジャファニェ（2017）および松下（2013a）参照。

第 **2** 章　新自由主義がもたらした問題群

1　新自由主義の登場、展開、社会的インパクト

新自由主義の問題群

　グローバル化とともに新自由主義が世界中を席巻してから約40年近くが経過し、その幅広い深刻な影響が社会的・経済的領域を中心にすでに明らかになっている。すでに多くの論者が指摘してきたが、新自由主義の戦略、政策、イデオロギーは、グローバルなレベルからローカルなレベルにいたる全域に、また人々の日常生活に隅々に入り込んでいる（クライン，2011b；グランディン，2008；ハーヴェイ，2005；2007a；Robinson, 2004；2012；2014；オング，2013；松下，2007b；2008a；2008b；2012a）。

　そこで、これまでの新自由主義の展開で何が明らかになったのか。様々な文献で指摘されているが、そのいくつかの問題群を確認しておきたい（ハーヴェイ，2005；2007a；クライン，2011b；グランディン，2008）。

　第 1 に、第二次世界大戦以降、世界経済を主導してきた「埋め込まれた自由主義」（Ruggie, 1982）とケインズ主義的妥協が捨て去られ、資本主義の新たな段階に入ったことである。新自由主義は1970年代末以降の展開の中で、米国政府、国際金融資本、そして南北を横断する支配的な政治・経済エリートを融合した「トランスナショナルな新たな歴史ブロック」を形成した。それは、第二次世界大戦以降、グローバルな政治経済を形成した階級権力のバランスを実質的に変化させた。

　第 2 に、暴力的な手段を伴いながら、広範な「同意の形成・調達」（ハーヴェイ，2005）が周到に試みられた。これを新保守主義の政策とイデオロギーが補完していたのである。新自由主義はあらゆる領域と部門での激しい政治的抗争を伴った。それは官僚制、軍部を含む国家機構、大学・教会・マスメディアな

どのイデオロギー装置、労働運動や労働部門など広範囲に及んだ（グランディン，2008；松下，2001a；2001b）。

第3に、新自由主義化はその目的を達成するために、多様な部門における様々な形態の民営化＝私有化、市場開放、金融化、外資規制緩和、税制改革、危機管理のシステムを巧みに実施した。これらの諸政策は、1989年にウイリアムソンによって「ワシントン・コンセンサス」の名で10項目にまとめられており、1990年代半ばから国際金融機関で推進されるようになる。

その結果、第4に、社会的な富は再配分されず「略奪による蓄積」（ハーヴェイ，2005）が強行された。都市部門において、この略奪による蓄積はグローバル・サウスの組織労働者や中間階級の経済的・政治的支柱を侵食した結果であった。彼らは失業や不安定な仕事、脱階級化を経験した。さらに、新自由主義のもとでの社会的再生産の大幅な商品化、従属的諸階級の保健・教育・住宅へのアクセスが根本的に侵食されていった。

農村部門では、小農や周辺的農民、自給自足的インディオ農民が略奪による蓄積の矢面に直面した。自由化政策は基本的な補助金を終わらせ、農村開発インフラへの公共投資やサービスと信用を削減し、小農や周辺的農民が小商品生産を通じての自己の生存を可能にしていた保護措置を取り除いた。こうした状況は、とりわけ、1980年代のメキシコをはじめ LA 諸国に典型的に現れていた（Motta and Nilsen, 2011：15-16；松下，2008a；2008b）。

第5に、新たなネオリベラル型蓄積体制はナショナルな経済運営を侵食し、また、開発主義国家が市民と結んでいた「社会契約」を侵食した。国家―社会関係は「低水準民主主義」を推進する形で再構築された。これは経済的再配分と政治的調停を前提としていた既存の制度的メカニズムを侵食した。その結果、人民諸階級の集合的権力を分断することになった。

最後に、以上の諸現象と結びついて、新自由主義は社会と文化の個別化、断片化、「原子化」を促進した。「社会などというものは存在しない」と当時のサッチャー首相の言説が示していたように、社会的連帯を担保していた主要な市民運動、労働組合、政党などの中間的な媒介組織は解体ないし弱体化された。

こうして、新たなレジームは開発主義の国家―市場関係をも再編成し直し、

国民国家が自立的な開発政策を形成する基盤を大幅に削減した。この結果、組織された従属諸階級は社会・経済的拠点を喪失し、それまでの社会政治的編成の解体を経験することになった。

　以上の新自由主義による深刻な影響や問題群の共通性は広範に認められた。それは、その後の新自由主義の展開からも明らかなように、地域間、国家間で、またそれぞれの内部でも相違が現れている。以上、要約的に論じた新自由主義型グローバル化がもたらした様々な問題については本書の各章で詳細に触れる。

2　民族的自立戦略の挫折、ナショナルな社会構造の分断・破壊

民族的自立的工業化戦略の挫折

　LA では1945年以降、とりわけ1950年代と60年代には輸入代替工業化に基づく経済戦略の拡がりと民族主義的運動や政策の展開が幅広く追求された。これは地域の民族的自立性を構築する試みであり、米州関係に緊張を生み出す可能性を孕んでいた。実際、この緊張は米国所有資産の国有化政策の採用、あるはアメリカ系多国籍企業が活動する課税条件の交渉の試みによってしばしば現実化した。

　1970年代までには、輸入代替工業化の経験はインフレや成長の停滞を生み出した。1880年代以降、LA は輸出主導型成長と農業や鉱業における資本主義的実践の導入を本格化したが、それには様々な圧力が絡み合っていた。不均衡な発展、農業部門と工業部門の双方における国内市場向け生産とグローバル経済向け生産との間の緊張、国内のエリートに傾斜した歴史、国内資本形成の困難さと地域経済の重要部門における外国資本の存在、周期的な社会的・経済的・政治的な危機に対応する下からの周期的動員、などである。

　経済的諸困難に対し、各国は政治的な介入にかなり依存することになる。官僚的・権威主義的体制（O'Donnell, 1978：松下, 1993：148-150）は輸出と市場の役割を強調し、政治的な抑圧を強化しつつ国家主義的開発を逆転した。しかし、権威主義体制のもとでの経済的自由主義の試みは失敗した。にもかかわらず、経済自由主義はやがて1980年代、90年代に新しい「正統」理論として定着

した。1980年代と90年代初め、LAでは政治的・経済的な自由化を同時に経験することになるが、新自由主義のグローバルな展開に社会的諸勢力が政治的に十分抵抗する状況に達していなかった（Riggirozzi and Grugel, 2009：218-219）。

新自由主義政策とガヴァナンスの危機

　新自由主義の主要な目標は、資本蓄積を復活させる方向で国家と市場との関係を改革することであった（ハーヴェイ，2005：2007a）。多くのLA諸国で、新自由主義はインフレを伴う長期的問題を体系的・効果的に取り組むことができると思われた。その改革は、公的資産の民営化から公共支出の削減の一連の政策を通じて国家を転換するために企てられたワシントン・コンセンサスと結びついていた。経済の推進力としての市場への転換と国家の縮小という理念は、やがてこの地域全体で新たな正統性を得た。新自由主義改革は二つの段階が指摘されている。第一段階は、経済の安定化とインフレ圧力の抑制であった。第二段階は、理論的には、従来の文化と国家の実践を変え、より「生産的な」経済に導く複雑な長期の改革期であった（Grugel and Riggirozzi, 2009：6-7）。

　国家の撤退と基本的サービスの民営化という過程は、前述したように、規制緩和、民営化、課税削減、政府サービスの低下や社会的保護と低賃金雇用の撤廃といった政策の採用に導いた。とくに、労働市場の劇的な変化は、社会的市民権の削減と結びついて広範囲な社会的不安を引き起こすことになった。ハーヴェイが総括するように、こうして新自由主義は「略奪による蓄積」過程を効果的に実施したのである。しかし、1990年代終わりまでに、LAにおける新自由主義は明らかに影響力を失っていた。新自由主義政策を推進した市場優先型諸改革への態度を修正した。

　他方、新自由主義をLAに「適合させる」ことの難しさは、政治的・社会的により一層明らかになる。それはこの地域の国家編成の特殊性や代表制と参加の実践、そして文化を考慮していないことにあった。新自由型改革は市民関係を市場によって決定されるべき関係に転換することを目的にした。しかし、これは激しい抵抗を受けた。その結果は社会的抵抗の周期的爆発であった。市民はこのような「自由化」や外から押しつけられた「民主主義の市場化」を拒絶した。大規模な抵抗や暴動は、1989年のベネズエラやアルゼンチンで噴出し

た。チリやブラジルのような国でさえ、失業や半失業の増大、そしてと賃金の低迷によって新自由主義が問題であるとますます認識されるようになった。

こうした下からの異議申し立てや動員に対して、LA 諸国の支配層は従来、クライエンテリズムや抑圧の戦略で対応してきた。だが、民主化の過程は、抑圧という選択肢を非合法にし、他方、財政的制約によりクライアント型の取り込み政策は縮小した。1990年代には、民主主義と社会経済的統合とのギャップは急速に拡がることになった（Grugel and Riggirozzi, 2009：10）。

グローバル資本主義への統合：メキシコとブラジルの事例から

まず、新自由主義型グローバル化に揺れたメキシコとブラジルの事例を簡単に見たい。

メキシコにおける新自由主義的グローバル化の初期の勢いは、世銀をはじめ超国家的機関と一体化したサリーナス政権下の国家内の多国籍志向のテクノクラートから生じた（松下，1997；2001a 参照）。1994年の NAFTA 発足以降、メキシコの大部分の民衆は貧困と失業に呻吟することになる。たとえば、メキシコ市場に米国からの安価なトウモロコシが溢れるにつれて、約130万家族は土地から追いやられた。また、トウモロコシ価格の高騰により「トルティーリャ危機」が発生し、市民の生活を直撃した（松下，2008a；2008b）。だが、メキシコの農民と同様、米国の農民も NAFTA の利益を得たわけではなかった。多国籍企業型の農―工業が国境の両側の強力な経済主体の手にわたった。NAFTA 以降、とりわけ21世紀に入り、メキシコ農業輸出企業が急速に成長した。しかし、その勝者はロビンソンが言う多国籍資本家階級（TCC）のメキシコ人支配層であった。

メキシコ国家のこの多国籍化とメキシコ資本家階級のかなりの部分の多国籍化について、国民国家システムを基盤とする支配と従属の関係ではもはや十分に分析できない。ロビンソンが「時代遅れの新植民地的分析」（Robinson, 2015：15）批判を展開する背景がここにある。また、この主張は、彼のグローバル資本主義論からの論理的帰結でもある。

次にブラジルにおける多国籍化した大豆関連農工業複合体の出現を見たい。カーギル（Cargill）は米国とブラジルの大豆の最大の輸出企業である。カーギ

ルとアーチャー・ダニエルズ・ミドランド（ADM）、アルゼンチンを本拠地とするブンゲ（Bunge）は、ブラジルで生産される大豆の60％に融資している。一方、モンサント（Monsanto）は両国で作られる大豆の種を支配している。ブラジルを本拠地とする資本家たちはこれらの企業にかなり投資した。

　このグローバル化した大豆関連農工業複合体は、ブラジルを基地として使用しており、それにより世界的な大豆市場を支配し征服している。WTO（とくに、農業輸出にかなり依存する各国のケアンズ・グループ）を通じて遂行されるブラジル政府の攻撃的な農業貿易自由化プログラムは、北の資本、あるいは帝国主義資本に対する「ブラジルの」大企業を防衛するのではなく、多国籍化した大豆関連農工業複合体のために存在する。ブラジル国家は、多国籍国家（TNS）の構成部分と考えるような方法で行動した。TNS は、国民国家、国家間の、そして超国家の諸機関を含む国際的ネットワークとして考えられる（Robinson, 2015：9）。

　ブラジルは米国の農業補助金や EU の砂糖補助金に反対して WTO に提訴した。しかし、このようなグローバル・ヘゲモニーに対する国家間闘争、あるいは「北」に対する「南」の戦いと思われていることは、「グローバルなエリートのランクに割り込み、グローバルな政策形成に影響を及ぼし、グローバルな危機を管理し、進行中のグローバルな再構造化に参入するために、環大西洋枢軸と三極枢軸の外側にいる新興の多国籍資本家やエリートたちによる闘争」（Robinson, 2015：9）として考えられる。後述するが、BRICS のナショナルな経済戦略はグローバルな統合をめぐって構築される（第11章参照）。

3　多国籍型資本主義的発展モデルと中米の新たな社会的危機

新たな中米の内部崩壊

　革命と反乱対策（counterinsurgency）の戦争が終わってから約30年、この地域は再び社会的内破の寸前にいる[1]。この地峡は新たな大衆闘争と国家の抑圧、脆弱な政治システムの亀裂、前例のない腐敗、麻薬のよる暴力、そして数百万の労働者と農民の強制的移民と追放、これらによって支配されている。中米のこの第 2 の内部崩壊の背景は、グローバル資本主義それ自体の連鎖的危機を反

映している。

　最近、米国へ向かう中米の避難民に関するニュースが報じられているが、この報道で欠けているのは、この集団的大移動（exodus）への引き金になった歴史的文脈と、今日の状況にこの地域をもたらしてきた資本主義的グローバル化の構造的転換、この二つの点である。1970年代と1980年代の大衆的革命運動は、強固な軍―文民独裁を取り除こうとし政治システムを選挙型の競争に開こうとした。しかしそれらは実質的な社会的公正や社会経済秩序の民主化をいかなる意味でも達成できなかった。

　和平を経たこの地峡における資本主義的グローバル化は新たなサイクルの近代化と蓄積を引き起こした。それは古いオリガーキー階級構造を変容し、新たな多国籍志向のエリートと資本家、高水準の消費をする中間階級を生み出した。数百万の国内避難民や貧困の悪化、不平等を生み出したとしても。それゆえ、紛争を引き起こした諸条件自体が資本主義的グローバル化によってさらに悪化させられた。

　和平の過程で多国籍エリートによって褒めちぎられた「平和と民主主義」の幻想にもかかわらず、地域紛争の根源は持続したままであった。すなわち、少数のエリートの支配にある富と権力の極端な集中、それと並存した資産を取り上げられた大多数の貧困化と権力の喪失である。2009年にホンジュラスでクーデターが起こり、2018年にはニカラグアにおける平和的な抗議に対する虐殺が報告されている。また、グアテマラにおける死の部隊[2]が復活している。こうして、「平和と民主主義」への幻想は決定的に打ち砕かれた。

中米における多国籍型資本主義的発展モデル[3]

　1990年代以降、中米がグローバル化にさらされるにつれ、多国籍志向の資本家とエリートがワシントンと国際金融機関と連携して新自由主義型ヘゲモニーを形成した。彼らは民営化、緊縮、労働市場の規制緩和を押しつけた。それはこの地域の豊富な天然資源や肥沃な土地、2004年の中米自由貿易協定を含む自由貿易取引への多国籍企業のアクセスを促進する新たな投資レジームであった。

　この多国籍蓄積モデルは新たな経済活動の導入を含んでいた。それはこの地

域を多国籍生産とサービスのチェーンへと統合した。すなわち、鉱業活動、アグリビジネス、観光、エネルギー採掘、LA中のメガ・インフラ・プロジェクトという広範囲な拡張を含んでいた。飽くことを知らないグローバル経済の推進と多国籍企業の財政を拡大することである。資本主義発展の初期のサイクルと同様、輸出拡大と世界経済への深い統合は1990年代以降、成長と投資の再活性化となった。

　中米の政治経済の発展は、グローバル経済全体の発展を密接に映し出していた。世界経済は1960年代に繁栄し、1970年代、80年代には停滞と危機を、1990年代と21世紀の最初の10年間はグローバル化のブームが続いた。この発展を反映して、地峡は、1960-70に平均年成長率5.7%を経験した。1970-80年にそれは3.9%に下落し、混乱した80-90年には0.8%まで急速に落ち込んだ。2008年の金融崩壊を経て、中米の成長率は再び低下し始めた。

　グローバル化は、とりわけグローバルに統合された生産、金融、サービス・システムの台頭によって特徴づけられてきた。中米では、ブームの時期に確立した多国籍型蓄積モデルは衣類、電子部品を生産するマキラドーラ、その他の工業財、農―工業複合体、鉱業と天然資源採掘、グローバル金融業、「小売業革命」あるいはウォルマート、その他のスーパー―ストアの広範な拡大を含んでいた。

　一方、1980年代末以降設置された輸出加工区（EPZs）は中米の都市景観に点在している。約70の輸出加工区はほぼ80万の労働者を雇用し、その大部分は若い女性でありこの地域を密接に世界の工場へと組み込んでいる。

　同時に、多国籍観光複合体の拡がりは中米をグローバルな行楽地に変えてきた。地域の先住民、アフリカ系やメスティーソ共同体は観光メガ・プロジェクト――地域横断のルータ・マヤ（Ruta Maya）やホンジュラスのロアタン（Roatan）、ニカラグア南部のサンホアン、エルサルバドルのコスタ・デル・スル（Costa del Sur）、コスタリカのグアナカステ県――による追放や環境悪化、地域文化の商品化と闘ってきた。サービス、商業、金融も多国籍化されてきた。グローバルなスーパーマーケットの出現はウォルマートやファースト・フード・チェーンのような多国籍な小売り複合体の侵入を伴い、数千の小規模商人を追放し、地域経済を破壊し、グローバルな消費文化とイデオロギーを普及さ

せた。

　グローバル化は多国籍なアグリビジネスの拡大の中心となった。ホンジュラスでは、ローカルおよび多国籍な資本主義企業が農民やアフリカ系および先住民共同体から広大な農地を略奪し、それをパーム・オイル・プランテーションに転換した。グアテマラでもグローバルな農―工業の巨人 ADM やカーギルの地域供給者によって生産されたパーム・オイルが多数の農民の生存を破壊し、彼らを外国への移民に追いやっている。ニカラグアでは多国籍アグリビジネスによって追放された農民は農業フロンティアに追いやられ入植し、先住民の土地は崩壊されている。コスタリカは今やイチジクやナツメヤシのような外来の新しい生産物、多国籍アグリビジネスにより生産された冬野菜や果物の主要な輸出国である。

　地域共同体のエコロジーや生計の大規模な荒廃は繰り返される採掘活動を原因としている。それは鉱業、石油、ガスを含む。言うまでもなく、ニカラグアとホンジュラスのアグア・サルカ（Agua Zarca）ダムを結ぶ両大洋間運河のような巨大インフラ・プロジェクトによる漁業や森林の荒廃が加わる。

　反鉱業活動家はエルサルバドルでは死の脅威と暗殺に直面してきた。そこでは、地表水の90％が有毒な化学、重金属、鉱業の結果の荒廃問題により汚染されていると考えられている。これらの活動家は2017年に歴史的勝利を勝ち得た。当時、政府は金属鉱業に一律に適用される禁止を強制する立法を通過させた。

経済的低迷・政治的激変・社会的崩壊

　中米の移民が本国に送った200億ドルの送金は地域経済の経済的ライフラインを提供した。一方、移住は政治的危機を一時的に回避する役割を果たした。エルサルバドルとホンジュラスの GNP はそれぞれ18％と19％が送金で占められ、グアテマラとニカラグアの GNP は10％である。実際、2017年のこれら4カ国の GDP の成長の半分にのぼっている。エルサルバドルではその割合は78％である。言い換えれば、地域経済は中米の人たちが送る金なしでは崩壊するであろう。

　グローバル化と新自由主義は労働者階級と人民階級をむちゃくちゃにし、や

がて来るグローバルな経済的下落と地域的停滞に対し彼らが生き残る準備ができないままでいる。この地域の労働者の72％は不安定状態のままであり、インフォーマル経済の中で不安定な労働協約のもとで働いている。中米人口は1990年の2500万人から2017年に4000万人以上に増加した。しかし労働市場は新たな参入者の大多数を吸収できなかった。それは海外への移民の急増を説明している。その数は2000年から2017年に実際2倍になり430万人に達した。

　社会的危機は今や政治的対立と腐敗の前例のない急上昇を導いている。ナショナルな民間部門の連合体、多国籍資本家階級、IFIs によって支援された腐敗した国家エリートはグローバル・モデルを押しつけてきた。これらのエリートは、国家を簒奪する機会と交換に地域の資源と労働力を盗用するためにローカルおよび多国籍な資本のための諸条件を推進した。以上の分析を踏まえ、ロビンソン（2019）は強調する。

　「極右と21世紀型ファシズムのプロジェクトがヨーロッパで、米国で、ブラジルやイスラエル、トルコなどで台頭している。いずれの場合も、ほとんどの脆弱な共同体が、とくに、難民や移民が社会経済的不安に対する大衆の心配を回避する戦略の下で、危機のためのスケープゴートとして目標にされている。このことは中米の難民に対するトランプ政権へのファシズム的対応や過激な人種主義的対応を説明している」（https://nacla.org/news/2019/01/28/second-implosion-central-america）

4　構造的暴力の普遍化：人間の安全保障への攻撃

新自由主義とグローバル化への適応・対応

　新自由主義のもとでの交換と生産のグローバル化は、これまでに指摘したように社会経済システムの経済政策と諸制度の収斂を要求する。グローバルな新自由主義は実践的に二つの次元を含んでいる。それは多国籍企業の強力でよく組織されたロビーの支持を受けたグローバルなエリートによって厳しく追求される。一つは、世界規模での市場の自由化とグローバル経済にとっての新たな法的・規制的上部構造の構築である。もう一つは、それぞれのナショナルな経済の国内的な再構築とグローバルな統合である。この二つの結合は、「自由な世界秩序」の創設を意図された。すなわち、国境を横切る多国籍資本の自由な

運動にとってのあらゆるナショナルな障害を解体する開かれたグローバル経済とグローバルな政策レジーム、そして過剰に蓄積された資本にとっての新たな生産的なはけ口を求めて国境内での自由な資本の活動である。経済的再構造化プログラムは、多国籍に移動する資本による各国内でマクロ経済的な均衡と自由化を達成し、各地域や国家をグローバル化した蓄積循環に統合しようとした。

この結果は、民族的自立的工業化戦略の挫折であり、格差の拡大や様々な差別の顕在化、農村をはじめとした住民の生活破壊と強制的追放、環境破壊など新自由主義がもたらす様々な問題群であった。

新自由主義は資本蓄積に向けた経済・政治・社会に対する具体的なプログラムであった。同時に忘れてはならないことは、それが古典的自由主義と個人主義を極端に進めた一つのイデオロギーであり、哲学的な世界観でもある。そのイデオロギー的結論に従えば、社会に対する処方箋としての新自由主義は社会的相互性や社会的生産物の集合的再配分の終焉であり、事実上の家族とその生活基盤およびコミュニティの解体を意味する。

ウェンディ・ブラウンの新自由主義に関する議論の特徴は、新自由主義が「経済的価値、実践、方法に特有の定式を人間の生すべての次元に拡大する、統治合理性のかたち」をとる。そして、重要なことは、「新自由主義的合理性が市場モデルをすべての領域と活動へ──貨幣が問題でない領域であっても──散種し、人類を市場の行為者であり、つねにどこでもホモ・エコノミックスでしかありえないものとして設定する」（ブラウン，2017：26-27、傍点著者）という点にある。

ホモ・エコノミックス自体は歴史的に固有の形をとりうる。今日のホモ・エコノミックスは、アダム・スミス的な生き物とはかけ離れており、「強度に構築され統治された人的資本の一部」（ブラウン，2017：2）である。

ホモ・エコノミックスと新自由主義に関わって、クリスチャン・ラヴァルの議論にも言及したい。ラヴァルのこの著書の目的は、「今や世界中の人間が、この〈経済人間〉に変身した成り行き」（ラヴァル，2015：2）を描くことにあった。資本主義における「人間としてのある特殊な歴史的形態」（ラヴァル，2015：2）、「きわめて特異なタイプの人間、たえずおのれの利益のために他人

と争い、自分の役に立つときにのみ他の人々と協力する気になるエゴイスト人間、そうした人間が生まれる経験」（ラヴァル，2015：1）を述べている。

水の商品化に抗議する「水戦争」

　新自由主義による社会的相互性や社会的生産物の集合的再配分の破壊、そして、事実上の家族とその生活基盤およびコミュニティの解体、いわば人間の生存基盤そのものを徐々に破壊し簒奪する状況を象徴的に表している事例の一つが水を商品化する水道水の民営化であろう。企業による水の民営化は人間の安全保障への攻撃ともいえる。

　水の乗っ取りに対し世界のあらゆるところで激しい抵抗が生まれており、企業は今、市民・住民によるウォーター・ジャスティス・ムーブメント（公正な水の扱いを求めている運動）に直面している（blog.livedoor.jp/anti_global_baron11x/archives/3135191.html）。

　"すべての人々の水"は清浄な水へのアクセスと、それがもたらす生命、健康、および尊厳を求めて戦っている住民の合言葉である。この運動は、地元の水供給をダムや収奪などによる汚染や破壊から守るために戦っている世界中の何百ものコミュニティに端を発している。このような汚染や破壊は世界銀行の支援を受けた自国政府やボトルウォーター産業および民間水道など民間企業などがもたらしている。

　水の民営化計画はボリビア、アルゼンチン、メキシコ、チリ、エクアドルなどラテンアメリカの多くの地域で企てられてきた。

　ボリビアの靴職人オスカル・オリビエラ率いる先住民らが同市の水道サービス民営化に抗議を始めた。この世界初の「水戦争」に国際的な注目が集まった。ボリビア政府は1998年、世界銀行の監督のもとでコチャバンバの水道を民営化する法案を可決し、その契約を米国の土木大手企業ベクテル社と締結した。月額の最低賃金が60ドルを下回る同国において、多くの水道利用者が毎月20ドルもの水道料金を請求された。同社は住民自らが貯水槽に貯めて使用していた雨水についてまで料金請求をした。こうした事態を受けて世界で最初の水道民営化反対連合の一つとなった「水と命を守る連合」が組織され、政府にベクテル社との契約を破棄するように求める住民投票を実施、過半数の賛成を得

た。政府がこの住民投票の結果を無視すると、何千人もの市民が路上に繰り出し、非暴力の抗議行動を展開した。軍はこれを暴力で弾圧し、十数人を負傷させ、17歳の少年を殺した。2000年4月10日、ボリビア政府は市民の要求を受け入れ、ベクテル社に撤退するように申し入れた。

ボリビア政府は首都ラパスの水道民営化を求める世界銀行の圧力にも屈し、1997年に同市と近隣のエルアルト地区に対する水道サービスをスエズ社に任せる30年契約を締結した。エルアルト地区はラパス周辺の丘陵地帯であり、沢山の先住民が暮らしている。スエズ社の子会社アグリアス・イリマニ社は三つの重要な約束を破ったのである。まず富裕層も貧困層も分け隔てることなく、すべての住民に給水するという約束が守られず、およそ20万人が水を得られなかった。また、水道の接続料として450米ドルという、貧困世帯の2年分の生活費に相当する法外な料金が請求された。

さらに水インフラや下水処理に投資が行われず、代わりに同市の貧困地域に側溝や運河が掘られた。この側溝や運河を通ってゴミ未処理下水、さらには市内の食肉処理場からの廃水が国連教育科学文化機関（UNESCO）の世界遺産に指定されているチチカカ湖に流れ込んだ。

スエズ社に対する激しい抵抗運動が生まれた。地域の住民委員会と活動家のネットワーク FEJEVE が2005年1月に数度にわたって実施したストライキは、都市を麻痺させビジネスを停止させた。この抵抗運動はサンチェス・ロサダ元大統領とカルロス・メサ前大統領を退陣に追い込んだ。替わって就任したボリビア初の先住民の大統領エボ・モラレスはスエズ社に撤退を求めた。モラレス大統領は2007年1月3日、長期にわたる対決を経て、ラパス市と同市のエルアルト地区の水道を取り戻した。同大統領は、「水を民間ビジネスにゆだねることはできない。水道は基礎的なサービスとして、国家が担い続けねばならず、それにより非常に安い料金での提供が可能なのである」、こう語っている。

アルゼンチンでも、強力な市民社会の抵抗運動により政府は2006年3月21日1993年からブエノスアイレス水道を運営してきたスエズ社の子会社アグアスアルヘンティーナ社と30年契約を撤回した。

世界銀行と米州開発銀行はメキシコで積極的に水道民営化を推進している。メキシコでは、1200万人が飲用水にアクセスできておらず、2500万人が1週間

に数時間しか水が得られない村や都市に住んでいる。下水の82%が未処理のまま垂れ流されている。メキシコシティの水源も枯渇してしまい、同市の2200万の人口が水の危機に瀕している。スラム地域や市周縁部の水道の状態は悲惨であり、同市の多くの地区では国内の多くの地域と同様に手に入る唯一の水は州に1回、トラックが運んできて販売する水であり、これは選挙対策として政党が実施している場合が多い。連邦政府は、1983年、水を供給する責任を自治体に委譲した。そして1992年資金調達のために自治体に水道民営化を奨励新たな国家水道法が採択された。民営化はコカ・コーラ社の幹部を務めたこともあるビンセンテ・フォックス元大統領の支持を得、その後、フェリペ・カルデロン大統領にも支持された。カルデロンはメキシコの水供給の民間支配を確固たるものにするため、公然と民間水道会社と連携した。

　最近になって、市民社会の運動が結束して安全な飲水を得る権利の確立を求め、企業による水支配に抵抗するようになった。水に関する権利のためのメキシコの団体（COMDA）は、環境や人権、先住民、文化などの団体による広範な連合である。同時に、抵抗運動だけでなく水に関するメキシコの歴史や、人々のアクセスを確保するための立法の必要性について教育活動を展開している。2019年の大統領選挙で勝利した進歩的なアンドレ・マヌエル・オブラドールの水政策が期待される。

　エクアドルでは、首都キトの市長が2007年1月、同市の水道民営化計画を中止すると発表した。その他、水道民営化を拒絶している他のLAの都市や国々にはコロンビアのボゴダ（同国にはカルタヘナなど民間水道システムを採用している都市が複数ある）や、2005年7月に上院が提案した水道民営化を下院が否決したパラグアイ、市民社会組織が激しい反対運動を展開し、2007年1月に裁判所が下水道インフラの民営化に否定的な判決を下したニカラグア、そして市民の強硬な反対によって多くの都市で水道民営化を推進する勢力が交代を余儀なくされているブラジルなどがある。

5 グローバルな天然資源獲得競争と共同体の権利獲得闘争

共同体の権利獲得闘争

　近年、サッセンは「放逐」（expulsion）概念を提起し、不可視化されている人々と空間を可視化する分析を深めている。サッセンの中心的仮説は、「システムの末端の増殖」、すなわち「単純な残忍さを生み出す複雑な知識形態の増加が現進行中だ」（サッセン，2017：4）というものである。その例として、「収奪的なセクターとして概念化」された「複雑な金融商品の急増」、「主権国家に外国の主権国民国家の広大な土地を取得することを可能にさせる、契約の複雑な法的・会計上の特徴」、そして「鉱業に、土地と水系を破壊することを可能にさせる優れた工学と技術革新」をとくに挙げている（サッセン，2017：7）。

　そして、「今日の資本主義の観点からは、アフリカやラテンアメリカや中央アジアの多くの地域における天然資源の方が、それらの土地に暮らす労働者や消費者よりも重要である」（サッセン，2017：27）と分析している。

　サッセン指摘を待つまでもなく、グローバル資本の資源簒奪は情報化と軍事部門に必要な希少金属を含めあらゆる地下資源を追い求めている。そこで、メキシコのオアハカ州における外国資本による天然資源獲得競争が先住民共同体と農民の権利を暴力的に簒奪している実態を紹介しておこう（Bessi and Navarro F., 2018）。

　2018年7月30日、オアハカ州中央渓谷の30の先住民と農村共同体および25の組織がサンアントニオ・カスティジョ・ベラスコ（san Antonio Castillo Velasco）に結集し、渓谷諸地域議会（Asamblea de Valles）を結成した。この議会の声明は反採掘センターについて述べている。

> 「われわれの地域は同意なしにライセンスが与えられている。これらの企業は金と銀の搾取で……オアハカを促進してきた。しかしながら、われわれの共同体にとって、その活動は暴力、殺人、肉体的圧殺、われわれの自然にとっての不可逆的なダメージ、社会構造、分断と対立という結果となった。」

　彼らは10年以上にわたりこの地域で発生してきた広範な暴力を非難してき

た。しかし、彼らは如何なる対応も受けてこなかった。それゆえ、「われわれの自決と自立の権利を行使して、中央渓谷のサポテック共同体は、如何なる探査も調査も採掘活動が禁じられている土地であると宣言」した。

この会議に結集した民衆の主張は要約すると次の点である。

- 共有地と共同体は採掘が禁じられた土地である。この禁止には、土地の共有財の採掘や変更を目的とする如何なる活動をも含んでいる。
- 共有財の採掘を意図する如何な認可、同意、契約、資料的あるいは法的手段に調印し正当化しない。
- 自治体の土地における採掘活動を実行するための土地利用の変更を承認しない。
- 社会的所有を危険にさらす農業・農地関連法を拒否する。

さらにこの議会は、中央渓谷で影響力を行使しようとしている鉱業仲買業者の即時取り消し、とくに「サンホセ」採掘プロジェクトの取り消しを要請している。また、地域の防衛における運動とメディアの支援者に対する犯罪と攻撃をやめるように要求している。

続いて2018年10月中旬に、オアハカ市で「国家と採掘企業に反対する共同体と民衆による裁判」が開催された。約50のオアハカ共同体と36の市民社会組織がこの裁判に参加し、オアハカ中央渓谷において地域の80％がカナダと米国の採掘企業に与えられていると非難した。ある農民代表は不平を述べている。「われわれはメスカル、野菜、ノパール、トウモロコシ、豆類の生産で暮らしている。われわれは金や銀を食べていない。われわれはわれわれの共同体での決まった生活様式をもっている」と。

「戦略的鉱物」を狙う米国の LA 資源戦略

メキシコ政府はこうして外国企業に先住民の共同体を売り渡している。オアハカ州では地域の80％がカナダと米国の採掘企業に与えられてきた。また、オアハカでは332件のライセンスが銀や銀、銅、そして主に亜鉛を採掘する鉱山会社に譲渡されてきた。この中央渓谷はライセンスの大多数、すなわち、総計87のライセンスが集中している場所である。

メキシコは世界でも例外的な土地である。国土の約50％が集団的所有であ

る。それは先住民が住み、彼ら自身の組織形態のもとで生活している農村共同体からなる共有地である（ボリビアは社会的所有が33％）。オアハカ州はその割合は他の州より大きい。その土地のほぼ78％は社会的所有である。

2016年、メキシコにおける885件の採掘プロジェクトのうち、カナダの企業は65.3％、アメリカ企業は13.2％、メキシコ企業は9.2％が活動している。

ラテンアメリカ地政学戦略研究所（Celag）は最近の報告書で強調しているが、グローバルな天然資源獲得競争が米国政府によって国家安全保障問題と分類されている。とくに今、米国が直面している最大の問題の一つは天然資源の枯渇とその枯渇が生み出す依存である。

米国戦争経済省は二つのキー概念を生み出した。「戦略的鉱物（strategic minerals）」と「決定的鉱物（critical minerals）」である。戦略的鉱物は緊急に必要性があり、軍事産業に不可欠な鉱物である。マンガン、クロム、ニッケル、スズ、タングステン、バナディウム、マグネシウム、銅、石英は戦略的鉱物である。決定的鉱物は米国に存在しない、あるいは極めて希少な鉱物である。

2018年の鉱物資源報告概要によって与えられた輸入に関する統計は、戦略的鉱物に関する米国の脆弱性が示されており、供給地としてのLAの重要性を示していた。ブラジルとメキシコは、米国が完全に欠如している多くの鉱物の主要な輸出国である。

【注】

1）　1980年代の米国の対中米・カリブ政策および和平と自立に向けた分析は、（松下, 1993：第8章「転換期のラテンアメリカの国際関係：戦争・和平・経済危機」）で考察した。
2）　狐崎, 2009に詳しい。
3）　以下の記述は、Robinson, 2019 に依拠している。
4）　「エコツーリズム発祥の国」と知られるコスタリカが今日抱える問題（米国への過度な依存、貧困と格差、麻薬と治安、環境破壊など）についての考察は、小澤（2005；2017）が参考になる。

第**3**章　変容するラテンアメリカの農村社会

1　ラテンアメリカ農業の新自由主義的転換

農業改革から土地の再集中化

　新自由主義への転換以降、LA の農村経済と社会は大きな変容を経験してきた。企業資本と多国籍農―工業は農業支配を確立し、農村労働者の不安定化と女性化、ならびに労働強化を導く経済的・社会的な生産関係へと急激に転換してきた。

　1960年代70年、農業の中心的問題は過度に不平等な土地所有と大農園における搾取的な労働条件に集中していた。キューバ革命の影響や進歩のための同盟に対応して、この大陸の農民運動や左翼政党、さらに若干の中道諸政党は「農業改革」の実施を強いられた[1]。

　1960年代から80年代初頭、その激しさはゲリラ運動に示された。また、その結果は多様であるが、多くの農業「改革」が若干の国で実施された。債務危機とそれに伴う1980年代の構造調整プログラムは、半世紀にわたる国家開発主義と輸入代替工業化に代わり新自由主義の時代をもたらしたが、農村経済と社会に激し変化を及ぼした。

　土地と労働と資本市場における一連の自由化政策、ならびに世界市場への経済の開放や自由貿易協定の増加は商品輸出ブームに導いた。農業―輸出向け商品への投資が多くの利益をもたらすようになると、資本主義農場は小麦やトウモロコシのような「伝統的穀物」から大豆や果物、園芸のような非伝統的農業輸出品に移った。これは新たな土地集中過程や、ある場合には、農業の「外国化」への関心や「土地略奪」を満たした。そして、この結果は、土地集中がチリやエクアドルやペルーのように、農業改革前の時期と類似したレベルに達した事例も生じた。一部の地主は競争的資本主義農場主に移行できたが、他方、

非伝統的な輸出への変化は、主に鉱業部門、工業や商業、金融部門から生まれた資本と連携した。あるいは外国投資家と結びついた新たな資本主義起業家によって推進された。土地改革過程は、皮肉にも土地に対する伝統的な地主階級の支配を弱体化し、その後の新自由主義転換にともない積極的な土地市場の発展を促進した。結局、土地と資本の集中過程に促進することになった（Kay, 2015：74-75）。

2　アグリビジネスによる収奪

新しいコングロマリット資本の支配

コングロマリット資本は農業の最も利益のある部分を支配し始めた。大豆耕作地は、1970年以降ほぼ40倍まで拡大し、支配的な輸出穀物となってきた。サトウキビとパーム油の耕作地も実質的に発展した。これらは、「食物―飼料―燃料複合体」を構成し、多様な利用（食糧、動物用飼料、農業―あるいはバイオ―燃料）をもたらすので「フレックスな穀物」と言われる。それゆえ、資本主義的投資家や投機家をとくに引きつける。木材やパルプへの世界的需要は、アマゾン地域の森林伐採化を進め、森林プランテーション地域を拡大した。耕作地と森林地域におけるこの拡大は、先住民や農民の共同体や家族農場の法的権利や慣習的権利を通じて帰属していた土地を侵食してきた。これは、「土地の略奪」と特徴づけられる[2]。

この新しい企業資本は、域内諸国からの実質的な資本参入である。時々、それは「トランス・ラティーノ」資本として言及されている。極端なケースはパラグアイである。そこでは大豆耕作地の約3分の2は主にブラジル資本（いわゆる 'brasiguayos'）とアルゼンチン資本に属している。同様に、ボリビア・オリエンテ地域では、ブラジル農園主が大豆耕作の実質的な経営者であり、ウルグアイではアルゼンチン資本が支配的存在である。これらの「トランス・ラティーノ」企業資本家は1カ国に限定されず、通常、隣国に拡大していく（Kay, 2015：75）。

さらに、アルゼンチン企業家は播種企業連合のパイオニアである。すなわち、それは自国でまず試験し、後にウルグアイやパラグアイで投資するときに

使う農場経営システムである。彼らは高度なインプット農業、遺伝子組み換え種子、農化学、無耕墾農法を活用する。彼らは数千、数万、そして国を越える様々な地域に拡がる数十万ヘクタールの土地をも管理する。それによりリスクを減らしている。これらのアグリビジネスの所有者は、金融資本や国際的投資ファンドとの緊密な連携のおかげでその投資に対する多額の資本を確保できる。彼らは高度に訓練された専門家を雇う。そして、彼らは特殊な農業サービス企業に生産過程の様々な段階を請け負わせる。こうして、これらの企業は最も近代的な農業技術を活用し、穀物生産の実質的な増大を達成できる。この発展はこれらの大企業に巨額の利益を生み出すことになる。そして、彼らは加工やマーケティング、さらには市場権力の拡大といった、商品連鎖の他の部分に対するその支配をますます拡大する。

　結局、それは土地の集中を強化するだけでなく、様々な形で資本の権力を強化し、さらに労働者を弱体にする資本の集中を強めている。それにより、農村における最近の鋭い不平等な水準は固定化され強化される（Kay, 2015：76）。

農村賃金労働者の問題

　新自由主義的転換以前の農業問題は主に土地配分問題をめぐって展開した。しかしながら、今日では農村賃金労働者の問題が支配的である。たとえば、小農の農業経営と農村賃金労働者の問題は無関係ではない。農村賃金労働者はいまだ十分議論されてこなかった特別の問題を生じている。彼らは激しい不安定な雇用状況にさらされており、自分たちの利益を防衛する社会的組織を欠いていることが多い。

　大豆農業は大規模に機械化され労働者の需要は少ないが、他方で、果物や園芸や草花の輸出の急速な成長は雇用機会を提供している。とくに温室や農業加工工場、そして商品連鎖に沿ったところで女性の雇用機会が増えている。それゆえ「農業の女性化」が起こってきた。同時に、労働雇用条件は二つの意味で一層不安定になってきた。第1に、賃金雇用は、今日、過去の常雇から臨時的・フレキシブルな性格の雇用に変化してきた。そして、請負労働者が使用され、社会保障支払いは回避される。雇用者は女性の雇用を好む。こうして、農村では、労働者のフレキシビリティと流動性が広範囲に普及している。

3 農村社会の破壊と移民：メキシコの事例

メキシコ農業の衰退

NAFTA はメキシコの資源と市場への最大限のアクセスを米国に与えた。米国企業はメキシコの金融、農業、エネルギー、繊維、工業部門へのアクセスを確保した。しかし、メキシコ企業は米国の輸送、農業、繊維部門へアクセスする活動を阻止された。加えて、メキシコは農業補助金や製造業関税の多くを維持することが認められなかった。しかし、米国自身は多くの補助金を維持し続けている（Jayapal, 2011）。

メキシコの農業は様々な新自由主義政策の影響で衰退の道を進んだ。第1章で述べたように、以前には、エヒードはメキシコ憲法によって守られ、売買できなかった。これらの共有地は2万9000の共同体と300万生産者から構成され、当時、全農業生産の75％を含んでいた。外国投資はこの憲法条項によりメキシコへの投資を躊躇っていた。それゆえ、憲法上のこの条項を変えることはNAFTA の必要条件になった。エヒードが生き残ることを可能にしていた政府の補助金も NAFTA によって禁止された。

農村社会の荒廃と食糧安全保障の喪失

農民は米国の資本集約的で補助金を受けた農業とは競争できなかった。この過程は2008年に頂点に達した。当時、トウモロコシや大豆のような基礎的食料への NAFTA の保護主義的関税が終了した。こうして、農業の荒廃が始まった。メキシコは農産物の純輸入国となった。そして食糧安全保障を失った（Laurell, 2015：251）。

NAFTA はメキシコの所得と雇用を増やさなかったし、移民の流れを縮小しなかった。むしろ、それはメキシコ人を移民に向かわせる圧力の源泉となった。補助金なしのメキシコ人農民によって栽培されるトウモロコシが、メキシコ市場で米国の補助金を受けた巨大な米国の生産者によるトウモロコシと競争することを強制した[3]。メキシコへの農業輸出は、NAFTA の時期に46億ドルから98億ドルへと2倍以上になった。1992年から2008年にトウモロコシ輸入は

2014トンから1万330トンへ拡大した。NAFTAが発効した1995年、メキシコは豚肉3万トンを輸入した。2010年までに、豚肉輸入は81万1000トンへと25倍以上に拡大した。その結果、メキシコ人生産者が受けた豚肉価格は56％下落した（Bacon, 2013）。一度、メキシコ産の豚肉とトウモロコシの生産者が輸入品により市場から駆逐されると、メキシコ経済は米国のアグリビジネスあるいは米国の政策によって命ぜられた価格変動に脆弱であった。「米国がそのトウモロコシ政策を修正してエタノール生産を推進すると、トウモロコシ価格は一年で100％高騰した」（Bacon, 2013）。

　メキシコは世界市場の変動から自国の農業を守ることができなかった。1990年代のグローバルなコーヒーの供給過剰は生産コスト以下に価格を陥れた。

　米国の企業は事実上、メキシコのいかなるところでも土地と工場を所有することを許可された。メキシコの最富裕者の1人であるラレア（Larrea）一族と連携した米国ベースのUnion Pacificは、メキシコの主要な南北鉄道ラインの所有者になった。そしてすぐにあらゆる乗客サービスを事実上停止した（Bacon, 2008：58）。メキシコの鉄道の雇用は9万から3万6000人に減った。鉄道労働者は組合指導部の指令なしの山猫ストライキを組織し、彼らの仕事を救おうとした。しかし、彼らは仕事を失った。

　Maquiladora Health and Safety Networkのリーダー、ガレット・ブラウンによれば、メキシコ人の平均賃金は、1975年に米国の製造業賃金の23％であった。2002年までに、それは8分の1以下になった。NAFTA以降、メキシコ人実質賃金は22％まで下落した。他方、労働者の生産性は45％拡大した（Bacon, 2008：59）。

生き残り戦略としてのインフォーマル活動

　貧困プログラムによっても縮小されなかった持続的貧困は、雇用と所得に関連している。輸出主導型のメキシコ経済の再構築は必要な仕事を生み出してこなかった。新しい世代が労働市場に参入可能にするには、毎年120万の新たな職場が必要である。80万の新たな職場が毎年生み出されてきたが、それは毎年、失われる職場に匹敵する。メキシコは失業者のための失業保険や社会支援プログラムをもっていなかった。そこで、人々は生き残る方法を見つけ出さな

ければならない。

　主要な生き残り戦略は二つある。主に米国への移民と、多くは商業やサービスでのインフォーマル活動である。移民は1990年代に始まり急速に拡大した。しかし、大不況により縮小した。1200万のメキシコ人が米国に住んでいる。それはメキシコの人口の約10％に当たる。国の雇用統計によると、2014年、経済活動人口のほぼ58％がインフォーマル部門で雇用されている。こうした状況は、犯罪経済が貧しい都市と農村の地域における代替策である理由を部分的に説明している（Laurell, 2015：258）。

　低賃金は貧困のもう一つの説明である。輸出主導型経済は比較優位としての低賃金を活用してきた。時間当たりの労働コストは、Bank of America によれば、2013年にメキシコは中国よりも20％低い。年平均GNP成長率は、1990年から2012年に1.2％でそれに先立つ数十年よりも低い。しかし、仕事から得る平均所得は1992年から2010年に停滞した。それは後退的所得配分を示し、新自由主義前の賃金は決して回復しなかった。最低賃金は急速に悪化し、1994年から2014年に26％低下し37、2014年には1日5.5ドルであった（Laurell, 2015：258）。

生き残り戦略としての移民

　デヴィッド・ベーコン（David Bacon）はオアハカ出身のインディオがカルフォルニアへ移住している様子を描いている。

　米国にはオアハカ出身の約50万インディオ人民が住んでいる。そしてカルフォルニアだけでその数は30万人である、と見積もられる。

　オアハカでは、いくつかの町で人口が減少してきた。あるいは、今や年寄りと若年層からなる共同体によって形成されている。NAFTA やその他の経済改革によって引き起こされた経済危機が、この国の最も遠い地域からこれらのメキシコ人を追いたて追放している。そこでは、コロンブスがスペインから到着したときの古い言語（ミステコ、サポテコ、トゥリキのような言葉）が話されている。Oaxacan Institute for Attention to Migrants の指導者、ルフィーノ・ドミンゲス（Rufino Dominguez）は言う。「仕事がない。NAFTA はトウモロコシ価格を大変下げたので、経済的に穀物を栽培することはもはや不可能であ

る」、「われわれは国内で自分たちの生産物の価格を確保できないので、米国に働きに行く。他に選択肢がない」。

2010年の先住民農場労働者研究 (IFS) の著者、リック・マインズ (Rick Mines) によれば、「カルフォルニアにおけるメキシコ先住民農場労働者の全人口は約120万人である」。都市地域で働き生活する先住民の人々を数えると、全体でかなり多くなる。先住民の人々は1991-93年にメキシコ人移民の7％にのぼる。この年はNAFTA発効のちょうど前年である。2006-08年には、彼らは29％を占め、4倍以上である (Bacon, 2014)。

カルフォルニアは約70万の農場労働者がいる。彼らは自由市場政策により進められたグローバル経済における変化とNAFTAにより生み出された労働力である。さらにマインズは言う。「米国の食糧システムは、常に変化し、新たに到着する労働者集団の流入に長らく依存してきた。彼らは農場労働市場への参入レベル賃金と労働条件が設定されている」と。つい最近の移民の波——オアハカの先住民の人々——に支払われた最低の賃金は、カルフォルニアの農場労働における他のすべての労働者にとっての最低賃金を設定し、カルフォルニアの農場主の労働コストを低く抑え、彼らの利益を高めている (Bacon, 2014)。

メキシコ農村における社会運動とシウダド・フアレス宣言

農民はいつも貧しかった。しかし、この15年間、市場万能主義公共政策がメキシコ農村の崩壊を引き起こしてきた。1993年、グアダラハラとバヒーオの農業都市は農民の抵抗を体験した。この場合、それは自由市場政策が中規模の商業生産者に押しつけた債務増大を反映していた。これらの抵抗を組織したエル・バルソン運動の最初の中核をなした農民の大部分は、彼等自身が破産と抵当権の請け戻し権喪失に直面するまでPRIに忠誠を尽くしていた。しかし、そのリーダーたちが抑圧されてから、次第にその戦闘性を増していった。この事実は、バルソン主義者と考えられる多様なグループの拡がりをかなり促進した。この運動は、メキシコ西部の不満を抱いたエヒード農民にもう一つの抵抗のシンボルを提供した。そして、この事例は貧農がサリーナス期の農業政策の唯一の犠牲者ではなかったことを示している (Gledhill, 1996：182)。

他方、「農村はもうたえられない (El campo no aguanta más)」運動は、農村

の破局的状況を真の「国家的緊急事態」と述べ、この事態は食糧主権の喪失であると認識した。そして「農村はもうたえられない」運動に組織された農民たちは、2003年1月6日、シウダド・フアレス宣言（Manifesto de Ciudad Juárz）を採択した。そこでは、農牧畜生産の解体、搾取のためだけに向けたその生産、メキシコ国民の食糧供給を多国籍企業が支配する米国からの輸入に依存すること、こうしたことは国民の食事の敗北への道を受け容れることであると警告した。同時に、この運動は広範な組織に呼びかけ、「メキシコ農村の救済と再評価のための六つの提案」[4]を提起した。

この提案とは次の六つであった。

① NAFTA の農業条項の一時停止。
② 農牧畜部門を転換し、長期にわたる農村その他の分野を直接再活性化する緊急計画。
③ 真の農村融資改革。
④ 国内総生産の少なくとも1.5％を農業の生産的発展に、そして、同じく1.5％を農村の社会発展に向けた2003年度予算。
⑤ 無害で良質な農作物を消費者に保証する食品政策。
⑥ インディオ民衆の文化と諸権利の承認。

メキシコ農村の悲惨さは歴史的である。60年代、3500万人のメキシコ人がいた。半分は都市に半分は農村に。次の40年間に、1700万の農民は2400万人となったが、都市人口はそれ以上に拡大した。今日、都市人口は7200万である。こうして、最近の40年間に農民は絶対数で増加したが相対的には減少し、メキシコの都市化は進んだ。

21世紀初頭、メキシコ人の4人に1人は農村に住んでおり、その人口は2500万人以下である。生産的意味で、経済活動人口の5人に1人が農牧畜活動に従事しているに過ぎない。にもかかわらず、社会的・経済的にも、環境や人口学的にも農村は重要である。

4 農村における新たな社会運動

新自由主義転換に挑戦する農村の新たな運動：食糧主権

クリストバル・カイは南アメリカを中心に論じているが、市場の至上命令を通じて農村経済と社会に対するナショナルな資本および多国籍企業資本の支配の拡大を分析している。半世紀前、「農業問題は高度の土地集中に焦点を置かれていたが、今日、基本的問題はアグリビジネスの支配と資本の集中である」ことを確認する。そのうえで、新自由主義的グローバル企業の食糧レジームに異議を唱える先住民の権利や環境正義、「食糧主権」、農業エコロジー、代替型の農業世界システムといった対抗運動による「食糧主権」を基盤に代替型の農業システムを構築することを提案する（Kay, 2015：73）。

しかし、「国民国家は最も直接的な現実的な論争空間であるとしても」、この代替的な農業システムは国民国家を越えて組み立てられねばならない、と彼は強調する。新自由主義に対する対抗運動が、しばしば農民運動「ビア・カンペシーナ（VC）」に結びついて、先住民や農村の貧民により顕在化してきた。VCは小規模な貧農と家族農業にグローバルな運動である。そして、カイは VC の「食糧主権」の要求が「挑戦的であり、多くの論争を生み出し、疑いなく発展し続けるであろう」と予想する（Kay, 2015：81）。

このように、カイの分析は対抗運動を前提に国民国家を超える食糧レジームの構築を展望することに向かう。メキシコの場合、一握りの大規模な農業・食糧企業と巨大な国内および外国生産者が一層の富を集中する過程であった。さらに、これは高水準の暴力を含む過程であり、法や社会により調整される違法な権力の行動を通じて多くの種類の人間の不安を引き起こす過程でもあり、民衆や共同体、自然に対する暴力を生み出してきた過程である。

先住民共同体はその領域と天然資源を防衛するため抵抗している。商業的生産者はダンピング価格で食糧輸入を阻止すべく抵抗している。ヤキ族は河川を防衛するために抵抗している。こうした新自由主義とグローバル化がメキシコ社会にもたらした広範な深刻な状況を克服し、民主的で自立的な新たな可能性を追求する必要がある。そのためには、オテロが主張する「新自由主義と結び

ついた北米経済へのメキシコの非対称的統合過程における食糧自給と労働主権との関係」を見直さなければならない。これは、メキシコが民主的再生に向け、LA の「左派的」・民主的潮流との関係を結ぶことも検討する必要があった。

国家と多国籍企業に対する抵抗運動

　農業問題は食糧危機（2007-08年）の深刻化により先住民を中心にした抵抗運動が浮上してきた。各国政府による新たな農業—抽出産業を重視する戦略によっても様々な紛争が頻繁に生じてきた。また、土地の略奪や自由貿易に反対する広範な異議申し立ての運動も顕在化してきた。

　採掘資本主義（extractive capitalism）に抵抗する中心的アクターの一つは共同体である。すなわち、採掘資本（extractive capital）の活動やそれに結びついた巨大プロジェクトに近接する先住民の他の共同体である。これらの諸勢力はその政治的方向性において、「反帝国主義的、反資本主義的、そして反—ポスト—新自由主義的になる傾向」（Veltmeyer and Petras, 2014c：243）がある。

　採取企業の拡大は、農村共同体や環境組織などとの緊張の増大に導いた。エクアドルの国家収入の主要な源泉としての天然資源の開発への依存をやめなかった。経済学者で前鉱業大臣、アルベルト・アコスタ（Alberto Acosta）は開発政策をめぐり大統領と決裂した。彼は、「資源の呪い」をもたらす政府の開発政策に反対し、sumak kawsay ——ケチュア語で「よい生活」あるいは「よく生きる」の意味——の考え方を強調する（Becker, 2013：55）。

　草の根組織は、生物多様性の貴重な資源が埋もれ、またワオラニ（Waorani）族の本拠地であるヤスニ（Yasuni）国立公園における石油開発を終わらせる交渉を試みた。2007年、ヤスニで対立が危機的事態に達した。コレアは混乱に強硬に対応し、反対派を阻止するために軍隊を派遣し、抵抗する人々を非愛国的サボタージュであると非難した（Becker, 2013：56）。また、鉱業をめぐる紛争、水の民営化計画に反対する抵抗に対しても、コレアは社会運動との亀裂を拡大した（Becker, 2013：57）。

　このように、土地や天然資源の所有、グローバル・コモンへのアクセスをめぐる異議申し立ては、今日、LA において広範に見られる政治的特徴である。

同時に、国家と多国籍企業に対する抵抗運動は多様な形態をとっている。それはビア・カンペシーナ[5]に代表される運動である。これは「ローカルな小規模生産や別の非資本主義的形態の開発及び貿易に向けられている」(Veltmeyer and Petras, 2014c：245)。

　抵抗運動の大部分は反新自由主義、反帝国主義であるが、必ずしも反資本主義ではない。ベルトメイヤーとペトラスが反資本主義や反帝国主義（同様に反新自由主義）として特徴づける抵抗運動に関して、彼らはチャベスの提案した国際的な貿易—ALBA の代替型（非新自由主義的）システム・モデルの周りに収斂してきた社会運動のネットワークに注目する[6]。

> 「チャベスの提案した国際的な貿易—ALBA の代替型（非新自由主義的）システム・モデルは、まだ決定的な形を与えられていない。しかし、国内市場向け小規模生産組織と結びついた大規模輸出志向生産の国有化と社会化に適用されている。このモデル（チャベスの定式化では21世紀型社会主義）は、国家と大規模企業のレベルでの資本主義を超えて進み、社会主義——生産の国有化と社会化——を代替型の貿易関係システム（ALBA）と、ローカル市場向けの小規模な非資本主義的生産、農業のエコロジー革命、食糧主権への関心、そして「参加型民主主義」に基づく「下からの」コミュニティー・ベースの開発過程と結びつける必要性に関して現れつつあるラディカルなコンセンサスに基づいている。」(Veltmeyer and Petras, 2014c：246-247)

　結局、ベルトメイヤーとペトラスは、新たな採掘資本主義の本質を次のように指摘する。それは今日、「採掘部門におけるとくに暴力的な打撃的形態をとる諸問題や諸条件に従っている」。この依存は「国家とグローバル資本との基本的な従属関係の、すなわち、政府の目的と関心、戦略が不可避的に資本の利益に従属する関係の種をまき散らしてきた」。それは「政府が進歩的な傾向やアジェンダによりマヌーバ—の余地を減らす新たな形態の‘従属’である」と(Veltmeyer and Petras, 2014c：248)。

　今日の農業問題は、最近の新自由主義的グローバル企業の食糧レジームに異議を唱える、先住民の権利や環境正義、「食糧主権」、農業エコロジー、代替型の農業世界システムといった要求が掲げられており、それは国民国家が最も直接的な現実的な論争空間であるとしても、国民国家を越えて組み立てられねばならない。

ボリビアの民衆蜂起

ボリビアは政治的移行の複雑な瞬間を送っている。すなわち、その目標は民主主義の厳格な代表制モデルから「参加型、代表制型、共同体的」モデルに向うことである。

社会主義運動（MAS）とその同盟者は公的問題へのそれまで排除されていた諸部門の直接参加を促進してきた。同時に、先住民集団の伝統的諸慣行を公式な制度構造に統合し、不平等と極貧の削減に向けた開発の道を推進してきた。

ボリビアは政治史における新たな時代に入った。その主要な革新は支配同盟における先住民―農民の人民部門の主導的役割である（Garcia Linera, 2010：38）。同時に、この同盟の異質性は社会諸部門内部の多様性と潜在的緊張を管理する点で厳しい課題を引き起こしてきた（Fontana, 2013：27）。

ボリビアは新自由主義政策に反対する民衆蜂起を経験した。ボリビアの水戦争（2000年）とガス戦争（2003年）は調整政策の不満の表現である。とくに公共サービスや合衆国へ輸出するための炭化水素の民営化、そして組織された社会運動における民族主義的感情の肯定。ガス戦争は資源ナショナリズムのもとでの蜂起の縮図である。国家の諸勢力との頻繁な対立後、大統領ゴンサロ・サンチェス・デ・ロサダ（Gonzálo Sánchez de Lozada）は政府から追い出された。

最終的に、この運動は天然資源に対するローカル・ガヴァナンスとインディヘナ住民からの長期的な歴史的要求との対立をも表面化した。この対立はモラレス政府の間続いた（Rosales, 2013：1446）。

2003年のガス戦争は社会運動内の強力な民族主義的動員であることを明らかにしたが、それはまたエボ・モラレス政権に記録するサブナショナルな自治要求をめぐる緊張の拡大でもあることを明らかにした。これらの緊張は過去数年間に資源ナショナリズム政策を導いてきた。他方で、同時に、ローカルなアクターと抽出産業と政府自体の間の継続的対立に国家が介入することを余儀なくしている。外国直接投資（FDI）へのボリビアの従属はその長い歴史の中で浸透してきた。そしてとくに鉱山と炭化水素部門で重要である。1990年代と2000年代初期の民族主義的言説と動員は、選挙の得票を通じてモラレスの権力掌握を促進しただけでなく、天然資源抽出に対する国家統制の拡大に向けた彼の初期の姿勢をも推進した。にもかかわらず、ナショナルおよびリージョナルな公

共圏において、ボリビアの植民地遺産の文脈に置かれた民族的言説は決して天然資源の管理に限定されない（Rosales, 2013：1449）。

【注】

1）　LA の土地所有構造（ラティフンディオ―ミニフンディオ構造）、キューバ革命の影響を受けての農地改革の実施過程とその問題点、アグリビジネスの浸透の実態（メキシコ、コロンビア、中米そしてブラジルの事例）、農村における社会経済構造の変容、以上については新自由主義的グローバル化の以前の段階であるが（松下，1993：第3章）で考察した。

2）　1960年代から始まったアマゾン開発は、「アマゾン・ハイウェイ建設」の名前に象徴された地球環境破壊の代名詞となり、世界中の環境保護運動の攻撃対象になった。「京都議定書」はそうした環境保護運動の一定の成果であった。だが、アマゾン開発はやまず、現在ではボルソナーロ政権のもとでアマゾン森林伐採は急速に進んでいる。これは食肉輸出向け牧場の拡大と結びついている。

3）　松下（2008a；2008b）を参照。

4）　次のような組織が呼びかけに答えている。挙げられる。
- 全国プラン・デ・アヤラ調整組織（CNPA）
- 貧農・農業労働者独立センター（CIOAC）
- 全国貧農自治地域組織同盟（UNORCA）
- 全国コーヒー農園主調整組織（CNOC）
- 全国農産物商業企業連合（ANECPC）
- メキシコ社会セクター信用組合連合（AMUCSS）
- メキシコ農村防衛全国戦線（FNDCM）
- メキシコ森林農民組織ネットワーク（Red Mocaf）
- 全国共同体植林組織組合（UNOFC）
- チワワ農民民主戦線（FDC）
- オアハカ州コーヒー生産者調整組織（CEPCO）

　さらに、El Barzón 全国本部、la UNTA, la CODUC が参加した。

5）　国境を越えた農民運動「ビア・カンペシーナ」（'La Via Campesina: VC'）やボトムアップ型農業改革、「食糧主権」に向けた社会運動も新たに目立ち始めた。
　　VC は企業型工業化農業や天然資源に対するその支配拡大と技術に反対し、「食糧主権」に基づく新たな食糧レジームを提案している。それは食糧への権利、正義、民主化、農村開発に基づく権利に関心を向けている（Kay, 2015：80）。持続可能で農業―エコロジカルな小農経営、ローカル市場、協同組合や連帯を推進している（McMichael, 2009：294）こうして、VC の「食糧主権」は挑戦的であり、多くの論争を生み出し、疑いなく発展し続けるであろう。

6）　2013年5月16日から20日、22カ国の社会運動の代表が集まり、この同盟の原則の回りに構築された大陸規模の行動プランを討議した。それは「多国籍企業と民営化過程に反

対して闘うために」、また「母なる大地の諸権利を守りよく生きるため」と「国際連帯」の必要性を含んでいる（Minga Informative de Movimientos Sociales）。大陸規模の社会運動ネットワーク（Social Movements for ALBA）のこの創立大会において、このネットワーク反システム的性格は、民衆運動の多様な諸部門——先住民共同体、貧農組織、組織労働者階級、土地なし農村労働者、プロレタリア化した農村の貧民、インフォーマル・セクターのセミ・プロレタリアートである路上労働者、中間階級（知識人と専門家、大学生、青年、小ビジネス作業員、NGO の市民社会）——を資本主義、帝国主義、家父長制に反対するプログラムの回りに統一し動員する必要の声明の中に結びつけられている（Veltmeyer and Petras, 2014c：245）。

第**4**章　分断される都市社会——排除と統合

1　分断される都市の生活と社会

都市の光と影

　途上国の都市は急速な従属的な資本主義化のもとでの開発で様々な矛盾が蓄積される空間としてよく知られてきた。この空間は光と影が交差し、入り混じっている。そして都市には実に雑多な人々が集まってくる。人生の成功を夢見る人から農地を奪われて仕事を求め農村から出稼ぎに来る人々とその家族。工場労働者からインフォーマルな仕事で何とかその日を暮らす人々。しかし、都市のスラムには貧困と暴力が蔓延している。リオのファベーラが有名だが、それは観光地やビジネス街に隣接している。アルゼンチンのビリャス、カラカスのセロス、そして、メキシコ・シティのシウダデス・ベルディーダス。これらの名高いスラムは極めて高い貧困状態が変わらずに拡大している。一方、ネット社会に溢れる情報が貧困層にも偽りの期待を抱かせる。果たせぬ夢は不満や怒り、街頭での犯罪率の増加につながる。

　疎外された暴力的な若者たちから、中・上流階級は生活防衛のために、いわば、外壁のある要塞の中に安全を確保している。ゲーテッド・コミュニティの拡大・増加につながる。貧困や疎外は当然、様々な犯罪を生み出す。殺人はLA の死因の 7 番目で世界最悪だが、刑務所人口は世界でも最少である。そして、犯罪者はほとんど刑罰から免れている。子どもも就学もせず、早くも麻薬を覚え、路上生活をするいわゆるストリート・チルドレンが増加している。彼らは盗みのほかに、靴磨きや自動車の窓ふき、路上でのパフォーマンスなど金になることは何でもしている（オッペンハイマー，2011）。

　こうした事態はかなり以前から内外の諸機関でも問題視されてきたが、それほど大きな変化はない。今日でも、都市に顕在化しているそうした諸現象は基

本的に改善されていない。

　一方、都市の発展の伴い、ライフスタイルと文化変容も急速に起こっている。資本主義の発展は都市空間の形成（アーバナイゼーション）と結びついてきた。ハーヴェイ（2012）が論証しているのだが、都市空間の形成が、資本家が剰余価値を求めて生産する余剰生産物を吸収するうえで、軍事支出などの現象と並んで、とりわけ積極的な役割を果たしてきた。[1]

二極化する都市の現実：排除と略奪のプロセス

　巨大なショッピング・モールやサイエンスパークに見られる、近年における都市空間の形成の急激な拡張はライフスタイルの変容を伴っていた。それは、消費主義、観光、文化・知識産業、そしてスペクタクル型経済に絶えず訴えることが、都市の政治経済学の主要な側面となった世界である。ただし、それは富裕層にとってのことである。過去数十年間、新自由主義的転換は階級権力を裕福なエリートの側へと回復させた（ハーヴェイ，2005）。

　メキシコでも、1980年代後半の新自由主義的転換以来、14人もの億万長者を輩出した。その中でもカルロス・スリムは際立っており、毎年世界の金持ち10人の中に入っている。

　しかし、都市システム内部における亀裂も顕在化している。こうした富と権力の配分における二極化の進行の帰結が、一方で犯罪の急増を生み、他方で、富裕層のために要塞化された監視された空間がゲーテッド・コミュニティである。

　都市のアイデンティティ、シチズンシップ、帰属意識、凝集性のある都市政治といった諸理念は、個人主義的な新自由主義的倫理の不安が拡大する中で脅かされている。要するに、資本主義のもとでの都市形成過程の革新には、排除と略奪のプロセスが存在するのである。

　さらに興味深い現象は、マイアミの「ラテンアメリカの首都」化による不動産ブームである。かなりの数の企業家たちが、アパートやマンションを購入し自分の家族を誘拐、強盗、殺人等から守るためにマイアミに置いている。マイアミの新参者は、犯罪難民なのである（オッペンハイマー，2011）。

　都市の発展は多種多様な運動を引き起こし、時には爆発的な社会変化を生み

出してきたことは歴史が示している。そうした運動の性格や目的、時代と背景、運動の担い手は異なっている。そこに都市研究の面白さがあるが、本章では、まずグローバル資本に組み込まれるナショナルな生産構造が生み出す労働者の状況をLA、とくにメキシコについて考察する。そこでの基本的な概念として、インフォーマル経済を中心に考えたい。

　次に、インフォーマル経済がなぜなくならないのか、またそのことが及ぼす社会的環境と影響を検討したい。以上を概観したうえで、都市に住む大部分の市民にとっての「都市の権利」回復の動き、都市基盤型社会運動に注目する。実際には、グローバルな資本の支配の中でも、ローカルな多種多様な都市運動が存在している。

2　ラテンアメリカにおけるインフォーマル経済

ILOのインフォーマル経済研究

　メキシコの具体的事例を考察する前に、ILO研究に基づいてLAのインフォーマル経済の現状認識を紹介しておく（Enrique Gómez Ramírezによるブリーフィングから[2]）。

　インフォーマル経済はLA・カリブ海諸国の約1億3000万の労働者に影響を及ぼしている。そのうち少なくとも2700万人は若者であり、非農業雇用の半数近くを示している。この状況はこの地域の国（コスタリカの30.7％からグアテマラの73.6％まで）により、部門や住民集団により多様である。このインフォーマルな状態（インフォーマリティ）とのたたかいはこの地域の明らかな目標になってきた（表4-1）。

　LA諸国の中にはインフォーマリティを縮小すべく大きなステップを遂げた国もある。彼らは様々な特別の複合的政策と戦略を採用し、積極的な成果を得ている。しかしながら、一層の努力が要求されている。さらに、最近の危機がこの積極的な傾向を危うくさせることはある。ILOやEUのような国際機関もこの地域のフォーマル経済への移行を支援する措置を推進している。そして、EU議会はこの問題に特別の関心を示してきた。しかしながら、LAにおけるインフォーマリティは重要な挑戦である。そしてそれを達成するには経済成長

表 4-1　非農業のインフォー
　　　マル雇用率（2013年）

グアテマラ	73.6
ホンジェラス	72.8
エルサルバドル	65.6
ペルー	64.0
パラグアイ	63.8
コロンビア	54.4
メキシコ	53.8
ドミニカ共和国	51.2
エクアドル	49.3
平均	46.8
アルゼンチン	46.8
パナマ	40.4
ブラジル	36.5
ウルグアイ	33.1
コスタリカ	30.7

（出典）ILO, 2016; Ramírez López, 2018: 76 より引用。

だけでは不十分である。すなわち、ILO は総合的で包括的なアプローチを主張している。それは、広範な基盤を有するコンセンサスを達成するような公共政策を社会的諸アクターによる努力で補完するようなアプローチである。専門家は、労働者の社会的統合と労働者の統合に焦点が当てられるべきである点で一致している。

このブリーフィングは最近の ILO 研究に基づいて LA の 5 大経済（すなわち、アルゼンチン、ブラジル、コロンビア、メキシコ、ペルー）に適用される戦略を調査している。

ILO は、「一般的に受け入れられている正確な定義や記述はない」と認めているが、インフォーマル経済の一般的特徴は容易に認識可能であるという[3]。ディーセントな仕事とフォーマル経済に関する2002年決議で、ILO は述べている。

「法的に、あるいは現実的にでも、正式な取り決めにより担保されていない、あるはそれが不十分である労働者や経済単位によるあらゆる経済活動に言及する」用語である。それは自立的労働者と賃金労働者の両方を含んでいる。彼らは、保護、諸権利、代表性の欠如ゆえに貧困から逃れることができない場合が多い。フォーマル経済によって生み出される財やサービスは通常、合法的であり、それは、彼らがさもなければアクセスできない仕事や収入を労働者が確保するのを可能にしている。税はそうした活動に課せられないことが多いので、彼らは公的収入を生み出していない。こうして、それは社会的サービスを拡大する政府の能力を制限している。この現象は、「国家により規制あるいは保護されていない多様な経済活動、企業、仕事、労働者」として記述することもできる。この用語は本来、零細企業、あるいは未登録の小規模企業における自営を含んでいるが、今やそれは（家内労働のような）保護されていない仕事における賃金雇用をも含んでいる。ILO は、フォーマル経済が途上国における全非農業雇用の50〜75％と見積もっている。

LA のインフォーマル経済の実態

2013年、インフォーマル雇用はインフォーマル部門の中で最も高く、それは全体の30.5%を占めている。インフォーマル雇用はフォーマル部門で11.4%、家庭内セクター（domestic sector）は4.9%に達する（図4-1）。これら三つの

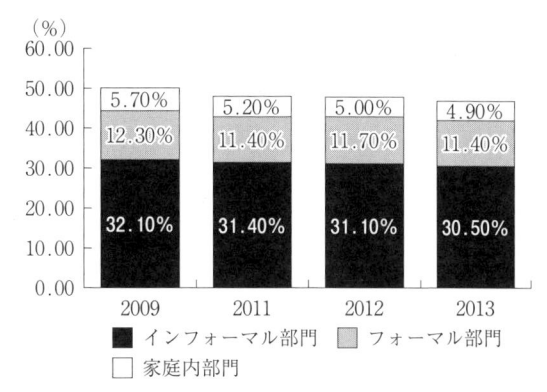

図4-1 LA における非農業雇用（2009-13年）

（出典）ILO based on country home surveys.

構成部分は、この期間に低下を経験した。インフォーマル職業（informal job）の最高の割合は女性である（49.7%）。男性では44.5%である。15歳から24歳の労働者の半数以上（55.7%）もインフォーマル・セクターで働いていた。25歳以上の労働者では44.9%であった。最も低い教育レベルの労働者も多くはインフォーマル雇用である。より高い教育を受けた労働者は26.3%に過ぎないのに比べ、正式な教育を受けていない、あるいは初等教育の労働者は64.4%である。自営業者と家内労働者も多くの割合を占めている（それぞれ、82.3%と77.5%）。零細企業労働者が民間部門あったように、公共部門のインフォーマル作業（informal work）は15.9%に過ぎないが。所得レベルでは、最低所得の人口20%（第1の5分の1グループ）は、インフォーマル経済で働く労働者の4分の3に近い。最高位の所得レベル（第5の5分の1グループ）が29.8%だけである。賃金労働者はインフォーマル経済に従事する労働者の半数以上からなる。一方、自営労働者は40.9%である（表4-2）。

LA の家庭内市場（Domestic Market）と資本主義の維持 [4]

過去30年間の際立った特徴は、高水準のインフォーマル雇用に見られるように、LA の分断化された性格である。経済単位としての世帯や「自営」としてよく知られている独立的諸活動によって生み出された雇用に加え、短期契約や独立契約者、あるいは請負契約の利用を通じて社会保障や従業員の手当てを欠

表4-2　LA におけるカテゴリー別非農業インフォーマル雇用割合（%）（2009-13年）

（13カ国、各カテゴリーにおける全雇用の割合）

カテゴリー	2009	2011	2012	2013
男　性	47.20%	45.50%	45.20%	44.50%
女　性	53.80	51.10	51.10	49.70
15-24歳	60.20	56.30	56.90	55.70
25歳以上	47.70	46.00	45.70	44.90
初等/非就学	66.60	64.80	65.30	64.40
中等教育	47.50	46.70	46.80	46.20
高等教育	28.20	27.30	27.00	26.30
公共部門従業員	1.70	15.45	15.40	15.90
民間部門従業員（企業主を含む）	36.20	34.00	33.70	32.90
中小企業（労働者数1-10人）	61.40	59.70	60.30	58.60
労働者10人以上の企業	17.20	15.10	15.10	14.40
自営労働者	85	83.70	83.20	82.30
家庭内労働者	80.10	78.10	79.30	77.50
家族労働の貢献	100%	100%	100%	100%
第1所得水準（最低所得人口20%）	77.20	73.80	73.20	72.50
第2所得水準	64.20	61.70	61.20	59.70
第3所得水準	55.30	53.20	53.20	51.95
第4所得水準	45	43.30	42.90	41.90
第5所得レベル（最低所得人口20%）	31.70	39.90	30.80	29.80

（出典）ILO, Recent experiences of formalisation in Latin America and the Caribbean.; Ramirez, 2016 より引用。

いた仕事の増加が見られた。それは今や LA の雇用の30〜75％を数えている。雇用のダイナミズム、所得水準、賃金はこの地域全域での不平等を強めている原因でもあり証明でもある。国際的分業において、LA は天然資源や消費財、製造過程、主にアッセンブリー（マキラドール）を提供し続けている。投資、利潤、それゆえ蓄積に向けた新たな領域の研究は領土、公的資産、知識、伝統的実践、それゆえ文化的実践、これらの略奪によって導かれてきた。しかしながら、社会的保護を伴った安定した上昇スパイラルの中で賃金労働者の期待さ

れた成長は現実化しなかった。反対に、不安定状態とインフォーマルな状態が拡大した（Ramírez López, 2018：75）。

LA における労働、職業、所得

資本／労働関係は急激な変化を遂げている。多様な要因が賃金労働者への圧力を増加してきた。すなわち、低成長、労働組織に影響を与える新たな技術、資本の集中と独占的権力の発展に結びついた競争の激化。LA の成長は不均等である。2008年までの21世紀初頭、この地域はダイナミックな成長を経験した。しかしこれは主にコノスール諸国に限定されていた。ILO は2012年に先立つ10年間に40％以上の成長を示唆している。それは貧困を44％から28％に削減した。しかしながら、インフォーマリティは50％から47％に減少したに過ぎない。これを説明するには、賃金労働者の諸特徴を検討しなければならない。ILO（2016：14）によると、1991年から2010年に、失業率は 8 ％から11％近くまで上昇しているが、2013年には6.3％へと激減した。しかしながら、2014年に始まった経済成長と雇用創出は弱まった。LA の平均成長率はメキシコとは対照的であった。メキシコでは GDP 成長は1994-2015年に2.5％であった。2005-16年におけるその賃金労働の成長率は平均2.5％であったが、失業の成長率は 4 ％であった。すなわち、インフォーマル雇用（家内雇用と社会的保障のない雇用）が都市雇用人口の58％を数えた。

雇用と社会保障手当ての喪失は、かつては一定の安定的に労働者に提供されていたが、それは LA の労働市場の大部分で弱体化されてきた。労働条件は短期間契約のためにますます不安定になっている。多くの配置転換があり、賃金は低く、社会保障がない。集団的雇用（一企業あるいは部門の労働者集団をカヴァーする組合契約）の減少、アウトソーシングの拡大、新たな労働組織形態（たとえば、遠距離の仕事、分断化、タスク仕様ワーク、ロボティック）を導く新たな技術の影響に伴い、これらの労働条件はインフォーマル雇用の成長を促進している。グローバルな生産チェーンに参加するインセンティブは、主に低賃金となる労働コストの低下や労働者の権利喪失の拡大の結果である（Ramírez López, 2018：76）。

メキシコは不均等な地域的発展の明確な例である。年成長率は過去30年間 2

表4-3 実質最低賃金指数
(2005-2013年)

(2000年＝100)

国　名	2005	2013
ボリビア	106.3	174.4
ブラジル	128.5	202.7
チリ	113.4	138.7
コロンビア	107.2	121.2
コスタリカ	99.9	115.7
ドミニカ共和	96.3	100.2
エクアドル	101.9	153.6
エルサルバドル	90.7	102.6
グアテマラ	115.4	124.2
ホンジュラス	121.6	276.5
メキシコ	101.3	101.8
ニカラグア	118.0	202.2
パナマ	104.5	109.1
パラグアイ	104.4	101.2
ペルー	105.2	135.6
ウルグアイ	132.1	256.1
ベネズエラ	108.6	112.6

(出典) ILO, 2014; Ramirez López,
2018: 79 より引用。

％以下であった。人口の46.2％は貧困ライン以下であった。雇用労働人口の58％はインフォーマル・セクターで働いている。ボリビアやブラジルとそれを比較すると、過去30年の間開発モデルの転換を探ってきたこの２カ国では、ボリビアの成長率は2003-08年に4.5％、2009-13年に６％であった。一方、ブラジルは4.2％と3.3％でこの期間1.7％であった。

　インフォーマリティが少ない諸国は有意な賃金成長を経験してきたことは明らかである。最も明瞭な例はウルグアイで、インフォーマル雇用33％であり、実質最低賃金指数は2009-13年に132から256に増加した（表4-3）。ブラジルとボリビアも際立っている。それぞれ、120.5から202.7へ、106.3から174.4へと進んだ。最低賃金が増加しなかった国はメキシコだけである。しかしながら、地域のインフォーマル雇用は、平均労働力の３分の１である。検討されるべき別の要因は雇用の質、輸出と国内市場の統合の程度である（Ramirez López, 2018：79）。

LAの家庭内市場 (Domestic Market)

　インフォーマル雇用を確認しようとする新たな方法は二つの要素を考慮している。すなわち、雇用経済単位と雇用状態である。国内市場の分断化は世帯部門生産に導いた。それは、平均、雇用の３分の１である。この部門は低い生産性の傾向がある。

　プレカリアート状態（precarity）という用語が拡がっている。なぜなら、雇用条件や賃金レベルを分析する際、法的に保護された賃金労働が増加していないことを示すことができる。増加しているのは、自営、世帯雇用、家族の仕事場のような所得創出活動、公的空間におけるインフォーマルな商売、生活維持

農業の剰余販売、家庭内の個人的世話活動、である。これらは、メキシコの場合、世帯は雇用の36％を生み出している。

　国内資本主義市場の構築はプロレタリア化や賃金労働者の増加に密接に結びついている。自由な労働力は主に土地から追放された農村住民の結果である。それゆえ彼らの基本的ニーズを満たすために職と賃金を求めている。これは国内市場の強化と成長に横たわる原則である。しかしながら、資本主義システムの矛盾、激しいテクノロジーの発展、少ない労働者の確保、独占体や多国籍企業の支配を生み出す集中と集積は自由な選択と自由な競争の機会を排除した（Ramírez López, 2018：80）。

3　メキシコにおけるインフォーマル・セクターの拡大

フォーマルな労働市場の不安定化

　新自由主義の農村地域への浸透は、農民の大規模で継続的な移動を引き起こした。彼らは第1に、トランスナショナルな移民となった。第2に、新たなアグリビジネスの農場やグローバル経済の工場、サービス部門の新たな労働力を構成した。第3に、大規模にインフォーマル・セクターに移動してきた。

　こうして、過剰人口や周辺化され排除された人口は、トランスナショナルな移民やインフォーマル状況の成長の両方に結びついた爆発的成長現象があった。フォーマル性とインフォーマル性との境界線がかつて以上に曖昧になるグローバル化のもとで、インフォーマル・セクターは、フォーマル・セクターと機能的に結びついてきた。とくに、フレキシブルな蓄積ネットワークと雇用の特徴、請負と外注のチューンは、インフォーマル性に役立つ新たな形態の条件を経済的エージェントの中に創出している（Robinson, 2008：169）。

　1994-2009年におけるフォーマルな雇用は、毎年38万7000人の雇用を拡大したに過ぎなかった。この数字は教育制度を終了し、労働力に参入する若い人々──彼らは従来、毎年100万から120万人を超えていた──のほぼ38％のみが諸手当のある雇用に就けることに等しい。このギャップは、いわゆる雇用赤字（employment deficit）として知られている。これらの環境は必然的に失業や潜在的失業、不安定雇用、移民といった結果をもたらすことにつながる。

フォーマルな労働市場の展開は極めて不安定である。1990-93年、すなわち NAFTA 発効に先立つ時期は、新規の仕事数はわずかに増加したが、1995年の危機で急減した。この年の末から2000年まで、急速な回復が生じた。表4-4の "雇用労働者（Employed workers）" に見られるように、1994-2000年に330万以上の雇用が創出された。"諸手当を享受する労働者（workers with benefits）" から、380万の被雇用者が社会保障システム（IMSS）あるいは関連システムに登録されたことが分かる。この時期はマキラドーラと偽装されたマキラドーラ企業によって提供された雇用増加により間接的な労働力輸出のブームにより形づけられた。2000年は安価な労働力輸出モデルにとってターニング・ポイントであった。マキラドーラと間接的なマキラドーラ企業での新規雇用は低下した。一方、直接的労働力輸出、移民が上昇した（Cypher & Delgado-Wise, 2010：139-140）。

メキシコ労働力の特徴

　表4-4は、多くの労働力の不安定な雇用条件に光を当てている。"自営あるいは不払い労働者（self-employed and unpaid workers）" のような多様なカテ

表4-4　メキシコ：労働と雇用の条件（1994-2009年（第2四半期））

雇用形態（1000）	1994	2000	2009
経済活動人口 a	34,594（12月）	39,043	45,709
失　業	1,200	988	2,365
雇用労働者 b	33,085（12月）	36,395	41,407
書面契約労働者	21,349（推定値）	24,294	28,639
諸手当を享受する労働者	9,123（推定値）	12,905	14,729
自営・未払い労働者	N. A.	12,089	12,768
最低賃金（第5水準）以下の労働者	N. A.	31,481	33,540
農業（森林・漁業を含む）	N. A.	6,678	5,644
製造業指数 c	100	100	75.2d

（出典）Avendaño Ramos and Gutiérrez Lara, 2007; INEGI, Banco de Información Económica, "Indicadores económicos de coyuntura"; "Indicadores estratégicos de ocupación y empleo" (INEGI 2009b).
　a：書面契約労働者、自営労働者、失業、雇用者、未払い労働者、賃金以外の支払いを受けている人々、これらすべてを含む。
　b：雇用者と失業者を除く。
　c：1993年＝100
　d：2009年8月。N. A.＝Not Available.

ゴリーは、労働力の多様な質的側面の表現である。労働者の脆弱性は、書面による労働契約なしに雇用されたすべての労働者に当てはまる――それは2009年には約1280万人で全被雇用者の31％である。公式データによると、労働力の「保護を受けていない」――退職や保健、その他の手当を受けていない労働者――割合は、被雇用労働力のほぼ64％にのぼると見積もられている。こうした労働者すべてに「インフォーマル・セクター」という用語を適用する観察者もいる。最大の増加を伴ったカテゴリーは'失業労働者（the unemployed）'であり、それは2000年の98万9000人から2009年の236万5000人へと増加した。137％の増加である（Cypher & Delgado-Wise, 2010：141）。

　部門別では、2000-09年に1030万の農業雇用が失われた（15.5％の低下）。それは、第1に、NAFTA の結果引き起こされた農産物の無差別的貿易開放、第2に、大規模多国籍アグリビジネス企業によって行使された市場支配、そして第3に、この部門に対する国家による多くの奨励活動の中止、以上のことにより推進された。同様に、国内市場の萎縮とマキラドーラと偽装されたマキラドーラ企業の輸出加工活動の停滞の結果、製造業部門の指数における低下は、2000年と2009年8月の間にほぼ130万の製造業雇用の劇的な減少に現れた。

4　雇用機会の萎縮

　次に、雇用機会の萎縮という状況における労働者の貧困化の条件と過程を概観してみよう（以下、Cypher & Delgado-Wise, 2010：142-144）。

　①　マキラドーラ部門における雇用ダイナミズムの喪失

　マキラドーラと偽装されたマキラドーラの活動はともに安価な労働、正統性の低い（あるいはない）組合代表、高い労働移動、そして雇用不安に支えられていた。マキラドーラ部門は新規のフォーマルな仕事を創出する点で（2000年以前に）重要であったが、安価な労働力の想定された比較優位は長く続かなかった。2000年以降、メキシコのマキラドーラ活動の相対的低迷は適切な事例であるが、それは多くの低水準技術活動の中国や中米の配置転換により引き起こされた。

② 製造業部門での賃金所得の崩壊

　1990年代初期以降、米国とメキシコを非対称的に結びつけていた産業再編過程の軸として製造業部門が展開していたにもかかわらず、2008年実質賃金レベルは、非マキラドーラ製造業において1994年と比べ３％下落した。これは労働生産性――メキシコ銀行（Banco de México）データによると、それはこの期間に７％増大した――と鋭い対照を示している。賃金の基本的な停滞と生産性の上昇により、単位労働コストは40％以上下落した。これは、利潤が多国籍企業の本国、とくに米国ベースの多国籍企業に向かった点で、同様に、製造業を支配していた若干のメキシコ・グループあるいはコングロマリットに向かった点で、広範で大幅なチャンネルを開いた。実質賃金と生産性のこの関係は、一般的に米国の賃金低下／生産性向上のパターンに従っている。

③ 労働者の購買力喪失

　GDP に対する賃金のシェアーは1994年の35.3％から2007年の32.3％に減少した（Moreno-Brid and Ros, 2009：274-276）。同時期（1994-2007年）、全般的な平均実質賃金は24.2％低下した。公式の数字によりと、2009年第一四半期までに、労働人口への所得配分の点で、労働人口の８％は所得がなかった。13％は最低賃金を得るかそれ以下であった（公的な最低賃金は2009年、１日 4.15US ドル）。22.5％は１から２の最低賃金を得た。20％は２から３の最低賃金を、17.8％は３から５の最低賃金を得ていた。そして、10.7％は５以上の最低賃金を得ていた。これは、41％は家族が満足のいく最低のレベルを確保するに十分でないことを意味していた――最低賃金２あるいはそれ以下――。一方、11.1％だけが最低賃金５以上を得ていた（時間当たり 2.60US ドル）。それは、「まずまず」の生活水準を維持するに必要な基本的財とサービスの想定価値である（基本的所得といわれる）。

④ 高水準の貧困レベルの持続

　メキシコの貧困は1994年の52.4％から2008年の42.7％に低下した。そして、極貧は同時期、21.2％から18.2％に縮小した（CONEVAL, 2008）。相対的貧困レベル、しかし絶対的貧困レベルではないが、この明らかな縮小は、この時期の急激な移民増加の影響、そして家族生存戦略としての移民の送金が果たす基本的な役割の影響を明らかにしている。

こうして、メキシコにおける労働者の貧困化の一般的条件は、フォーマルな雇用配置の不適切な創出から生じている。同じく、生産性増加を大幅に下回る賃金を維持するメキシコ・グループと多国籍企業双方の権力から生まれている。これは多くの自営の人々、屋根のない零細ビジネスに従事する人々、短い就労時間と合法的あるいは慣例的な制限を越える就労の重要性によって示されている。さらに、保護されていない労働者——インフォーマル労働者、最低限の生活の農業労働者、家事労働者、利益のないフォーマルな労働者を含む——の広範な比重を考慮する必要がある。それは、ますます制約されたフォーマルな労働市場の領域を超える下請けチェーンの拡張と結びついた極端な労働者の貧困化の新たなシナリオの出現を明らかにしている。

　以上を要約すると、新自由主義政策の影響のもとで、メキシコは輸入代替工業化（ISI）期の終了（1982年）からその製造業活動の漸進的な解体を進めてきた。NAFTA によって米国から輸入される安価な基本的食料の急増のため、メキシコの貧農の農村からの追放と移民の流れへの追いやりのような「創造的破壊過程」（ハーヴェイ，2007b）の推進である。こうしたコンテキストにおいて、安価な労働力を利用する輸出ベースの特定な生産形態に向けて経済を新たに方向づけるため広範なチャンネルが開かれた。一方、多くの労働力余剰は移民を通じて追放された（Cypher ＆ Delgado-Wise, 2010：144）。

社会的価値の破壊

ジニ係数データ

　図4-2は1994-2012年の間の世帯所得のジニ係数を示している。それは0.54から0.49に低下している。一見したところでは、メキシコは NAFTA 以降、不平等の基準に関し緩やかな進歩があったように思われる。

　その期間、実質賃金が停滞し、失業と不完全失業が悪化し、所得の成長が極めて緩慢で、全国的な貧困率は2012年には1994年と同様であった。こうした点を踏まえると、大幅ではないが、不平等の低下は不自然で「不可思議」である。この問題の説明として、CEPR 報告書はデータの扱いを指摘している。一般に、「こうした統計が基礎にしたこの種の調査データにおいて、最も裕福な世帯の大部分の所得が報告されていない」という。

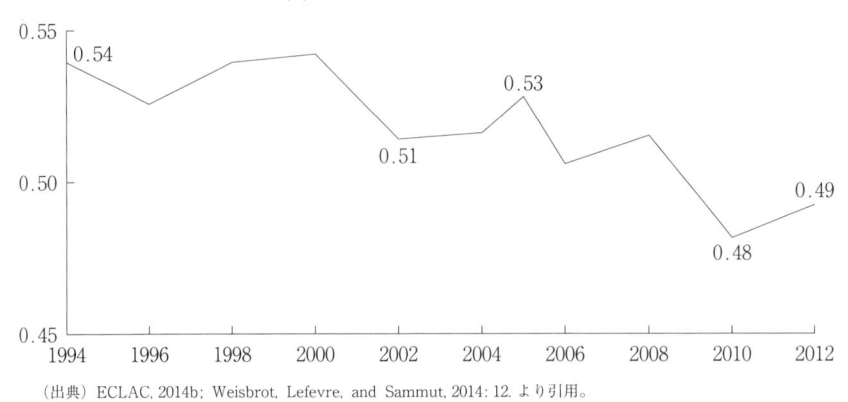

図4-2　メキシコのジニ係数

（出典）ECLAC, 2014b; Weisbrot, Lefevre, and Sammut, 2014: 12. より引用。

　メキシコにおいては、巨大な富が過去20年の間に蓄積された。たとえば、メキシコの最大の富裕者である億万長者のカルロス・スリム・エルー（Carlos Slim Helu）は664億ドルまで彼の純資産を拡大したと言われる（1994年の66億ドルから今日は730億ドルへ）。フォーブス紙のリストにおける15人のメキシコ人億万長者全体の資産は今や1500億ドルである。これらの億万長者やその他のトップ１％の所得は、「ジニ係数における上述の低下を取り消すか、一変させる」ことができる。

　いずれにしろ、膨大な大多数の労働者の生活水準は大きくは拡大できなかった。ジニ係数データに表れるような再配分が行われたとしても、全国的な貧困率を減少するには十分でなかった。「過去20年の経済成長は失業や不完全失業を減らすには十分ではなかった」、これが CEPR 報告書の主張である。

社会的価値を破壊

　教育、年金、保健サービスのような公共サービスと諸手当の民営化は新自由主義経済の主要な目標である。新自由主義モデルは社会福祉を、そして社会そのものを破壊している。すなわち、社会的排除、社会的連帯の欠如、不平等の拡大、富の極端な分極化を推進している。

　また、個人主義のイデオロギーや消費主義は破壊的な影響をもっている。それは連帯やヒューマニズム、人間生活の尊重といった社会的価値を破壊する傾向がある。このイデオロギーは、人並みの仕事を確保し教育にアクセスする可

能性の欠如の中でとくに有毒となる。マスメディアによる権力、カネ、消費主義、暴力の賛美は、Gore（流血型）資本主義（Valencia Triana, 2012）と呼ばれる条件のもとで極端な暴力的犯罪を構築するうえで重要な役割を果たすことになる。

健康への影響

健康に影響を与えるメキシコの新自由主義モデルの二つの特徴は、周期的な社会的・個人的なストレス状態と伝統的な食事習慣破壊であり、それはマスメディアに促進され、移民と結びついたジャンクフード文化に置き代わった。これらの特徴は、虚血型心臓病と糖尿病の急激な増加という死亡データに示される。こうした、糖尿病の10万人当たりの死亡率は2000年の46.3％から2012年には77.3％に拡大し、虚血型心臓病の死亡率は、同期、43.5％から67.3％に増加した（Laurell, 2015：260）。

5　都市基盤型社会運動と市民的権利の回復

都市コモンズの創出

都市は、あらゆる種類、あらゆる階級の人々が混じりあって生活しながら、コモンを生産する場である。だが、昨今における民営化／私有化、土地の囲い込み、空間の管理、取り締まり、監視といった状況が深刻な影響を及ぼしている。ここではこうした都市における深刻は状況に対する対抗運動について考えてみたい。それでは、対抗運動にとっての課題は何か。

資本はローカルな差異やローカルな文化的バリエーションや美的意味から余剰を抽出し領有する手段を有している。したがって、対抗運動にとっては、資本の文化コモンズに対するこのような広範に拡がる領有を告発することが重要であり、特殊性、独特さ、真正性、文化、美的意味といったものを肯定的に評価したうえで、それを新しい可能性とオルタナティブを切り開くような形で用いることが要請される（ハーヴェイ，2013a：185-189）。

都市基盤型政治運動にはシアトル、プラハ、メルボルン、バンコク、ニースなどで発生した異議申し立て運動の経験を蓄積している。また、2001年にブラジルのポルトアレグレで行われた世界社会フォーラムで示されたように、新自

由主義的グローバル化に対する対抗運動が指し示しているのは、このようなオルタナティブ政治なのである（松下，2007b：第6章；2012a：第6章参照）。

　メキシコでは、1985年のメキシコ・シティ大地震を契機に市民社会が出現した（松下，2001b；2007b 参照）。人民は地震で破壊された生活基盤の再建への要求と組織化と運動が生まれた。だが、そうした運動の発展は新自由主義を志向する体制側に飲み込まれた。だが、後述するように、2000年代半ば以降、オアハカでコンミューンの運動が展開された。そこでの特徴の一つは、伝統的組合の存在、その最も重要なものは学校教師の組合の存在と役割である。オアハカでは学校教師の組合が運動の最前線に位置していたのである。

　最近の新自由主義に異議申し立てをする運動は、グローバルな拡がりが見られる。カイロのタハリール（タヒール）広場、マドリードのソル広場（プエルタ・デル・ソル）、バルセローナのカタルーニャ広場、アテネのシンタグマ広場等々、都市を基盤に展開されている。メキシコのオアハカに加え、ボリビアのコチャバンバ（2000年と2007年）、エルアルト（2003年と2005年）における革命運動と反乱、ブエノスアイレスの政治的爆発（2001-02年[6]）、チリのサンチャゴでの抗議運動（2006年と2011年）を挙げることができる。

　その多くは、やがて支配的な資本主義的実践の中に再吸収されていった。2011年の南ヨーロッパ中で「怒れる者たち（インディグナドス）」のポピュリスト的抗議や「ウォールストリート占拠」運動について、ハーヴェイは言う。「これらの運動はみな今では、全体的な政治的凝集性を欠いたより分散的な対抗運動の大海を泳いでいる」と（ハーヴェイ，2013a：199）。

　一方、ポルトアレグレにおける参加型予算、クリティバにおけるエコロジーに配慮したプログラムは改良主義的であると評価している。

国家と資本に抗するメキシコ民衆の運動と意志

　2005年、サパティスタ解放軍は「ラカンドン・ジャングルの第6回宣言」を公表している。彼らは進行中であった大統領選挙から距離を置いていた。他方で、2006年1月1日、「もう一つのキャンペーン」と呼ばれる政治行動が開始した。

　副司令官マルコスは「土地を守る人民戦線」（FPDT）の歴史的経験の蓄積を

再検討した。それはテスココの農地に新たなメキシコ・シティー空港建設を強制することに反対して、彼らの土地を守るためトクイラ、ネスキパヤック、アクエスマック、サン・フェリッペ、サンタクルス・デ・アバホ、そしてアテンコの住民を組織化することで出発した。

　2006年5月3日、PRDが支配するテスココの警察とPRIが支配するメキシコ州の警察が強制的に花売りの1グループを排除した。ペニャ・ニエトに指導されていたメキシコ州政府はハイウェイから抵抗者の排除を警察に命じた。

　2006年のアテンコへの攻撃は、2012年に現れた他の社会運動、「#YoSoy132」（私は132番目）の叫びと密接に結びついている。この年の5月11日、ペニャ・ニエトはPRIの大統領候補としてイベロアメリカ大学を訪問した。そして彼はその日の警察の行動を擁護した。「アテンコで起こったことに私は全面的に責任を取る」と。これは学生の不満を募らせた。学生らは「われわれはすべてアテンコだ」と叫んだ。

オアハカ・コミューン

　アテンコでの抑圧に対応して、「もう一つのキャンペーン」はメキシコ・シティにキャンプを設置した。数日後、教育労働者全国協議会（CNTE）の第22支部（Section22）出身の教員たちはオアハカで行進し、アテンコで逮捕された市民の釈放を要求した。数千のオアハカの教員たちが立ち上がった。ここに、いわゆる「オアハカ・コミューン」が始まった。

　2006年5月22日、無期限ストに入った数千の教員たちは、他の社会組織の支持を受けて、オアハカ市のダウンタウンに占拠キャンプを設置した。

　6月14日早朝、知事ルイスは2000人以上の警官に抵抗キャンプと教員組合事務所の攻撃を命令した。この警察の行動は、むしろ運動を強化した。360以上の組織、組合、市民団体、個人は教員の支持しストライキをし、6月17日、彼らはオアハカ人民民衆会議（APPO）を結成した。教員労働者の要求は、州を支配している政治的・社会的システムを目標にし、「たくさんだ！」という集合的叫びにより結びつけられていた。知事ルイスの辞任要求への呼びかけを超えて、APPOは州の土地と天然資源の防衛のために闘い、暗殺事件や人権侵害における正義を求めた。

6月から11月にかけて、抵抗する個人や集団は自立の経験を発展させ、自衛部隊を組織し、バリケードを構築・維持し、Radio Plantón と Radio Universidad を通じてコミュニケーション活動を展開した。それは住民に引き継がれ数カ月間活動した。

　ジャーナリストのルイス・エルナンデス・ナバロは日刊紙ラ・ホルナーダ（*La Jornada*）で以下のように書いている。

> 「APPO は民衆アッセンブリ、教員組合、先住民コミュナリズム、宗教的拡張主義、急進左派、地域主義、州の倫理的多様性、これらから現れたローカルな政治文化を総合している。それは、平和的民衆蜂起からオアハカに生じた新たなアソシエーション形態に表現をも与えている。すなわち、オアハカ市とその周辺の貧しい隣人組織、自由主義的な青年のネットワーク、そしてバリケードである。それは APPO の軌道を回っているが、さらに遠くに拡張し、オアハカのコミューンとして知られる社会政治運動が起こった。それは民衆の抵抗の自立的な組織的表現であり、異なった種類の権力の萌芽である」（Navarro, 2018）

【注】

1) ここで、ナオミ・クラインが、新自由主義が推し進めてきたショック・ドクトリンを「惨事便乗型資本主義」と呼んだことを思い出すのも意味があろう。津波やハリケーンなどの惨事に便乗して新たな都市空間の形成・拡張やコミュニティの再開発が資本本位のプロジェクトにより強行された。このプロジェクトはそれまでの住人の参加なしに、あるいは排除された形で富裕層のために再建されている（クライン，2011b）。
2) Ramírez, 2016.
3) ILO の「用語解説」を紹介しておく。Informal economy は「国家により規制あるいは保護されていない、そしてフォーマルな取り決めによって担保されていない、あるいはそれが不十分である経済活動、企業、仕事、そして労働者」。Informal employment は「フォーマル部門であれ、インフォーマル部門の企業であれ、あるいは世帯であれ、一定の期間に行われているインフォーマルな仕事の全体」。FORLAC は「ラテンアメリカ・カリブ海諸国でフォーマル化の促進に向けて実施されている ILO プログラム。」
4) この部分は、Ramírez López, 2018：74-84 に依拠した。
5) 社会保障プログラムへの登録を通じて獲得された保健手当と退職手当をもつ労働者として定義された（あるいは政府部門被雇用者に対する同様のプログラム）。
6) アルゼンチンでは2001年の経済崩壊に続いて工場占拠が起こったが、その強みの一つは、協同組合的に運営された諸工場が地域社会に向けて、文化・教育センターにもなったことである。

第5章 「左派」政権の「挫折」と教訓

1 「左派」政権登場の背景と分析視角

LA では激しい政治的・社会的な変動が「周期的」に浮上してくるように見える。キューバ革命以降に限っても、変革の動きと権威主義的・抑圧的な動きが交差しながら現代史を形成してきた。そして、1990年代末から2000年初期にかけて、多くの LA 諸国では左派勢力が大統領選挙で勝利し、新たな政治的左傾化の波が最近まで続くことになった。

新しい「左派」政権の台頭は、ポスト新自由主義の行方や新しい社会の模索とも関連して多くの関心を呼んできた。こうした左派政権には、ベネズエラやボリビアに代表される「新しい社会主義社会」を掲げる政権から、ブラジルやアルゼンチン、チリのような「中道左派」まで含まれている。それゆえ、新しい「左派」政権の台頭の波は、「レッド（赤）」ではなく「ピンク・タイド」と言われる所以でもある。いずれにしろ、ここ数十年のこの新しい左派政権の潮流がなぜ生まれたのか、その現状はどのようになっているのか、それらがどのような諸問題や諸困難を抱えているのか、同時に、これらの政権は如何なる可能性を追求してきたのか、こうした論点を考えたい。

ところが、最近、保守的諸勢力の巻き戻しが強まっている。2016年には中道左派政権を代表するブラジルのルセフ政権が保守派の攻撃にさらされた。確かに、LA の「左派」政権による政治的左傾化の波は様々な要因により厳しい問題に直面し、後退と挫折を余儀なくされている。

とはいえ、この間の新しい「左派」政権の台頭と左傾化の波は、LA の現代史に一つの時代を画する重要な意味をもっている。われわれは LA 社会の民主的な課題を追求し、その可能性を発展させ、そのための民衆の主体的な関わりを再考することは不可欠な作業であろう。本章では、新しい「左派」政権が誕

生した歴史的背景を踏まえ、その誕生を生み出した社会的・政治的諸契機や諸勢力の政治的ベクトルと制度的なメカニズム、さらに「左派」政権を混迷に導いた政治的・経済的を考えたい。

新しい「左派」政権を考える視点

　現在のLAの政治と社会の考察には、その歴史的・構造的考察の視点からすれば、国際的環境を押さえたうえで「国家─市民社会─市場」関係からの考察を基本に据えて発展させるべきであろう。すなわち、本章は、新しい「左派」の誕生と民主的ガヴァナンス構築の過程といったLAの政治的・社会的ダイナミズムを新自由主義的なグローバル化の広い文脈を前提に考察する。そして、国家─市民社会の相互関係に焦点を当てる。とりわけ、LAの現在の市民社会をどのようなものとして認識すべきか、この市民社会における「新しい社会運動」の役割をどのように評価するか、この点が重要である。後に述べるように、本章は市民社会を特定の歴史的状況のもとでの相争う社会諸勢力の間でのヘゲモニー闘争によって形成されている一つの空間として認識している。

　そこで具体的には、次のような論点を取り上げたい。まず、LAの新しい「左派」政権（以下、「左派」政権）が連続的に出現したのはなぜか、彼らの共通する特徴は何か、またその違いはどこにあるのか、さらにその社会的基盤は何か、こうした点を考察してみる。

　第2に、民衆の政治参加と市民社会の拡大を軸にした民主主義の深化過程の現実的展開を押さえ、その可能性と制約を考察する。すなわち、LAの「左派」政権が国家─市民社会関係の新たな諸形態をどの程度創出できたのか、また、とくに様々な参加型の諸制度がどのように機能しているのか、これらの点を検証する。

　第3に、ポスト新自由主義に向けたガヴァナンス構築における「国家」の役割を考える。これは「国家」とは何か、「国家」をどのように認識するか、こうした理念的・概念的な問題を含むが、ここでは「国家」を政治空間における諸アクターが総括される場と考える。したがって、各国の「社会運動と国家」の相互関係性の問題をも取り上げる。

　さらに、「左派」政権の挫折の決定的要因である各政権の政策を支えてきた

経済戦略の限界の再考も重要な課題となる。すなわち、「資源の呪縛」の問題がある。一次産品輸出への依存と採掘主義への傾斜の問題である。

新しい「左派」政権の多様性

新しい「左派」政権の誕生は第1章で触れたように、新自由主義の猛威を受けて生活を根底から脅かされた大多数の民衆の異議申し立てと抵抗が背景にあった。その結果、1999年のチャベス政権の誕生を契機に「左派」政権が連続的に出現することになった。そして、この地域の人口の約60％が左派的政権のもとで暮らすまでにいたった。

だが、こうした新しい「左派」政権には、様々な面で多様である。それゆえ、政権の実態を把握するにはその多様な側面を検討する必要があろう。新自由主義の受容と影響の程度、それに対する国家指導層の能力、政治エリートの正統性、伝統的諸制度の有効性、幅広い社会運動との関係など多様な側面を考察する必要があろう。加えて、共通な地域的特徴の文脈の中で実際のナショナルな脈絡の相違を解明することも重要であろう。

とくに、「左派」政権の社会的基盤や歴史的環境に焦点を当てて考察することが重要である。たとえば、その多様な社会的基盤に焦点を当てると、ベネズエラとボリビアの政府は多様な種類の社会運動にその支持を依拠している。ブラジル、ウルグアイ、チリの政府は、軍政期の民主化運動を基盤とする社会運動の発展が政党組織の選挙基盤に結びついている。

チャベス、モラレス、コレアの政権は、新自由主義的政策との根本的断絶を目的に掲げ、経済への国家介入の拡大、貧民を対象にした新たな社会的プログラムを実施した。また、これらの政権は社会を民主化し、民衆の諸権利を拡大し、彼らの積極的な参加を基礎にした代表制の統治形態の設立を試みた。それは新たな憲法の中に制定されることになった。この3人の大統領は皆、民衆のための国家の機能と役割を強調し、そのために彼らのエネルギーを引き出すことを重視した。そして、選挙とレフェレンダムに勝利した。新たな政策の結果、それまで排除されていた民衆はより積極的に政治に関わり、彼らの民主主義に対する支持の拡大を示した。こうして、これらの政権には新自由主義や20世紀の大半に主流であった形式的かつ空洞化された自由民主主義に対するオル

タナティブの可能性が期待された。また、こうした市民権の拡大は、代表制政治の機能不全に対する必要な解毒剤とも考えられた。

共通する特徴と共有する課題

「左派」政権には当然、政策やその課題には差異がある。しかし、LAの民衆の苦悩、とりわけ抑圧的な権威主義的体制を挟んだ近現代史における民衆の経験とその苦悩は、「左派」政権が抱える軽視できない課題であり続けた。具体的には、寡頭制支配の存在、軍事的・抑圧的政治体制の遺制と新自由主義政策、その体制の遺産からの脱却と政治および社会の民主化、とりわけ市民社会の成熟に注目することは重要になる。

「左派」政権の現実的な相違を認めたうえで、その共通する特徴と共有する課題を要約しておく。

第1に、新しい「左派」政権は、LAにおける従来の左翼政権とは対照的に反資本主義ではなく、資本主義との「調整」やその負の側面の緩和を追求してきた。LAにおけるすべての「左派」政権は市場原理の部分的導入の重要性を認識しており、一定の規制のもとでの内外の民間投資を歓迎することを明らかにしている。ルーラは、2002年の大統領選の途中で資本主義を肯定する政治姿勢へと転向した。

第2に、これらの政府が依拠する同盟の社会構成にも注目すべきであろう。この同盟では貧しい民衆や労働者階級に加え、ボリビアを除いて、都市中間諸階級が基軸的役割を果たしている。この左派と中間階級の同盟は、新自由主義がもたらした広範な貧困化を反映していた。新自由主義は中間階級の貧困化という新たな現象の出現に導いたのである。それは主要な中間セクターの、とくに公共部門に雇用されていた下層中間階級の漸進的な貧困化を引き起こした。

上述の特徴は、第3の共通した課題を浮上させる。すなわち、すべての新しい「左派」政権はそれぞれ「略奪による蓄積」（ハーヴェイ，2005）のパラダイムから、より社会的に「平等を伴った成長」モデルへと向かうポスト新自由主義的発展に転換しようとした。

この脈絡で問われるべき最も重要な疑問は、多様な集団を同盟内に維持する必要があるが、国家と市場との均衡な関係により持続的な成長と所得の再分配

が可能になるかどうか、この問いである。すなわち、国家が市民のための社会福祉型の新しい政策課題を提示し、その課題を実現できるかである。これは剥き出しの自由主義市場から社会的秩序と安定を維持するための政策に転換することを必要とする。だが、新自由主義の出現はナショナルなレベルで実施された20世紀後半期のケインズ主義的な福祉国家的政策（「埋め込まれた自由主義」）の限界を背景にしていた。このことに留意すれば、それとは異なる新しい社会福祉政策が構築される必要があった。

2　新自由主義への「対抗戦略」

社会的基盤と社会運動

LA における左派的潮流の台頭は、すでに述べたように新自由主義の失敗と限界の文脈に位置づけられる。D. ハーヴェイが強調するように、新自由主義の浸透はあらゆるものを金融化し、資本蓄積のための強力な権限をグローバル企業とその金融機関に移した。雇用や社会的福祉への影響は無視され、資本蓄積の条件を最適とする「ビジネスに好適な環境」を創り出した。新自由主義の猛威に耐えた民衆はそれを拒否し、社会的不平等の解消を要求した。同時に、彼らは新自由主義が空洞化した自由民主的な政治制度に対して幻滅を強めた。その結果、新自由主義の時代に形成され社会運動は、民主化を推進し、新自由主義的なプログラムを導入した社会民主主義的政党と「ポピュリズム」政党を追いやった。その過程で左派の諸勢力の役割と重要性を高め、その活動を再び活性化することになった。このダイナミズムから現れた新しい「左派」政権は民主的革新を通じて不平等と貧困の拡大に対抗するため政策を掲げることになる。

それゆえ、左派的流れへの旋回という LA の文脈において、市民社会と多様な社会運動の位置と役割が再考される必要がある（松下，2007b；2013b）。市民社会は女性、環境主義者、反グローバル活動家、先住民の諸集団などの社会運動が展開する場としてますますその重要性が認識されている。これらの社会運動は、抑圧的な政治諸勢力への主要な対抗勢力として現れ、社会的政治的変化に向けた中心的推進力として見なすことができる。変化に向けたこの社会運動

の潜在力は、参加型民主主義の制度構築を通じて現実化を目指した。それは民主主義を深化させ、市民社会を活性化させると考えられている。また、「国家」の属性は多義的であるが、社会・経済的諸関係に介入する国家の能力も再評価することが必要である。市民社会はそのための「戦略的領域」と見られている。そこでは、多様な社会的・政治的諸勢力がそれぞれの戦略を実現するための闘争が行われている。こうして社会運動と市民社会は、自由主義理論が想定するその狭い役割を超え、社会的経済的な不平等を縮減し、社会諸勢力のバランスを変える基本的な役割を担うことが可能となる（松下，2012a：序章，第9章参照）。

異議申し立てからガヴァナンスへ：ブラジル、チリ、ベネズエラ

1980年代以降、軍事政権や権威主義体制に異議申し立てを行い、自由化と民主化の要求を掲げる幅広い社会運動が生まれてきた。これらの諸要求や社会運動の進展は市民社会の登場・発展と連動してきた。

たとえば、ブラジルでは1964年以降続いた長期軍事政権に抗して、1970年代末以降、民主化要求を掲げた多様な社会運動が顕在化する。とりわけ、労働者党（PT）はその名前にもかかわらず、多様な社会階層と社会運動をまとめ上げて、地方レベルから政治的影響力と支配を構築してきた。ルーラが中央権力を握る以前から、PT は多くの地方自治体でその民主的運営を蓄積してきた。今日、世界社会フォーラムで有名になったポルト・アレグレにおける参加型予算システムは、ブラジルにおける「参加型」民主主義とローカル・ガヴァナンスの挑戦的な実験であった。こうした「下からの」民主的ガヴァナンスは、PT が主導する「上からの」ガヴァナンスと相乗効果をもたらした。

これらの運動は、1988年新憲法の制定を契機に分権化の実現を推進した。新憲法作成に向けての議論は1986年に開始された。この過程で、都市社会運動は責任ある都市ガヴァナンス形態を要求し、市民の基本的権利として都市問題の運営への市民参加と分権化を要求した。社会運動の代表は事実上、公聴会の相談相手として証言を許された。そして、ブラジルの憲法制定会議は政治諸制度における多様な社会的アクターの立場と影響力を高めた。

新憲法14条は立法過程での「民衆イニシアティブ」を保証し、都市の組織化

に関して、29条は都市計画過程における市民組織代表の参加を要請している。他の条項は保健政策と社会福祉政策の実施における市民組織の参加を確立している。その結果、憲法は、社会レベルで現れてきた新しい文化的要素を新たな制度化の中に統合できたし、参加型民主主義の実践のスペースを開いている。

　こうして、憲法で保障された政府の分権化は、ローカルなアクターが革新的諸改革を実行する制度的空間をも開いた。政治的自律性の拡大、資源配分に関する自主的判断の拡大、社会運動との結びつきをもち、選挙で争うことを望むローカルなアクターの運動の発展、これらの要素の結合が民主的革新を可能にした。ここから参加型ガヴァナンスの動きが進められてきた（松下，2012a：第5章，第6章参照）。

　また、チリにおける軍政の政治的・経済的遺産からの脱却は、困難で長期にわたる慎重な過程を取らざるを得なかった。チリ憲法や制度的枠組みに埋め込まれた軍政の負の遺産は、「コンセルタシオン」と呼ばれる中道左派連立政権の政策を縛った。また、ピノチェト軍政時代の「恐怖」と「繁栄」は、国民の心の内面にまで入り込んでいる。軍政下での経済発展の評価も分かれている。したがって、チリの民主化は、軍政の人権侵害を含めた「歴史的清算」を伴い「下から」積み上げられた。ここに、チリ「左派」政権が「穏健」である理由の一端がある。

　他方、ベネズエラでは、LA の多くの国と違い30年にわたり民主行動党（AD）と「キリスト教民主主義」（COPEI）による二大政党制支配が続いた。これは、寡頭制支配を温存した、いわゆるエリート間の「協定と合意」による支配体制（プントフィホ体制）であった。この支配のもとで国民の75〜80％が極貧状況に追いやられていた。新自由主義への国民の不満は、1980年代に遡る。そして、1989年2月の「カラカソ」（カラカスの大規模な民衆暴動）に最も鋭く現れた。チャベスは国民の不満を背景にして軍を基盤に権力を固めた。

　ベネズエラの変革過程はチャベスと石油なしに語れない。ここにその強さと不安定さがあった。チャベスは、しばしばグラムシの言葉を引用し、この国の「危機の」過程を表現する。「真の危機は、何かが死につつありながら死にきれず、同時に何かが生まれつつあるが生まれきっていない時に起きる」。

　チャベスが唱えるボリバル革命は、石油資源を財政基盤にして、共同体レベ

ルからの「参加型」の民主的過程構築と、国家レベルからの再配分メカニズム構築により政治と経済を実践的に再結合することを目標にしていた。それは、とくに新しい憲法に保障された保健と教育への市民のアクセスに表れている。

　以上、ブラジル、チリ、ベネズエラの３カ国を簡単に眺めたに過ぎないが、LA は多様なニュアンスを伴う左傾化の潮流のもとに、「民主主義、市民社会、ポスト開発」の最前線に立った。しかし、当然、様々な課題があるし「落とし穴」もある。この点についてエミール・サデール（リオデジャネイロ州立大学）は、新自由主義的構想の衰退の速度と、新しい代替案の構想の速度がかみ合っていないことに注目する。この指摘は、各国の変革過程における「国家─開発─（市民）社会」の枠組全体、およびそれぞれのカテゴリー間の関係を如何に構築するかという課題でもある。

参加型制度をどのように分析し評価するのか

　LA において参加と代表制の関係は多様である。また、参加の役割と機能は単純ではない。とりあえず、以下の基本的な視点が検討されなければならないであろう（Cameron, *et al.*, 2012）。

- それまで排除されてきた集団にどの程度、またどのようにして発言が与えられたのか。
- 参加はどこまで「現実的」か、どこまで「操作されている」のか。
- この参加は伝統的なクライエンテリズムを再生産するのか、あるいは対立するのか。
- これらの制度が公共政策や政策決定に関して市民の要求により敏感にしているのか。
- こうした諸制度は、市民の発言する能力と習慣を効果的に発展させるための市民教育を施しているのか。

　結局、たとえば、参加型制度を代表する参加型予算を評価する際に、基本には参加者の「自律性の問題」が横たわっている。サントスは自律性を次のように考えている。参加型予算は民主運動ではなく、「民衆運動と自治体政府が持続的で恒常的に作動する合流点としての機能するよう工夫された制度的配置」である。それゆえ参加型予算の自律性の問題は、「こうした制度の民衆代表が

アジェンダやスケジュールや議論、決定を形成できる現実的能力」として定式化されなければならない。この意味で、自律性は、「既存の政治過程の安定的特徴というよりも、常に進行中の闘争の暫定的な結果である」（Santos, 2005：349）。

　加えて、LA における参加型ガヴァナンスの発展は、ポピュリズム型の国家—社会関係を乗り越えるために極めて重要でもある。参加は、ローカル・レベルで実践されたメカニズムだけでなく、国家全体を変革し、民主化するために利用できる民主的政策の一つのプロジェクトである。同時に、新たな民衆の政治参加の形態は、その目的、立場、制度的デザイン、規範、そして有効性など多岐にわたる。

3　社会運動と国家

社会運動はどのように国家と関わるのか：エクアドルの事例

　LA における新しい「左派」政権の誕生やその性格と展開、さらにその行方を検討するには多様な社会運動との複雑な関係を分析することが不可欠である。こうした問題意識は、新しい「左派」政権の評価、とりわけエクアドルのコレア政権の評価に関わって重要になる。

　エクアドルは米州で強力な先住民運動の発祥地であった。エクアドル先住民連合（CONAIE）は新自由主義政策への抵抗の最前線にいたし、2 人の大統領の民衆による打倒に参加した。新自由主義に対抗するため、コレア政権は貧困と経済的不平等を減少させる社会支出の拡大を試みた。保守的オリガーキーに対する彼の対応は民衆の支持を獲得する点で成功した。その他にも、コレアは民衆の要求にかなり対応した。そこにはマンタ空軍基地からの米軍の撤去、米国との自由貿易協定調印の拒否、憲法制定会議の招集が含まれる。

　しかし、コレアの政治的立場に対する社会運動からの批判を無視することはできない。環境主義者は彼の国家中心的な開発に反対した。たとえば、鉱業、石油、その他の採掘産業政策をめぐって重大な緊張を引き起こした。彼の農業政策は大規模経済開発に好意を示すものであった。その結果、エクアドルの強力な先住民権利運動の基盤を形成した農村共同体を疎外した。この運動の活動

家たちは、抑圧と搾取の構造的諸問題の除去を優先せずに、コレアが彼の選挙支持を強化するために企てたクライアント型の戦略的な貸与プログラムを非難してきた。

　コレア政府は伝統的な保守的オリガーキーからのその権力を脅かされていた。同時に、コレア政権に対する重大な挑戦は社会運動左派から生まれている。エクアドルにおける最も組織され最も戦闘的な社会運動の一つであるエクアドル先住民連合（CONAIE）議長、ウンベルト・チョランゴは次のようにコレアを批判する（Becker, 2013：44）。

　コレアは社会的抵抗を犯罪視し、多国籍鉱山会社や石油企業の否定的影響を直接受けるコミュニティの事前の同意なしにその操業開始を許可する鉱業政策を進めている。さらに、チョランゴはコレアの農業革命、水の再配分政策、多民族国家を構築する政策の点にも批判している。コレアの新自由主義批判はそのレトリックとは対照的に、政府は基本的にこれまでの政府の経済的・社会的政策を継続してきた、とチョランゴは告発した。

　コレアは確かに保守的反対派、ビジネス界、米国政府に挑戦してきた。同時に、社会運動左派とも対立してきた。コレアが教師内での全国教員連合（UNE）のヘゲモニーを掘り崩す新たな評価制度を提案したとき、この組織は反対に回った。そして、全国農民・先住民・黒人組織連合（FENOCIN）は、農業政策と水政策に関して政府との距離をとった。こうした政府に対する反対の動きに対して、コレアはエクアドル先住民同盟（FEI）のような弱小な周辺的組織を取り込み、彼が社会運動を支持し続けている姿勢を糊塗しようとした（Becker, 2013：50）。

　こうしたコレアの社会運動、とくに社会運動左派に対する否定的な政治的姿勢を含めて、それでは彼らは政府に如何に対応すべきか。この点に関して、エミール・サデールは政治的右派や伝統的なオリガーキー、金融資本を利することなく彼らが政府に圧力を賭けるよう注意を促している。

　サデールが社会運動に言いたいことは、次の点にある。すなわち、コレア政権の穏健で矛盾した諸政策にもかかわらず、この政権はそれ以前の政府と同じではない。結局、社会運動の活動家にとっての課題は、自分自身の階級的利益と政治的課題を掘り崩すことなく、政府が社会運動により応答的になるよう政

府に圧力をかける方法を学ぶことの重要性である（Becker, 2013：45）。

「国家—市民社会」関係と重層的ガヴァナンス構築の枠組みから

エクアドルにおける社会運動は、数多くのアソシエーションから構成されている。民衆のアソシエーションやそれを媒介にした社会運動への参加は、民主主義を甦らせ市民社会を活性化した。貧民や貧農や先住民の民衆や女性たちは、しばしば限定的な目標を達成するための活動家ネットワークと抵抗キャンペーンを組織した。

ここで考えるべき基本的問題は、エクアドルの社会運動、とくに急進的な「左派」勢力と先住民運動が如何に、どの程度、コレア政府の憲法的・社会経済的諸改革を推進し、形成し、時には異議申し立てをしてきたか、この点にある。

この問題を考える場合、「国家—市民社会」関係と重層的ガヴァナンスが構築の枠組みからのアプローチと分析が不可欠である。ポスト新自由主義に向けたガヴァナンス構築と可能性を追求する場合、自律的「国家—市民社会」関係の発展、国家の役割再考、社会運動と国家、これらの問題が課題になる。

第1に、ナショナルな市民社会内で一定の社会運動を発展させるために集権的・垂直的ガヴァナンス構造を変えることが必要だが、それは容易な課題ではない。

第2に、構造的制約にもかかわらず、市民社会の強力なアクターは、暮らしを掘り崩す国家の行動に異議申し立てをしてきた。この点には注意が払われるべきであろう。なぜなら、現実に存在する市民社会は、アソシエーションや社会運動や様々な対話が存在する社会である。しかし、また権力や不平等によってつくられる社会でもある。現実の市民社会は特定の時期に特定の場所で社会アクターによりつくられるのである（松下，2012a：序章参照）。

多くの「左派」政権は、一方で、社会運動と結びついた民衆の諸要求にある程度、応えようとする。しかし、他方で、ナショナルな大資本やグローバルな多国籍資本の市場志向の要求に対応せざるを得ない。こうして、「左派」政権はこうした諸要求と諸利害との間で選択を迫られてきた。

第3に、新自由主義が強力な支配をしていた時代の限界は明らかになりつつ

ある。しかし、他方で、企業側の経済的影響力が劇的に拡大した。「左派」政権は、輸出や外国貿易や投資を規制する厳しい努力をしてこなかった。民営化への歩みは弱まったが、外国企業や国内企業の規制、市場への対応という複雑な課題を抱えている。

第4に、グローバル化の文脈で、貧困削減のために「左派」政府の採掘産業への依存は、民衆の生活と願望と、とくに、ローカル・レベルやこうした産業活動に関わる先住民のそれと矛盾をきたしている。

4　新たな従属的制約：グローバルな資本と市場

経済的ネックの採掘・抽出産業への依存

多くの新たな左翼政府、とくにベネズエラ、ボリビア、エクアドルは、底辺の民衆を勇気づけ包摂する方法として天然資源を活用する政策を実施し、それを政権の中心的政策に位置づけた。新自由主義的政策を拒否し、彼らに社会政策を提供するそれぞれの国家の能力は世界市場における商品価格が高価格で推移していた。この状況のもとで、天然資源の採掘からの収入を確保することに結びついていた。それゆえ、この天然資源への期待と依存は、広範な社会・政治的プロジェクトを構想する全般的な政策の中核に置かれることになった。これらの諸政府は天然資源の採掘し、その輸出から得られた利益を社会化する政策に従ってきたのであった。

たとえば、エクアドルでは、2008憲法が石油、鉱山、輸送、テレコミュニケーションなど、従来の諸政府が民営化していた経済部門の政府統制を再確認している。コレアは採鉱に関わる諸活動が経済を刺激し、雇用を創出し、社会プログラムへの融資を提供し、またこれらすべてが否定的な環境問題を引き起こすことなく達成されると考えた。彼は環境と労働者の権利を保護する強い国家統制を通じて、社会的に責任をもつ大規模な鉱業活動に支持を与えた（Becker, 2013：53）。

この点と関連して、アティリオ・ボロン（A. Boron）は三つの問題を提示している。

第1に、市場権力の拡大、そして市場に不利益になる政策を導入する政府に

対する彼らの「恐喝能力」（たとえば、資本逃避や投資ストライキなど）である。

　第2に、帝国主義の持続力である。それは、世界銀行やIMFのような国際金融組織（IFIs）によるコンディショナリティを通じて、あるいは「ドラッグ戦争」や二国間援助に関連して、合衆国からの政治的な直接要請を通じて行われる。これらの圧力は、ほぼ全面的にマスメディアを統制する大資本によるイデオロギー操作により監視されている（Boron, 2008：247）。

　第3に、この数十年に及ぶ民主主義の切り下げは、国家の「社会生活への介入能力」（Boron, 2008：247）を弱めた。さらに、LAにおける国家の歴史的脆弱性によっても悪化させられた（Panizza, 2009：226）。加えて、多くのLA左翼政府は開発主義モデルを追求してきた。それは資源採掘に特権を与え、社会的要求を充足するのに使われるべき諸資源からの収入にもかかわらず、多くの社会運動（とくに、環境保護運動家やインディヘナ集団）と対立を引き起こした（Dangl, 2010）。

資源輸出の問題性：反自由主義と資源ナショナリズムの接合

　LAの左派への旋回とその制約・限界を天然資源に対する国家所有と結びつける解釈は少なくない（Rosales, 2013；Veltmeyer and Petras, 2014a）。ベネズエラ、ボリビア、エクアドルにおける最近の左翼運動のプロセスは、新自由主義改革の失敗に関わっている。資源採掘は多くの成果を彼らに保証した。だが同時に、差し迫った難題をも彼らに突きつけた。

　この点で、ベルトメイヤーとペトラスは以下のように議論を展開する。世界資本主義のラテンアメリカ・ペリフェリーにおける開発の政治経済学は、今日、経済学者が「一次産品依存（primarization）」（経済における一次産品部門の優位に主導された経済成長への依存）および「採掘主義（extractivism）」（「土地獲得への大規模投資の過程で採掘された化石燃料とバイオ燃料、鉱物とアグロ・フーズ生産物のような天然資源の採掘に基づく経済発展」）、あるいは、批判的農業経済の言説である「土地の強奪」とよぶ見地から見ると上手く説明できる、と（Veltmeyer and Petras, 2014a：222）。

　ラテンアメリカ経済の「一次産品依存の復活（reprimarization）」は、新自由主義型グローバル化の新たな世界秩序によって押しつけられた「構造改革」の

もとで1990年代に始まった。これらの諸改革は、新自由主義であれ、ポスト新自由主義であれ、この地域の諸政府が輸出を拡大し、彼らの対外累積債務支払いに必要な外貨と追加的財政収入を生み出す必要性に対応していた。また、ポスト・ワシントン・コンセンサス（PWC）に基盤を置くより包括的な開発形態への進展をするために、天然資源での比較優位を活用することを可能にした。この改革が開始された当時、一次産品の比較的低価格のために、この戦略はスムーズには起こらなかったが、諸改革は外国投資のための地域の採掘産業を開放することになった（Veltmeyer and Petras, 2014a：36）。

　グディナス（Gudynas, 2009）は、資源採掘に向けた進歩的政府の渇望を「新しい採掘主義（New Extractivism）[1]」と呼ぶことを提唱し、次のようにその論理を主張した。すなわち、資源採掘を通じてレントが再配分に使われる。この場合、国家がより積極的であるだけでなく、エクアドルやベネズエラの事例のように、それは主要なアクターである。外国企業がこの地域で採掘活動にすでに参加しているときですら、左翼が政権を握る国では、外国企業は高いロイヤリティを支払い、ある場合には国家所有企業との合弁事業に参加する。にもかかわらず、多くの社会的要求が満たされるにつれ新たなダイナミズムが起こり、新たな要求が生まれ、一層の採掘活動が必要になる。こうして、資源輸出による収入を通じて、政府は「正当化」され、これらの活動が一層大幅な社会福祉を促進するにつれ、彼らは採掘活動を正当化する。ここでの議論の中心は、採掘によるレントの配分である（Rosales, 2013：1454）。

「新しい採掘主義（New Extractivism）」と開発の落とし穴

　これまでの経験が示すように、多くの天然資源をもつことで、国家は重大な開発の落とし穴に直面する。A. ロサーレスはこの点を指摘する。この地域を専門とする政治学者や政治経済学者は、地域の左翼的旋回における資源ナショナリズムの諸問題に十分な関心を払ってこなかった。むしろ、批判的な地理学者や政治的なエコロジストが採掘産業やその政治経済学的結果に分析的関心の中心を置いてきた。

　他方で、ベルトメイヤーとペトラスは、「新しい採掘主義」が「思いがけない経済的機会よりも呪いである」と主張し、その理由を次のように要約する

(Veltmeyer and Petras, 2014c：228-232)。

　第1に、最も成功した開発の経路は、明らかに天然資源の採掘や一次産品輸出ではなく、資本主義発展過程や経済的・社会的インフラと人的資源開発への投資に基づく工業化戦略で生み出される開発である。この視点から、工業化なしに（生産力の、そして社会的諸条件の改善の意味で）如何なる開発もありえない。

　第2に、資源の豊富な諸国の一次産品輸出への依存は、交易条件の悪化に向かう長期的傾向に直面する。これはプレビッシュや ECLAC が明らかにしたように、システムの中枢の発展と「周辺」の「低開発」や貧困に導く（Prebish, 1950）。遅かれ早かれ交易条件は天然資源や一次産品の輸出国に悪くなる。

　第3に、採掘主義と一次産品化は、ブームと破産のサイクルを意味する。そこでは価格は必然的に上下し、政策形成者が統制・管理できない諸条件を経済に押しつける。

　第4に、「資源の呪縛」の問題がある。それは、一次産品輸出が経済の他部門における製品輸出に対する為替相場に否定的な影響をもつということである。一例として、最近のブラジル政府が直面したジレンマがある。2010年まで、ブラジルは工業に焦点を合わせた FDI の主要な行先であった。そして、ブラジルは（中国、インド、ロシアとともに）、成長するグローバルな中間階級の要求を媒介にして国際貿易を推進していた「新興市場」の一つであった。しかし、最近、FDI も政府も次第に天然資源採掘に向ってきた。過去5年間、ブラジルはコロンビアやチリとともに、ラテンアメリカにおいて資源を求め FDI ――化石燃料、バイオ燃料、鉱物、ならびにアグロ・フーズ生産物への大規模な投資――の主要な行先に代わった。その結果は経済成長率のかなりの減少であった。

　第5に、天然資源採掘に基づく発展は必然的にグローバル市場に結びついた飛び地に位置づけられる。

　第6に、採掘資本は資本の高い有機的構成と生産過程における労働力の活用に対する極めて低い傾向に特徴づけられる。その結果として、採掘部門における労働力は社会的生産の極端に小さなシェアーを割り当てられている。輸出ブームの4年間の後、フーマル部門における実質賃金の価格指数は0.5%も少なくなったと ECLAC は報じている（ECLAC, 2007）。

こうして、天然資源採掘と一次産品輸出に基づいた経済モデルは、南米の新たな規制型ポスト新自由主義体制のもとでさえ「開発の罠」である、これがベルトメイヤーとペトラスの基本的議論である。これは主に資本と国家との従属関係が理由であり、たとえ富をもたらすとしても、このモデルが大規模な外国投資と極端に破壊的である採掘資本の活動への依存のためである（Veltmeyer and Petras, 2014c：232）。

【注】

1）　new extractivism に関する見解において、グディナスは国家の発展に向けた採掘型アプローチがこの地域の新自由主義政権とポスト新自由主義政権の両方で共有されていることに注目する。しかし、彼もわれわれも強調するように、この採掘主義は二つの異なる形態をとっている。すなわち、一つはコロンビアとメキシコに具体化されたものである。そこでは支配体制はワシントン・コンセンサスとアメリカ帝国主義の勢力範囲で国家発展に向けた新自由主義的道に従い続けている。もう一つの形態は、本書ではアルゼンチン、ボリビア、エクアドルに代表される。「進歩的採掘主義」や「ポスト新自由主義型開発主義」と述べられた事例をなしている。しかしながら、ここで、公共政策が「プラグマティックな新自由主義」（ポスト―新自由主義的規制主義と進歩的採掘主義の穏健でプラグマティックな形態）から記述されうるモデルに連動されているアルゼンチンの事例（ブラジルやチリ、ウルグアイも同様）と、「21世紀の社会主義」と一部では理解されていることに向かう進歩的採掘主義のより急進的な形態を例示していると考えられうるボリビアやエクアドル（ベネズエラとともに）との間に一つの区別がなされるべきである（Veltmeyer and Petras, 2014a：225）。

第 **6** 章　現代ラテンアメリカのポピュリズム

1　時代の共鳴板としてのポピュリズム

ポピュリズム再考

　本章では LA の現代ポピュリズムを考察する。ポピュリズムは運動として、イデオロギーとして、また政治体制としても LA の歴史において絶えず現れている。とりわけ、それは社会の構造的・制度的な「危機」と「不安定化」や根本的「変化」の状況の中で頻繁している。ポピュリズム現象は共通した特徴を有するものの、時代的・各国別の特殊性をもっている。ここでの主要な対象とする現代ポピュリズム（「新自由主義型ネオポピュリズム」政権と「急進的ポピュリスト」政権）の分析には、新自由主義とグローバル化という時代的背景とその時代性が生み出す社会・構造的な諸要因を組み込むことが不可欠であろう。

　今日のポピュリズムの諸問題を取り組むには比較的・歴史的アプローチが有効であろう。デ・ラ・トーレとアルンソンも指摘するように、このアプローチは、「ポピュリズムの再現を説明し、それを歴史的文脈に位置づけ、過去のポピュリズム指導者と今日のそれとの継続性と相違を解明すること」（de la Torre and Arnson, 2013b：5）である。そして、彼らは歴史的視点から、古典的ポピュリズム政権（アルゼンチンのペロン政権やブラジルのヴァルガス政権）と新自由主義型ネオポピュリズム政権（ペルーのフジモリ政権やアルゼンチンのメネム政権、メキシコのサリーナス政権）を、そして急進的ポピュリスト政権（チャベス、モラレス、コレア）を比較する。このポピュリズム類型化はかなり広く承認されている。また、この類型化は LA におけるポピュリズム出現の基盤的条件、時代を超えるその継続性と変化する出現形態、そして最終的にはその民主主義の意味と内容に対する結果を理解するのに役立つ（de la Torre and Arnson, 2013b：5）。

この比較的・歴史的アプローチを通じて、デ・ラ・トーレとアルンソンは自由民主制に対する過去および最近のポピュリスト政権の曖昧さに焦点を当てる。その焦点とは以下の諸問題である。すなわち、「理論的、経験的に何がポピュリズムの復活を説明するのか」、「1930年代、40年代の「古典的」ポピュリズムとその最近の現れとの相違と継続性は何か」、「ポピュリズムの社会的基盤は何か、それらは過去といかに異なっているのか」、「指導者は支持者をいかに動員するのか」、「これらの体制はどのように発展するのか」、「時代を超えて永続する見通しは何か」、ポピュリズムは「民主的諸形態を発展させるか、あるいは権威主義的体制がそれ自身を強化するにつれ、最終的にはそれ自体を掘り崩すような、代替的な民主的参加形態や市民権を発展させているのか」、こうした諸問題である（de la Torre and Arnson, 2013b：6）。いずれも重要な論点であるが、本章では必要の範囲で間接的にこれらの論点に言及する。

多様なポピュリズム分析アプローチ

　ポピュリズムは極めて多義的で曖昧な概念であるため、それは常に論争的概念である。どのようなポピュリズムへのアプローチをとるか、ポピュリズム現象のどこに焦点を当てるか、また如何なる特徴を本質的と認識するか、解釈は多岐にわたる。筆者はかつてポピュリズム研究を踏まえて、ポピュリズム分析へのアプローチを簡潔に分類した（松下, 2003参照）。

　その第1は、特定の歴史的時期における特定のLAにおける政治レジームに関心を示すアプローチである（Di Tella, 1965；Germani, 1965；Ianni, 1975）。このアプローチの力点は、特定の（たとえば、恐慌後の）歴史的情況におけるある特殊なLAのレジームの構造と諸制度に置かれているといえる。

　第2に、エルネスト・ラクラウに代表される「言説的—理論的」アプローチである（Laclau, 2005）。彼はポピュリズムの出現が、ある特殊な発展段階における典型的な危機に結びつけられていたのではないことを主張する。むしろ、より一般的な社会的危機の一部である支配的なイデオロギー的言説の危機に結びつけられていた、という認識である。

　ポピュリズムの第3のアプローチは、「構造、制度、そして言説の三つのレベルで同時に行われる」ポピュリズム分析が不可欠であるとし、これらの三つ

の要素の関係は「歴史的情況を反映する」という。だが、言説アプローチが強調する既成秩序に反対する「人民への訴え」への関心をも強調する（Cammack, 2000；Panizza, 2000）。

最後に、特定の時代を超えて登場するポピュリズム現象を統一的に捉える試みとして、「政治スタイル」の点からポピュリズムを再定義するアプローチがある。このアプローチの背景には、ペルーのフジモリ政権やアルゼンチンのメネム政権などの「ネオポピュリズム」現象を説明する必要から登場してきた（Knight, 1998）。

古典的ポピュリズム

アルゼンチン、ブラジル、メキシコのようなより経済的に発達した諸国では、ポピュリスト型大統領は輸入代替工業化（ISI）期に符合した民族的・再配分的社会政策を追求した（松下，1993、第2章で論じた）。アルゼンチンの場合、ポピュリズムの出現は大恐慌への対応として解釈される。ペロニズムは新たな都市産業労働者階級の出現、農村エリートに対抗する台頭する工業ブルジョアジーと中間階級との同盟、これらに基盤をもっていた（Schamis, 2013）。この説明は構造主義的アプローチである。

近代化論の社会学者ジェルマーニにとって、ポピュリズムは近代への移行期にそれまで排除されていた大衆の社会動員と政治的統合によって特徴づけられたLA史の一段階であった（Germani, 2003）。他方、従属論パラダイム内で活躍するイアンニは、広範な社会・経済的転換に緊密に結びついた一段階としてのポピュリズムを見ていたが、同時に、ポピュリズムを農業輸出主導型発展の危機やISIの出現に結びつけていた（Ianni, 1975）。両アプローチは歴史的見解を共有しており、ポピュリズムはLA史の一段階をなし、ISIや近代化のような構造的な社会経済過程に結びつけられていた（de la Torre and Arnson, 2013b：16）。

このように、ポピュリズムは近代への移行によって生じた「危機」に焦点を当て、また農業輸出主導型発展の「危機」とISIの台頭を強調する研究が主流である。ポピュリズムの理解には、「危機的情況（critical juncture）」（Collier and Collier, 1991）の概念とその現実のダイナミズムの分析が重要になる。ケネ

ス・ロバーツはこの概念を発展させ、「危機的情況」を「既存の制度的編成が侵食され始め、様々な一連の結果が容易に認識可能になるときの、決定的な政治的変化と不安定性」（Roberts, 2013：38）と定義している。労働者や農民、中間階級の活性化と編入に導いたこの「危機的情況」において、強い制度と長期的に続く政党が創設された。そして、若干の国では、この時期が国家主導型開発モデルに一致した。

ポピュリズムが現れる様々な「危機的情況」についてのロバーツの認識はかなりの部分肯定できるが、「非危機的状況」期にもポピュリズムが LA で出現してきた。アルゼンチン、ボリビア、ペルー、エクアドル、ベネズエラのような国々でポピュリスト指導者が選挙への参加を可能にしてきたときにはいつも、彼らはかなりの支持者を獲得し、選挙に勝利した。したがって、ポピュリズムが危機と結びついた極端な現象ではなく、むしろ明らかに正常な状況でも現れることができることに注意すべきである（de la Torre and Arnson, 2013b：19；Knight, 1998）。

古典的ポピュリストは、民主主義を自由選挙と等置した。しかしながら、「大衆的に選ばれた大統領は、人民の民主的意志を直接あらわす制度的権力として現れている。他方、その立法権力と司法権力は多数への憲法的強制をあらわす」（Peruzzotti, 2013）。古典的ポピュリズムの主要な遺産の一つは、自由民主主義に対するその深刻な両義性や矛盾であった。すなわち、古典的ポピュリズムは、それまで排除されていた諸集団が政治システムに運ばれた点で民主化されていた。しかし、同時に、ポピュリスト指導者たちは国家権力を規制し、市民社会の政治的自立性を保証し、プルーラリズムを獲得するのに役立つ自由主義的な憲法原理の制約と制限の受け入れを拒否した（de la Torre and Arnson, 2013b：19-20）。

新自由主義型ポピュリズム

コノスールで政権を握った官僚的権威主義的軍事レジームは、ポピュリズムの社会経済的基盤、すなわち、ISI、工業ブルジョアジー、労働者組織を解体した。しかし、民主化の「第三の波」とともに、ブリゾーラのような旧来のポピュリストが1982年と1990年にリオデジャネイロの州知事になり、クアドロス

が1985年にサンパウロの知事になった。

　ペルーのフジモリ、ブラジルのメロ、アルゼンチンのメネム、エクアドルの
ブカラムのような新しい世代の政治家は、一方で、それぞれの前任者の戦略や
シンボルと言説を採用しつつ、他方で、自由市場に有利な経済への国家の役割
を減らす新自由主義型経済政策を実施した。古典的ポピュリストと新しいポ
ピュリストの連続性と相違を理解するために、米国と LA の研究者は「ネオポ
ピュリズム」という用語を考案した（Weyland, 1996：Knight, 1998）。

　新自由主義的文脈でポピュリズムの再現を説明し、また新自由主義とポピュ
リズムとのシナジーを説明するために、研究者たちは政治と経済を切り離し、
ポピュリズムを特定の歴史的時期や特定の社会経済的政策に結びつけずにポ
ピュリズムの政治的特徴に焦点を当てた。たとえば、ウェイランドは、ポピュ
リズムを「人格的指導者が大多数の未組織な支持者からの直接的で仲介なしの
非制度的支持を基盤にした政府権力を追求・行使する政治的戦略」（Weyland,
2001：14）と再定義する。こうして、ポピュリズム政治家の顕著な特徴として、
社会的・経済的過程ではなく権力の競争や行使の中心性が強調された。ポピュ
リストはプラグマティックであるし、権力保持に対してはご都合主義的でもあ
る（de la Torre and Arnson, 2013b：21）。

　しかし、新自由主義型ポピュリズムは、新自由主義による構造改革や経済的
危機と緊密に結びついている。フジモリとサリーナスとメネムは新自由主義型
ポピュリズムを代表し、それは古典的ポピュリズムとまったく異なっていた。
これらの新自由主義的指導者は重大な情況——1980年代末と1990年代初め、
すなわち LA の債務危機の攻撃後の数年に——で現れ、この時代の特定の問題
と機会に対応した。とくに、彼らが自由市場改革を採用したとき、彼らは民営
化からの資源を貧民にクライアント的便益を提供し、その支持を獲得すること
ができた。古典的ポピュリストとは対照的に、彼らの敵はオリガーキーではな
く、「政治階級」であり、彼らは制度構築者ではなかった。これらすべての点
で、フジモリは新自由主義型ポピュリストであった。

2　ポピュリズムと民主主義との曖昧な関係性

ポピュリズムと「人民[1]」

　ポピュリズムと民主主義はともに人民の主権的支配（統治）に関連している。ポピュリズムの擁護者は、まずもって人民の直接支配として民主主義を概念化し、それゆえ、ポピュリズムを民主主義に結びつける傾向がある。他方、ポピュリズムに反対するものはより立憲的な民主主義の観念を主張し、代表制や個人の諸権利や諸権力および諸利害の均衡の重要性を強調する。

　ポピュリズムと民主主義との曖昧な関係性ゆえ、ポピュリズムへの評価と見解が様々に分かれる。多くの研究者は、ポピュリズムは民主主義に望ましくない潜在的な危険性をもちうると考えている。他方で、民主的システム内での救済的（redemptive）な力としての役割（Arditi, 2003）、あるいは代表制システムの欠陥や破られた約束を暴露し修正する手段としても分析されてきた（Bobbio, 1987；Hayward, 1996；Taggart, 2000）。ポピュリズムは人民の破壊的な叫び声を連れ戻し、こうして形式的な政治システムの閉鎖状況に先手を打つことができるとの評価もある（Arditi, 2003：26）。また、ポピュリズムを民主的プロセス内の新しい社会諸集団を囲い込む戦略との理解もある（Kazin, 1995；Laclau, 2005：167）。

　自由主義の視角からすると、ポピュリズムと民主主義は両立するよりも対立的な側面が強い。しかし、権威主義の一形態としてポピュリズムを見ることは限界がある。そのような見方は自由民主主義の考えに基づいており、ベネズエラのように民主主義への高まる民衆の満足を説明できない。参加型諸制度を通じて新たな形態の政治的表現形態を見出した多くの民衆の動向を考慮に入れていない。

　したがって、ポピュリズムの論理が本質的に反民主的であると主張するよりも、民主化とポピュリズムとの曖昧な関係を分析することがより実りある。ポピュリズムと民主主義との関係は抽象的には確定できないし、それはむしろポピュリズムと民主主義が相互作用する政治的脈絡に拠っている。ポピュリズムと民主主義は密接に関係しており、民主主義のプラグマティクな側面と救済的

側面を無視できない（Panizza, 2013；Canovan, 2005）。

　プラグマティクな視点から、住民としての民衆の日々の普通の多様性に対応して、近代民主制は、人々の様々な利害とできるだけ強制なく共存できる複雑な制度の複合体である。しかし、民主主義は政治を通じて救いを約束する救済的ビジョンの一つの宝庫でもある。約束された救済者は「人民」である。しかし、民主制はその欠点を補完可能に思わせる権威主義的実体に変貌可能である（de la Torre and Arnson, 2013b：34）。

　LA のポピュリストは、法の支配を通じた民衆参加の制度化よりも大衆集会を通じての普通の人々の取り込みに基づく民主主義観に特権を与えてきた。なぜなら、ポピュリスト政治家は「人民」を体現すると主張し、他方、人民の意志が表明された制度的チャンネルが十分保障されているといえない。ポピュリズム体制は政治的熟議の伝統的形態を国民投票的喝采に置き換えられてきた。ポピュリズムがそれまで排除されてきた人々を動員し、時々、新たなより良い参加制度設立の名において彼等を編入し続けるとしても、その主権と参加についての理解は民主的政治を脱制度化する。（de la Torre and Arnson, 2013b：35）。

ポピュリズムの「積極的な」影響

　ポピュリズムが民主主義の質を矯正すると見なされるとき、その強調の多くは、「人民」の周辺的な集団を統合することに置かれている。しかし、この点に関して、民主主義のインプットに置かれる場合も、そのアウトプットの面に置かれる場合もある。ムディ等は多様な側面が現実には必ずしも区別できないことを十分認識しつつも、ポピュリズムが民主主義の質の改善に影響する要素を以下のように分析的に解明している（Mudde and Kaltwasser, 2012：21）。

　第1、ポピュリズムは、「サイレント・マジョリティ」に関係があるトピックスを唱え、エリートによって代表されていないと感じている集団に意思表明を可能にする（ヨーロッパにおける移民や LA における経済統合のような問題）。

　第2、ポピュリズムは、社会から排除された部分（たとえば、最下層階級）を動員し、彼らの政治的統合を改善できる。

　第3、ポピュリズムは、社会から排除された部分が望む政治の実施により彼

らを代表できる。

第4、ポピュリズムは、重要な社会政治的な同盟の構築を、しばしば階級ラインを超えて、支えるイデオロギー的架橋を提供できる。こうして政党システムの発展と政治的代表制に関わる基本的にダイナミックな要素を提供している。

第5、ポピュリズムは、諸問題と諸政策を（経済的あるいは司法領域よりも）政治的領域の一部とすることで、民主的説明責任を増大できる。

そして、最後にポピュリズムは、政治の対立的領域を連れ戻し、こうして「民主主義の民主化」を推進するために世論や社会運動を活性化するのに役立っている。

ポピュリズムの「否定的な」影響

他方、ムディ等は多くの否定的影響についてもまとめている。それは、社会の特定の集団の周辺化、政治的緒制度の弱体化と関係している。ポピュリズムが民主主義の質への脅威として考えている文献を整理し、以下のような潜在的に否定的な影響を列挙している（Mudde and Kaltwasser, 2012：21-22）。

第1に、ポピュリズムは、自由民主主義の「チェック・アンド・バランス」と権力分立を侵犯するために人民主権の理念と実践を使うことができる。

第2に、ポピュリズムは、少数者の権利を迂回し無視するために多数者の理念と実践を使うことができる。

第3に、ポピュリズムは新しい政治的亀裂（ポピュリスト対非ポピュリスト）の確立を促進できる。それは安定的な政治的同盟の形成に妨げとなる。

第4に、ポピュリズムは、政治の道徳化に導き、妥協と同意を極端に難しくする。

第5に、ポピュリズムは、政治の国民投票的転換を促進できる。それは政治制度（たとえば、政党や議会）の正統性と権力や、「グッド・ガヴァナンス」に不可欠な非選出機関（たとえば、中央銀行や検査諸官庁のような組織）を掘り崩している。

そして、最後に、政治生活を非エリートに開放し唱導することで、ポピュリズムの多数決主義的、反エリート的圧力は「政治的なこと」の収縮を容易に促

進し、効果的な民主的空間の縮小を引き起こす。

ポピュリズム空間の陥穽

　多くの場合、立憲民主主義の代表制度は市民のニーズや不平に十分応答できず、それゆえ、ポピュリストは立憲民主主義の現実的活動への不満の正当な形態にしばしば乗じている。しかし、ポピュリストが依拠するポピュリズムの論理は多くの重要な非民主的意味を持っている。ポピュリズムも民主主義もともに人民主権の構成理念に関係しているが、「人民の意志は最終的決定を必ず回避する中間的で継続的な構築物でなければならないことを認識しているのは民主的論理のみである」。こうして、「民主的論理は単純化できない多様性」に関連している。他方、「ポピュリズムの論理は、アイデンティティや人民の意志の実質的な同質性というフィクションを大事にし、それゆえ、多様性の抑圧や権力の空虚な場（empty locus of power）の閉鎖」を目的にする。「ポピュリズムは立憲民主主義の支柱の一つとつながる約束ではなく、むしろその民主的論理の不連続的退化を体現している」（Abts and Rummens, 2007：419-420）。

　しかし、この結論は、政治家がその政治スタイルや戦略で一定のポピュリズム的要素を活用するあらゆる形態の「民衆政治」が必然的に違法な形態のポピュリズムと考えられることを意味していない。「現実のポピュリズム運動」は、ポピュリズムの論理と民主的な論理の両方を含むイデオロギー的に両立できない諸要素を結びつける傾向がある。アブツとルーメンズの理念型分析は「政党の実際の行動や政党の計画のポピュリズム的特質にアクセスする基準を提供すること」にある。そして、重要なことは、「政党のポピュリズム的性格が特定のコミュニケーション・スタイルや動員戦略に依拠しているのではなく、彼らの行動を導き鼓舞する明示的なイデオロギーによって本質的に決定されている」ことが多い点を彼らは強調する（Abts and Rummens, 2007：420）。そして、ポピュリズム運動の潜在的危険性を指摘する。

　　「ポピュリズム運動の潜在的危険性はしばしば過小評価されている。ポピュリストはもはや普通の対抗者（adversaries）ではなく、権力の場それ自体のシンボリックな構造についての両立できない見解をもつ政治的敵対者（*political enemies*）である。この場合、対等な民主的対抗者（adversaries）として彼らを受け入れることによる、あ

るいは彼らが権力へのアクセスすることを認めることによるポピュリストの正統化は、民主的論理の否認となり、そして結果として人民の民主的エートスを侵食することになる。」（Abts and Rummens, 2007：422）。

3　新自由主義型ネオ・ポピュリスト政権：
ペルー・フジモリ政権の事例

フジモリ政権の時代的背景

　1990年大統領選挙はペルーの政治史において分水嶺であった。左翼とすべての伝統的政党は歴史的敗北を屈した。この年、大多数のペルー人は新自由主義政策を拒否していた。ペルーのあらゆる政党は信頼を失墜していた。人民行動党（AP）は、ベラウンデ（1980-90年）政府により支持を失い、アプラ党（PAP）は、ガルシア（1985-90年）政府により信用を失っていた。他方、マルクス主義左派は強力であったが、危機を解決できず重要な影響を及ぼすことに失敗した。その結果、階級基盤の諸組織、とくに労働組合は減退し、左翼は激しく分断化されていた。統一左翼（IU）の分裂は、この選挙敗北に導いた重要な要因の一つであった。さらに、この状況は「輝ける道」の挑戦とソ連の崩壊で加速化した。

　左派の組織的危機とそれに代わる草の根型の組織の失敗は、政治的空白を生んだ。こうしてアルベルト・フジモリは信用を失墜した伝統的な政治システムに代わるものとして現れた。この意味で、フジモリの勝利は制度的崩壊と政治危機の最終的結果と見られる。また、厳しい経済状況、社会的断片化、民衆が参加する政治空間を閉じた政治的暴力の再燃、これらが「メシア的な」指導者の出現の条件を生み出した。1980年代末には、ペルー経済は急激な崩壊過程にあり、さらに、社会は「輝ける道」の反乱の暴力により破壊されていた。その活動はペルー社会を政治的・社会的混乱に陥れ、その影響力は首都リマをも脅かしていた。

　こうした政治的危機の中で、1990年、フジモリは著名な作家、バルガス・ジョサを大統領選挙で下し勝利した。多くのペルー人は、バルガス・ジョサによる新自由主義的経済「ショック」に不安を募らせ、フジモリを支持した。フ

ジモリは典型的なアウトサイダーであった。そこで、彼はペルーの中道と中道左派の有権者に訴えようとした。同時に、彼のエスニシティとバックグラウンドを強調した。下層中間階級の日本人移民の息子であるフジモリは、ペルーの白人大統領よりも多数のペルー人に好感をもって迎えられた。アジア起源の人々は正直で、働き者で、明敏であると広く思われていた。彼のスローガンは、「あなたのような大統領」、「労働、正直、テクノロジー」を含んでいた。

二期（1990-95年：1995-2000年）にわたってペルーの政権を担ったフジモリは、新自由主義型ポピュリストとして考えられている。この政権は対立的言説の使用と執行権力の集中を特徴としていた。そして、フジモリ政権が支配したペルーの事例は以下に述べるように、明らかに民主主義がもつ競争的性格を弱体化させるポピュリズムの潜在性を例証している。

フジモリの個人的リーダーシップは、「トップダウン型」政治動員であり、指導者と人民との関係は自律的政治制度を回避していた。彼の反エリート的な政治言説と再配分政策は、古典的ポピュリズムとは異なっていた（Roberts, 1995）。典型的なポピュリストとして、フジモリは、彼が国民全体を代表し、特定の利益を超えていると正統性を主張した。LA の古典的なポピュリスト指導者は、民族ブルジョアジーと労働者階級のような強力なアクターの間の社会政治的協定の調停者として自分を示している。しかし、フジモリの場合は二つの新しさを示している。フジモリは新しい開発モデルにポピュリスト的政治スタイルを適応させた（Solfrini, 2001：125）。

選挙後すぐに、フジモリはワシントンを訪れ、IMF と世界銀行や米州開発銀行の総裁に会った。政党との結びつきもないフジモリは、彼の選挙キャンペーンの約束を裏切り、いわゆる「フジショック」という政策パッケージを実施した。国家支出は削減され、外国投資法は緩和され、関税は下げられ、民営化が開始された。1990-93年の期間、ペルーは国際金融機関との対外債務の再交渉を行った。

フジモリ政権の制度的基盤と同盟

フジモリ大統領と大衆の結びつきは不安定であった。これはフジモリの政策にとって重要であった。軍部を別として、彼は特定の経済的利害をもたない中

間的大衆から支持を得た。それゆえ、フジモリは絶えず彼の同盟を再調整し続けなければならなかった。

フジモリの就任直後、彼はペルーの自由民主主義的制度を攻撃し始めた。彼は「非生産的食わせ物」として議会メンバーを非難し、「厚顔無恥な人」として議員を、そして「詐欺師」として判事を非難した。フジモリは既成政党だけでなく、政党そのものを非難した。これらの非難はペルー人の間で共感を獲得し、1992年の「自主クーデター」に道を開いた。ペルー憲法は停止し、議会は閉鎖し、メディアは閉じられ、多くのジャーナリストと政治家は逮捕された（McClintock, 2013：224）。

現実の政党や既成勢力との結びつきのない政治的アウトサイダーとして、フジモリは大統領選挙を展開するために同盟が必要であった。そして、動員のために利用できる諸集団は、政治システムの周辺にいる人々であった。こうして、フジモリはアウトサイダーの同盟を構築し、1990年の彼の勝利はこれらのアウトサイダーを先例のないような権力へのアクセスをもたらした。

フジモリの選挙運動のためにつくられた独自の政治運動、「変革90」はマージナルな集団から多くの政治家をリクルートした。また、1992年に設立された「新しい多数派」は、主にリマのエリートから引き抜かれたテクノクラートからなる「排他的クラブ」であった。

しかし、一度権力を確保すると、フジモリが組織した独自の政治運動は縮小あるいは放棄された。結局、フジモリ政権は1992年以降、排他的傾向が強まり、その閣僚にはテクノクラート、専門家、企業家の数が時とともに増加することになった。

フジモリは民族資本家、国際的経済機関、軍部との同盟を追求した。フジモリが完全に軍部の反テロ戦略を受け入れた後に、軍部はフジモリ政権の最も強力な支持者であり協力者となった。これはペルーにおける軍部の政治的パースペクティブにおける根本的な変化を画した。過去数十年にわたり、ペルーの国家安全保障は社会的正義の理念や経済への国家統制の強化に結びつけられてきた。軍部の民族主義的プロジェクトは国家の役割を強化すること、外国資本の介入を制限することにあった。しかしながら、1990年代、チリの軍政の例に従って、ペルー軍事組織は強力に新自由主義政策を唱導するようになった

（Solfrini, 2001：123）。

諜報機関／軍部とのトロイカ支配

　フジモリは、他のポピュリストに見られるような「参加型」体制を提案しな
かった。また、「民主主義」の言葉を使わなかった。彼にとって、民主的政府
とは世論に承認された政府を意味した。彼は人民の支持を基盤に自主クーデ
ターを正当化することになる。ペルーの民主的制度の低下は、フジモリ体制の
新自由主義型プロジェクトに本質がある。初めから、フジモリは軍部や国際資
本に結びついた大企業に依拠した。彼は安全保障、とくに反テロリズム闘争に
おける安全保障、エクアドルとの紛争に関する軍部の提案にしたがって、まず
軍部の忠誠を確保することが重要であった。諜報機関の助けを借りて、フジモ
リは軍の統制を強化し、彼の政治的支配を増加した（Solfrini, 2001：128）。

　フジモリは軍部と諜報機関、とくにそのリーダー、モンテシノスと密接な関
係を築いた。1992年9月、反テロ警察の小規模なエリート分隊は、その指導
者、グスマンを逮捕した。次の数週間で、グスマンの隠れ家で発見された情報
を使って、警察は1000人以上のゲリラ容疑者を逮捕した。こうして、フジモリ
の名前の最大の財産は、テロリズムを打ち負かした事実に結びついていた。

　1990年代を通じて、フジモリとモンテシノスは、彼らの人気を支えるために
絶えずメディアを、とくにテレビを操作した。フジモリ政権は政党を避けた
が、諜報機関と軍部という制度的基盤はもっていたのである。モンテシノスは
事実上、国家諜報局の長官になった。フジモリとモンテシノス、そして軍事司
令官、エルモサ将軍の3人は自主クーデター以降、6年以上にわたり「トロイ
カ支配」を実施した（McClintock, 2013：224）。

排除された人々の包摂

　1991-92年の困難な時期を経て、経済は次第に回復した。1993年に4.8%、
1994年には12.8%成長した。最終的に、1990-98年、180以上の国家所有が総
売却額66億ドルで民営化された。政府の民営化収入のうち、約9億ドルが社会
プログラム、学校、道路、その他の貧民コミュニティのインフラに使われた。
それは主に大統領府によって行われたが、そのすべては直接フジモリに統制さ

れていた。大統領府は1992-93年の中央政府予算のほぼ10％を占めていたが、明らかに政治的目的でそのプログラムは使われた。たとえば、1993年の憲法レフェレンダム期にフジモリを支持しなかったコミュニティに使われた（McClintock, 2013：221-222）。こうした物質的包摂の点で、すなわち、「従属諸集団の物質的条件」の改善の点で、フジモリの公共事業や貧民対策は大規模な「国家クライエンティズム」の展開といえる。

　政治的包摂の点で、フジモリの最も重要で持続的な運動は、政治における女性の領域にあった。1990年以前、女性は「ペリーの政治システムの中でほとんど見えなかった」（Schmidt, 2006：150）。1980-87年の間、閣僚ポストに女性は任命されず、議会に選出されたのも比較的わずかであった。フジモリの登場は「ペルー政治の女性化」を引き起こした（Schmidt, 2006：150）。フジモリのアウトサイダー同盟の一部として、多くの女性は1990年以降、権力のポストへのアクセスを増大させた。たとえば、1990年、「変革90」の下院議員の9.4％を、上院議員の14.3％を女性が代表していた（Schmidt, 2006：154）。女性はまた、司法長官や大統領補佐、OAS 大使を含めて、フジモリ政権の多くの主要なポストにも任命された（Schmidt, 2006：153-5）。他の周辺的集団と違い、女性はフジモリ政権期を通じて政治的利益を得続けた。こうして、「ペルー政治の女性化」はフジモリ主義の持続的遺産でもある（Levitsky and Loxton, 2012：179）。

　フジモリのポピュリスト的特徴は「象徴的」包摂の点にも現れた。彼は遠隔地の共同体にしばしば訪れた。そして高地でポンチョとアンデス・スタイルの帽子を身につけた。とくに注目すべきは公共事業の就任式であった。フジモリの最も重要で持続的な影響は、象徴的な包摂領域で確かである。それは排除された集団が共通の「われわれ」の一部となるプロセスとして定義される。フジモリ主義は明らかに歴史的に周辺化された集団にペルーの政治的扉を開いた。福音派や女性やメスティーソの政治家の可視化や威信はフジモリのもとで著しく増大した（Levitsky and Loxton, 2012：179）。1990年以前、ペルーの最上層の政治家のほぼすべてが狭い社会経済的エリート出身の白人男性であったが、フジモリ以後、この状況は変わった。

　結局、フジモリの成功はペルー民衆の非合理的な選択の結果ではない。むしろ、彼は、如何なる有効な政治的プロジェクトを提示できず、信頼を失った政

治階級の代替を示している。政治代表の正常な回路が有効でないとき、民主主義がその訴えを完全に失ったときに、社会的な断片化により政治諸組織が社会的諸利益の手段として機能することを妨げたときに、また、伝統的手段が社会的問題を解決できなく思われたときに、このような近代的カウディーリョの権威主義は基盤を獲得できる。

4　急進的ポピュリスト政権

急進的ポピュリスト政権に共通する戦略

　まず、ナショナルなレベルでのLA「新左派」の政治的特徴を見てみよう。チャベス、モラレス、コレアは、LAにおける初期のポピュリズムの示威行為や人民を寡頭制と対立させる二元論的言説を利用する点では共通している。多かれ少なかれ、彼らの言説は階級関係とエスニックの不平等を政治化し、それぞれの社会を分極化し、政治的・社会的諸問題を「道徳的」価値をめぐる闘争に転換する。選挙や国民投票で一般の民衆を継続的に活性化させ、歴史の新しい時代に生きていることをこれらの政権の支持者たちが常に感じるように「人民」の名によってエリートを攻撃している。こうした政治環境は「人々を味方につけ、懐疑的な傍観者となる空間を減らしている。それは社会を対立する二つの陣営に分極化し、単純化する」（de la Torre and Arnson, 2013b：26）。

　このため、チャベス、モラレス、コレアは「二つの戦略」を利用する。第1に、恒久的なキャンペーンと既成の制度的チャンネルを回避し、指導者と市民を結びつけるそれまでとは異なる他のコミュニケーション戦略である。第二に、クライアント型ネットワークのもとで、貧しい人々に直接譲渡される補助金をはじめとして様々な便宜を提供する「戦略」である（Montúfar, 2013；López Maya and Panzarelli, 2013）。

　また、民主的説明責任や権力分立、チェック・アンド・バランスのメカニズムは二次的な位置を占めている。あるいはまったく存在しない。ベネズエラとエクアドルの急進的ポピュリストはメディアの統制を重視し、その内容を規制し民間所有の放送局を国有化した。メディアの自由はとりわけ知識層や中間層にとって重要性をもつ。メディアの自由な考えの流れを攻撃・規制することで

「公共圏を統制しようとする露骨な試み」を示している（de la Torre and Arnson, 2013b：27）。同時に、それは民衆動員のために積極的に利用された。

ベネズエラ・チャベス政権

チャベス政権は様々なプロジェクトにより社会と国家の鋭い分離に関する自由主義の古典的概念を拒否し、直接的な参加型民主主義を通じてそれを転換することを望んだ（Muhr, 2012）。ボリバル型ベネズエラは代表制民主主義が維持している。だが、他方で、参加型民主主義は人民権力（地域住民委員会やcommittees）の導入と公式の国家諸機関により補完されている。ここで重要な点は、後者の主要な機能が主権を保持している人民権力の推進役として活動していることである（Cannon and Kirby, 2012：193）。

人民権力行使の一つの基盤は、ボリバル政府によって設立された30余りのミッション（missions）である。それは社会的、政治的、文化的諸領域の広い地域に影響を及ぼし、共同責任を基盤に運営されている。それによって国家とコミュニティは憲法的・社会的諸機能の実施に等しく責任を負っている。それらは貧困と不平等の解消に向け基本的サービスを提供するのみならず、コミュニティが「社会的平等と解放に役立つ個人的（積極的な自己イメージ）集合的アイデンティティ」に達するための手段でもある。それは直接的で参加型の民主主義を達成するのに本質的なものである（Cannon and Kirby, 2012：194）。

地域住民委員会は、都市地域において150から400家族で形成された草の根型組織である（農村地域では最低20家族）。それは国家機関の支持のもとにローカルな諸問題を取り組むためにつくられた。それらは地域の活動家からなる国家支援型組織であり、電力や道路建設、飲料水供給の事業のようなローカルな3万5000以上の組織が結成されている。伝統的なチェック・アンド・バランスに抵抗する強力なチャベス執行部の指導のもとで、こうした国家融資は地域住民委員会が執行部や政党支配の強化に利用されうる可能性を否定できない。

カメロンとシャープはこうした政府とローカルな組織との関係を次のように指摘する。ローカルな地域住民委員会によって始められたプロジェクトに役立つために国家機関に与えられた権限は、それまで排除されていた市民への国家の応答性を増大し、こうした応答性に依拠するレジームの正統性そのものを構

築する。さらに、そのプロジェクトを履行するためにローカルな協議会に賦与されている責任は、腐敗の危険性があるものの、参加やローカルな自治の空間を、さらに以前には多くの地域に存在していなかった意思決定のチャンスを促進している（Cameron and Sharpe, 2012 : 238-239）。

　地域住民委員会はコミュニティのガヴァナンス機関としての機能している。それは、チャベス政権がその革命の一部として構築しようとしている「社会の中の国家」構造の部分を形成している。ミクロ・レベルの参加が不可避的にマクロ・レベルの過程に関係するとすれば、それらがコントロールできないガヴァナンス体制における地域住民委員会の関わり合いの意味を深く考える必要がある。たとえば、一つの地域住民委員会プロジェクトはローカルなサービスの物質的条件を向上させることで、政治的エージェントとしてのインパクトを与えることができる。逆に、地域住民委員会への参加拒否は、チャベスに反対する意図的な行動として考えることもできる。結局、地域住民委員会自身が政治的意味を孕んでいる事実を無視することはできないのである（McCarthy, 2012 : 131）。

ボリビアのモラレス政権

　ボリビアでは、コカ栽培者組合指導者のエボ・モラレスが2005年の選挙で勝利した。それ以来、この国は根本的な変化の過程を経験し、「国家—市民社会」関係の鋭い転換の期待の瞬間に、それゆえダイナミックスな対立の瞬間を経験している。社会主義運動（MAS）はそれまで公的諸問題から排除されてきた諸階層の直接参加を推進し、先住民集団の伝統的慣行を公式な制度構造に統合する試みを進めてきた。

　この変革の過程と指導的政治勢力としてのMASの台頭、そしてモラレス政権の誕生には政治危機が根底にあった。その危機は、2000年以降、人民諸階級と新自由主義的統治エリートとの間の一連の対立によって激化してきた。その最も重要なものは水戦争、コカ戦争、ガス戦争と呼ばれた対立である。2005年以降、脱植民地化、国有化、多元主義が基本的スローガンとされ、そのための開発と民主化に向けた新たな国家戦略は新憲法の圧倒的多数による承認により公式に決定された。

フォンタナは MAS のレトリック戦略に注目する。以下、この戦略についての彼女の分析を紹介しておく。内部紛争に対処する MAS のレトリック的戦略の一つは「カテゴリーの融合」の反復的利用である。それは新たな集合的主体と目的論的観念を作り変える話法を含んでいる。これらの話法は MAS の政治的秩序を強化する戦略の中に特権的位置を占めており、それは時空間の物語に緊密に結びついている（Lechner, 2002：83）。二つの支配的話法の軸は政治的な、とくにポピュリスト的な言説で中心的な役割を果たしている。一つの話法は経済的なもので開発ビジョンを反映している。それは「未来の歴史」、すなわち開発に向けた最善の方法を指摘する社会的終末論の一つのタイプである。もう一つはベネディクト・アンダーソン（1991）が「想像の共同体」と呼んだ方向に沿った社会的話法である。それは「過去の歴史」であり、現在における集合的アイデンティティを再定義するために神話をたくさん引用している。

　ボリビアのエボ・モラレス政権下で採り入れられた集合的アイデンティティは「よく生きる」あるいは「良い生活」という観念である。この新しい国民的な経済モデルと認識論的パラダイムは単線的な物資的進歩観念を拒絶し、共同体の発展を中心にしている。それは社会的福祉が平等、連帯、交換、差異への尊敬といった諸原則や価値を基本に据えるべきであると考えている。それは「経済的・物質的領域を超えて感情や認識や社会的威信に向かう人類のニーズを共有した充足の文化的表現である」。「よく生きる」は、ケチュア族の原理 *suma qamaña* からきており、「人々と社会や自然が均衡関係」に基づいている状態である（Fontana, 2013：35）。

エクアドルのコレア政権：コレアの「市民革命」

　2006年11月、コレアはコーポラティズム型既得権の打破と国家再編成プロジェクトを掲げて大統領選勝利した。また、参加型民主主義は、コレアを政権につけた運動のモットーの一つであった。エクアドルの多くの市民も参加型民主主義を要求してきた。2006年選挙におけるコレアの政綱は、「積極的・急進的・熟議型の民主主義」の創出を掲げていた。それは「市民が権力を行使し、公的決定に参加し、その代表の活動を統制可能にする参加型モデル」の確立を目指していた（de la Torre, 2012：70）。

コレア政権における市民参加の絶頂は、2008年の憲法草案の起草の時期に起こった。しかし、そこでの民主化提案は「反制度的立場」を基盤に展開した。コレアは議会の閉鎖を約束し、議会を憲法制定議会に置き換えることを約束した（Conaghan, 2008）。選挙勝利後、コレア政府は57名の野党議会メンバーを排除した。その後、議会は「休会」を宣言され、すべての立法権力を制憲議会が掌握した。コレアは政党ではなく一つの運動を、すなわち祖国同盟（AP）構築した。それは市民運動としてのイメージを通じて、市民革命の体現者としてのコレアのカリスマ形成に役立った（de la Torre, 2012：70）。

憲法制定過程で市民の自律性とトップダウン型のポピュリスト動員との緊張は明らかであった。コレアの体制は、クライアント型ネットワークを越えて支持者の組織化を望まなかった。コレア政権は社会運動のリーダーシップを解体するため支持者をトップダウンで直接動員する組織の設立に向かった（de la Torre, 2012：72）。「市民の革命」という用語は、長期的変化をもたらすために既存の秩序との全面的な対立をすすめ、彼の体制を正当化することを可能にした。すなわち、その目標はまったく新しい体制を構築することであるので、変化を実現するために手続きや法の支配を必ずしも必要としない口実とされた。そして、「革命」のもとに生きていることは、コレア政権の非合法な議会閉鎖や民間所有のメディアとの争い、以前の左翼同盟の中傷、「コーポラティズム型の」社会運動組織への攻撃、これらは正当化されることになった（de la Torre, 2012：73）。

コレアは彼の著者 *Ecuador: From Banana Republic to No Republic* （2009：195）で次のように説明しているが、これは彼の政治スタイルの一端を明らかにしている。

> 「社会的、制度的、文化的な資本が欠如しているとき、良い指導者たちは基本的である。……不幸にも、危機の間、ラテンアメリカは新自由主義の長く悲惨な夜を耐えてきた。多分、その最大のことはよい指導者たちの欠如であった。」（Correa, 2009：195）

エクアドルは米州で最強の先住民運動の発祥地であった。エクアドル先住民連合（CONAIE）は新自由主義政策への抵抗の最前線にいた。そして、2人の

大統領の打倒に参加した。結局、コレアは「社会組織の空白に必要とされるよい指導者の役割」を自分に当てはめている。「市民の革命」という用語は、新自由主義に反対し、参加型民主主義の確立を目指すプロジェクトとしてではなく、強い介入主義国家を基礎に、また石油ブームのオイル・ダラーによって実現されうる社会的配分政策を基礎にしたポスト新自由主義政策を表すためにもっぱら使われている。コレア政府は社会運動組織を迂回し、チムボラッソ県のエクアドル人民組織同盟やエクアドル先住民連合（FEI）のような彼に忠誠を尽くす組織をトップダウン的に創出してきた（de la Torre, 2012 : 74）。

ポピュリストとしてのコレア

エクアドル人はポピュリズム的枠組みの政治体制に包摂されてきた。民主主義はこの枠組みの中で指導者の権威を通じて実施されると理解されてきた。この伝統はこれまで排除されてきた人々が包摂される限りで民主化されているが、他方で、それは人民の意志を指導者による権威主義的専有に基づかされている。コレアはこのポピュリズム型伝統に従っている。彼のポピュリズム的言説は、それが階級的不平等の諸関係を政治化する限りにおいて諸特性を民主化しているが、他方、それが競争相手を陰謀型の敵に変える点では権威主義的である。ポピュリズムと民主主義の緊張関係は、コレアと社会運動組織との関係にも明らかである。ポピュリズムは既存の社会運動組織を迂回するか、あるいは取り込む傾向がある（Oxhorn, 1998）。コレアの「市民革命」は人民のための社会的諸政策を形成し続けるかもしれない。だが、そこには人民の積極的参加とその批判的インプットや熟議はない（de la Torre, 2012 : 75）。

【注】
1) ポピュリズムの定義とイデオロギー的特徴については、松下（2017a）を参照。簡単に要約しておけば、第1に、ポピュリズムは「人民」と「エリート」との間の敵対的関係を中心にして展開する。第2に、権力を人民に戻し、人民主権を回復させようとする。第3に、同質的まとまりとしての人民（*people as a homogeneous unity*）の意志を概念化する。

第**7**章　国家と社会を蝕む「新自由主義」という暴力

1　メキシコにおける暴力／市民社会／国家

暴力を考察するアプローチ

　The Citizen's Council for Public Security and Criminal Justice は、世界で最も危険な世界の50都市を明らかにした。[1]この報告書は住民10万人に対する殺人の割合でランキングを作成している。上位20都市の中にメキシコの９都市が含まれている。ちなみに、この20都市にはブラジルの４都市、ベネズエラの４都市も含まれている。LA では、「暴力」が歴史的にも広範囲に行われてきた。しかし、本章が対象とするのは、LA における「暴力」一般ではない。軍事政権や抑圧的政治体制の厳しい時代をくぐり抜け、市民社会の発展を基盤に民主化と民主主義の定着を目指して政治・社会の構築を推進してきた LA 諸国がこの間、新自由主義とグローバル化の展開に関わる「暴力」に脅かされてきたのである。こうした「暴力」と市民社会や民主主義との対抗関係をめぐる今日的状況の諸側面と特徴を踏まえたうえで、この「暴力」を乗り越える基本的方向性と枠組みを検討する。その対象として、主に NAFTA と新自由主義の影響に揺れるメキシコ社会を中心に考察する。

　なぜなら、メキシコにおける今日の「暴力」をめぐる状況は、上に述べたように、LA 全域でもとりわけ大規模な傾向をもち、より深く危険な事例となっているからである。長期の「民主的」・「非軍政的」伝統をもつ主要な地域経済として、メキシコは LA の将来にとって特別な重要性をもっている。しかし、域内では組織犯罪が広範囲なガヴァナンス領域と経済で影響力を拡げつつ、社会秩序を掘り崩す脅威となっている。脆弱な中央政府をもつ諸国家で、軍部や腐敗した官僚と結託した組織犯罪は、「国家内の国家」となって脅威を与えている（Panner, 2012）。世界銀行の『世界開発報告（WDR）2011』も、メキシコ

が流入移民・麻薬消費・武器生産に関して世界最大の市場と国境を接していることから、現在、未曾有の暴力の波に直面している（WDR, 2011：66ボックス2.2、傍点筆者、以下同様）と警告している。

　しかし、より注目すべきは、WDR2011が暴力の問題を安全保障や開発と関連づけつつ、それを正面から取り上げていることである。その前文は次のように問題提起する。

　「15億人が脆弱性、紛争、あるいは大規模な組織犯罪の暴力にさらされた地域で生活しており、低所得の脆弱な国ないし紛争を受けた国のなかで、国連のミレニアム開発目標（UNMDG）を１つでも達成したところはまだひとつもない。新たな脅威——組織犯罪や麻薬の違法取引、世界的な経済ショックに伴う暴動、テロリズムなど——が、国家間や国内の通常の戦争に対する継続的な関心に加わっている。世界中で多数の諸国が過去60年間に貧困削減について急速な進展を達成してきたものの、政治的・犯罪的な暴力の反復的な連鎖に特徴付けられた地域ははるか遠くに置き去りにされており、そこでは経済成長は阻害され、人間開発指数は停滞している。」（WDR, 2011：3）

　同報告書の中心的メッセージは、「暴力の連鎖を打破するためには、市民の安全と正義、および雇用を提供するための正当な制度と統治を強化することが決定的に重要である」ということである。そして、「人間の安全保障」概念をベースにした地方・国家・地域・国際機関がそれぞれの役割を果たす「多層的なアプローチ」の有効性を強調している（WDR, 2011：4）。

組織犯罪をめぐる今日的特徴

　スーザン・ストレンジはすでに、20世紀末に『国家の退場——グローバル経済の新しい主役たち』（1998年）で、グローバル経済において国家の権威が衰退している実態を分析している。それとともにその衰退の原因として、国際官僚機構、超国家企業、国際カルテル、国際監査法人に加えマフィアなどの「新しい権威」の出現を挙げている。

　金融犯罪は巨大な成長を見せており、それは法的にも道徳的にも、あいまいな灰色領域のままである。国境を超えた犯罪組織はこうした犯罪に食い込み、収益の多い取引に関わっている。ストレンジは警告する。

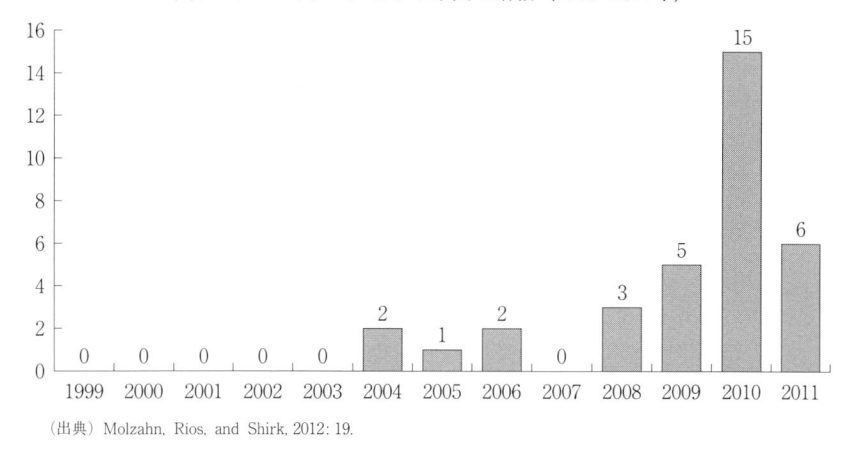

図7-1　メキシコにおける市長の暗殺（1999-2011年）

（出典）Molzahn, Rios, and Shirk, 2012: 19.

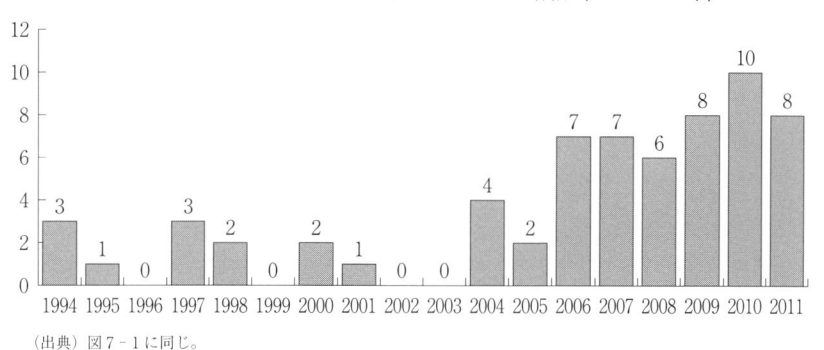

図7-2　メキシコにおけるジャーナリストの暗殺（1994-2011年）

（出典）図7-1に同じ。

「武器と移民の国境を越えた違法取引を野放しにすれば、社会的、政治的、経済的な
リスクや費用を負わされることになる。秩序を保障し福祉を提供する者としての領域
国家の権威を基盤とする国際社会の、正統性と生存能力に与えられたダメージは、も
うすでに取り返しのつかないものであることがいずれ判明するかもしれない」（スト
レンジ，1998：196）。

　この警告は、LA、とりわけコロンビア、メキシコ、中米諸国ではすでに現
実のものとなり、領域国家の空洞化の無視できない現実となっている。
　組織的犯罪と暴力の拡大には、もちろん多様な要因が絡んでいる。合衆国の

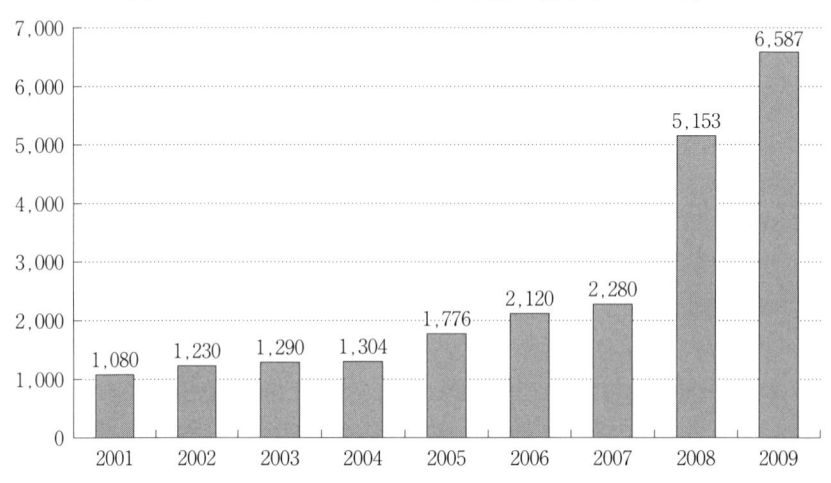
図7-3　メキシコにおけるドラッグ関連の殺人（2001-09年）

（出典）Trans-Border Institute, 2010: 4.

移民や暴力、麻薬に対する諸政策、域内、とりわけコロンビアにおける犯罪組織やドラッグ・トラフィッキングの状況、新自由主義がもたらす経済状況など、国境を超えたリージョナルな環境変化および国内諸領域の検討が不可欠である。まずは、メキシコ社会が陥っている暴力と犯罪の特徴をおさえておこう。

　メキシコが直面している組織犯罪の若干の特徴を敷衍しておこう。第1は、組織犯罪に対する政府による軍を中核とした掃討作戦。第2は、組織犯罪の分裂・断片化と犯罪組織内での抗争。第3に、犯罪組織ビジネスの多角化。第4に、犯罪組織の市民社会・政治空間への拡大、とくにローカルな空間やコミュニティへの浸透。第5に、メキシコ社会の全般的軍事化。そして、暴力の日常化、日常的暴力の横行、被害の拡大などである（図7-1、7-2、7-3、参照）。

2 新自由主義がもたらす暴力環境の拡がり

国境の安全保障化

　1980年代半ば、メキシコは米国市場向けの南米のコカインのますます重要な積み替え地点になってきた。他方、合衆国において、軍部と法の執行委員会との融合の深まりに貢献したのは、ドラッグを安全保障の脅威として初めて公式に分類したロナルド・レーガン大統領の1986年安全保障指令であった。

　合衆国の指令と並行して、反ドラッグ活動の軍事化の拡大は、麻薬密輸を国家安全保障への脅威としたデラ・マドリ大統領の宣言により正当化された。国家安全保障の言葉は、メキシコの政治言説では珍しく、彼のこの宣言は過去からの重大は離脱を示していた。これらの変化はサリーナス政権による全面的な反ドラッグ・イニシアティブの序曲に過ぎなかった（Andreas, 2009：49）。

　トム・バリー（国際政策研究所首席政策アナリスト）は、移民やドラッグ政策、US-メキシコ関係を通じた国内安全保障とその言説の形成について以下のように強調している。

　9.11のテロリスト攻撃以前には、「国境安全保障（Border Security）」という用語はあまり使われなかった。しかし、今日ではその言葉は合衆国の国内安全保障の基本的目的であり、国境の作戦活動に向けての決定的パラダイムでもある。

　移民の規制や取り締まりを主張する草の根の活動家や政治家は、「国境の安全確保」を繰り返し要求する。その政治的要求は、今や連邦政府や自由主義的な移民改革者に反対する戦いの叫びとして鳴り響いている。これらの国境の安全確保に関する強硬派は、連邦政府が国境の安全確保の責任を満たすのに失敗したと告発している。そして移民や麻薬取引業者による違法越境の継続性を指摘している。

　その結果、連邦政府は南西部国境の安全確保と国境監視活動に多くの税金を投入しているが、こうした状況は、ピーター・アンドレアスが言うところの、「儀式化された見世物的スポーツの若干の特徴」を帯びており、「パフォーマンスと観衆を駆り立てる性質」をもつ国境規制の政治を生み出している

（Andreas, 2009）。この新たな安全保障のレトリックは、戦略的に狭く焦点を当てた国境警備活動に伴うものでなく、むしろ非合法移民や違法ドラッグは国境安全保障強化の継続的目標である点に注意する必要がある。

　こうして、トム・バリーは、移民や違法ドラッグの問題を自国の安全や国家安全保障から切り離す新たな政策枠組みの必要性を強調している。

国境安全保障のテキサス・モデル

　国境沿いの移民刑務所の浸透、「国境安全保障のテキサス・モデル」の創出、国境自警活動、アリゾナの反移民法、他方で、しばしば政治的に動機づけられたご都合主義は、国境やドラッグ、移民に関する連邦政府の諸政策の不適切さを強調している。

　9.11後の国境安全保障のレトリックに加え、連邦政府は国境の安全確保という非現実的期待を高めた。しかし、自国の歴史において、1963マイルをもつメキシコ国境を現実に統制できなかった。密輸品や非合法的越境は国境生活で恒常的であり、最近発展したものではなかった。

　合衆国のドラッグおよび移民政策は、国境を管理するどころか、不法な永続的越境活動に対する主要な要素となっている。有効な国境管理戦略は、これらの原因となる政策要素を承認し、ありうる状況——より厳しい移民規制の伝統的状況で失敗した政策の反響、国境の軍事化の拡大、検問所の強化、国境パトロールの展開の強化、こうしたことに取り組むだけでなく——に対処しなければならない。

　「管理から安全保障」へのレトリックは、国民の関心を国境に向け、莫大な資金の流れを増やすのに成功した。しかし、反対に、国境安全保障の最も注目すべき将来は、過去10年にわたってその言葉の意味と使用方法がどれほど融通性のあるものか、この点にあった。国境安全保障は9.11以後の国境に関連した国家安全保障や自国の安全保障イニシアティブのみならず、不法移民や違法な財、主にドラッグに焦点を当てた伝統的作戦をも提供する煙幕になってきた。

　9.11直後、国境安全保障は主に反テロリズムと国内の安全保障を結びつけたが、この結びつきは長く続かなかった。移民と国境コントロールの新たな安全保障の枠組みは、規制と草の根型の反移民バックラッシュ運動を力づけた。そ

れは国境を閉鎖し、違法移民を追放するという強力な新たな議論を展開していた。反移民の陣営が新たな力を結集し始めると同時に、移民に理解を示す運動と移民の権利主張者が合法化を含めた包括的移民改革の通過のために動員を開始した。

継続的な国民的議論において、国境安全保障は合衆国の国境地帯の市民の安全を支持し、米国製武器のメキシコへの流入の阻止、メキシコでのドラッグ戦争の支持、越境型犯罪組織の解体と同義となった。

3 北米のリージョナリズム強化と安全保障

プエブラ・パナマ計画

1990年代に以降、米国主導のリージョナリズムが強まってきた。1990年6月のブッシュ大統領による米州支援構想（アンカレッジからティエラ・デル・フエゴまでの自由貿易地域形成構想）、1994年1月に発足したNAFTAの形成、1994年12月のマイアミ米州サミットで合意された米州自由貿易地域（FTAA）形成、2001年2月に米国の意を受けたフォックス・メキシコ大統領によって明らかにされた「プエブラ・パナマ計画（PPP）」、そして「安全保障と繁栄のパートナーシップ（SPP）」、メリダ・イニシアティブと続いた。

PPPはメキシコのプエブラ州からパナマまでの中米7カ国全域を網羅する巨大開発プロジェクトである。その骨格は、「域内の自由貿易促進」、「幹線道路網（港湾開発を含む）」、「通信網（電信・インターネット）の構築」、「ダム建設を中心にする電力（設備網）の開発」、「エコツーリズムの振興（ゴルフ場、ホテル建設などを含む）」、「自然災害予防」などを含んでいる。この目的は、NAFTAと中米統合機構（SIAC）を結合させ、米国主導で地域全体の市場と流通の拡大的統合を促進することにある。

独立系の非営利組織である移民研究センターのジェイムズ R. エドワーズは、「安全保障と繁栄のパートナーシップ」に注目する（Edwards Jr., 2007）。

SPPは公式には、NAFTA加盟の3カ国の共通利益に向けた「地域協力」を前進させることを目的としている。これは主に財とサービスを含めた貿易、商業を含んでいる。しかし、財の自由なフローに加え、SPPは3カ国の国境

を越える人の自由な流れをも含んでいる。さらに、それは安全保障や反テロリズムの協力と統合をも組み込んでいる。

　SPP のイニシアティブは貿易、輸送、移民、国家安全保障、法の執行、エネルギーといった広範な諸政策に関連している。SPP は NAFTA のさらなる完成と言われている。

　ブッシュ大統領、フォックス大統領、マーティン首相の共同声明（2005年3月23日）は、移民に関連する諸領域における自由化の SPP の意図を示していた。これに関するレポートは（"Report to Leaders", June 27, 2005）はアメリカ—メキシコの外国人密輸業者起訴プログラムに関する協定をも要求していた。すでに、本当の意図、すなわち共通の考え方に基づいた国家の自己防衛に関する安全保障と通商の加速化を優先することが明らかになっていた。このレポートは、「人と財の越境の動き」を改善し、「米国—メキシコ国境の隘路」の認識に焦点を当てた作業グループを自慢していた[2]。

　SPP のコーディネイターはメキシコにおける根拠のない信頼を報告していた。それは「越境犯罪活動、とくに犯罪集団と不正取引組織のネットワークを標的とするタスクフォース・パイロットを共有する情報部の形成」を意図していた。それゆえ国境沿いの暴力の減少を意図していた。SPP が非合法移民を抑制するという幻想を誰ももっていない。SPP は増大する膨大な合法移民の結果であり、合法移民の拡大は非合法移民の増加を絶えず伴っている。SPP が NAFTA 以上の良い状況をもたらす可能性は少ない（Edwards Jr., 2007）。

メリダ・イニシアティブ

　メリダ・イニシアティブは、ドラッグとマフィア・ネットワークと戦うための大規模な資金投入を軍部と警察に提供するためにブッシュ政権によって計画され軍事・警察支援パッケージだが、メキシコの国家安全保障機構への米国政府の関与は、微妙な主権問題を引き起こした。

　カルデロン大統領（Felipe Calderon, 2006-12）は深い非対称性と不平等の諸問題の解決を目指さず NAFTA の深化を提案している。だが、米国の輸入品で土地を追い立てられたメキシコの多くの貧農は、協定の農業に関する章の再交渉を要求してきた。

ブッシュ大統領とカルデロン大統領はともに、メキシコにおける「ドラッグとの戦い」への責任を確認した。そして、メリダ・イニシアティブが、メキシコの安全保障分野への援助を10倍に増加した。このモデルは不法なドラッグ供給を遮断するため軍部を展開するものだが、他方、メキシコの軍事化を促進し、深刻な環境破壊、暴力、立ち退き、人権侵害、市民的自由の剥奪を伴うことは周知の事実である。

　オバマ大統領のコロンビア政府に対する政策は、基本的にブッシュ政権の政策を引き継いでいる。コカイン栽培を削減するためにコロンビアの治安部隊に数十億ドルの軍事援助を提供した。また、2008年３月、コロンビア軍によるエクアドル領内の反乱軍キャンプへの急襲に対し圧倒的多数のLA諸国がコロンビアを非難した。しかし、オバマはマイアミの演説で、「国境を横断する安全な避難場所を求めているテロリストを攻撃するコロンビアの権利を支持する」と誓った。

　結局、オバマ政権はメキシコにおける軍事主導のドラッグ戦争への支援を是認した。オバマ政権は、国境安全保障や国家安全保障が、メキシコの安全保障と安定と同様に、ブッシュ政権によって開始されたコースに我々が留まることを要請すると主張している。オバマはドラッグ禁止やドラッグ戦争を終わらせる機会をつくるよりも、移民やドラッグや銃のフローに反対して国境で無理やり制限しようとする伝統的実践に立ち返ってきた。オバマ政権にとって、国境安全保障は広範な政策イニシアティブ政策を包含しており、それは南西部におけるドラッグ法の厳しい執行を含んでいる。そこには合衆国の諸機関と外国でのドラッグ戦争への支援を伴い、刑事司法制度や刑務所をドラッグ使用者やいわゆる犯罪的外国人で満たしている（Barry, 2011）。

　違法なマリファナの密輸やその販売により支配されたドラッグ・トラフィッキングは、それほど単純ではない。ドラッグ戦争に対する合衆国の宣伝や支援と結びついたドラッグ禁止政策は、生産国や通過国における組織犯罪の台頭を大いに寄与してきた。禁止されたドラッグの犯罪化や反麻薬キャンペーンの軍事化は、主要な犯罪組織のみならずコミュニティや近隣レベルでのギャング内で恐ろしい暴力を拡大してきた。

　メキシコにおけるドラッグ関連犯罪や組織犯罪に責任を負う諸勢力の正確な

配置や編成は識別が難しい。しかし、国境地域で、国境安全保障の構築はドラッグ密輸や他の関連犯罪にとってグループ間の市場支配をめぐる暴力的競争となっていることは明らかである。合衆国側の国境安全保障の強化はメキシコ側の市民の治安悪化の拡大を意味する。そして越境をますます危険と暴力に満ちたものにしている（Barry, 2011）。

4　麻薬カルテルと“麻薬取引国家（Narco-State）”

　新自由主義とグローバル化に伴ったメキシコの政治エリートの再編と構築は、経済的・法的特権、腐敗、影響力ある不正取引、パトロネージ、その他の要素を結びつける過程であった（Laurell, 2015：247）。

　カルデロン政権は「ドラッグとの戦い」を宣言したが、それは、メキシコにおける国家テロリズムへの決定的段階の開始を意味した。彼は正当性を確保せず、むしろ広範な流血を引き起こした。2007年から2012年までに少なくとも5万5000人の殺害と約2万4000人の強制的な行方不明が報じられた。警察は街頭での殺人を許可され、訓練された軍部とともに、領土の大部分を支配するドラッグ・カルテルや報告された犯罪に対する全面的な免罪により、テロはこの国と人民を掌握した。

　「第三の権力」である司法は、メキシコにおける権力分割のその役割を果たしてこなかった。メキシコは決して軍事クーデターを被らなかったが、周知のように、繰り返される不正選挙はある種のクーデターに等しいと考えられる（Laurell, 2015：249）。

　麻薬カルテルへの PRI の統制システムが解体したとき、犯罪経済が役割を拡大し、一種の “Narco-State” が現れた。犯罪経済は麻薬組織に奉仕するだけでなく、ヒューマン・トラフィッキング（移民、女性、子どもの人身売買）や恐喝、武器の密輸にも奉仕している。その金銭的価値は知られていないが、米国の Drug Enforcement Agency は次のように見積もっている。米国のドラッグ市場は650億ドルに相当し、220億ドルはメキシコのカルテルに入る。米国議会は、毎年、違法活動によって190億ドルから290億ドルがメキシコに流れると見積もっている。他方、非政府組織 No Money Laundry of Finance は、メキシ

表7-1 暴力による男性の死亡 (2000-12年)

年齢別グループ

年	合　計	15-24	25-34	35-44	45-64	その他
2000	9,442	2,044	2,671	1,823	1,722	1,182
2005	8,610	1,839	2,404	1,769	1,701	897
2006	9,143	1,866	2,811	1,968	1,764	734
2007	7,776	1,552	2,195	1,762	1,588	679
2008	12,574	2,691	3,905	2,858	2,203	917
2009	17,838	3,869	5,410	4,209	2,948	1,402
2010	23,285	5,398	7,562	5,262	3,450	1,613
2011	24,257	5,693	7,322	5,234	3,544	2,464
2012	22,986	5,554	6,662	4,838	3,479	2,453

（出典）Sistema Nacional de Información, Ministry of Health; Laurell, 2015: 259 より引用。

コのカルテルが毎年、590億ドルの利益を得、メキシコ財務省は金融システムにおいて100億ドルの剰余を登録している、こう見積もっている。他のデータは、経済部門の78%がカルテルにより浸透され、彼らは約468万人を雇用している、と示唆している。

　これらのデータは、極めて重大な結果を示している。第1に、金融システムがかなり犯罪経済に巻き込まれている。「犯罪経済と経済的犯罪性は結びついている」のである。

　第2に、犯罪経済は、LA における最低の成長率の一つにメキシコ経済が直面し続ける一つの重要な役割を果たしている。これは、「ドラッグとの戦争」がカルテルを捕まえるためにお金を使わなかった理由である。

　第3に、これらは "Narco-State" の形成と広範な暴力の横行を理解する重要な事実である（Laurell, 2015：252）。

　前に述べた農業の荒廃により、メキシコは農産物の純輸入国となった。そして食糧安全保障を失った。伝統的穀物が崩壊したとき、ドラッグ・カルテルはアヘン用ケシやマリファナ栽培を拡大した。

暴力・殺人

　死亡者数に関するも驚くべきインパクトは、暴力に関連する死亡である。表7-1に見られるように、男性における殺人は2007年と2011年の間にほぼ3倍

であり、それはドラッグ戦争に対応する期間である。この増加は15歳から44歳の男性の中でとくに高く、これは、不当な攻撃による死亡は2010年およびそれ以降に15〜44歳の男性の死亡が主要な原因となっていることを意味している。男性の平均余命は2000年から2010年に73歳から72歳に低下した（Laurell, 2015：259-260）。

5　移民問題と暴力

移民管理は可能か：自己永続的なエスカレーション

エルパソとサンディエゴで管理強化が進められた。しかしこの対策は移民を他の入り口に押しやったに過ぎない。エルパソでの逮捕は以前のレベルより下がったが、ニューメキシコとアリゾナでは急増した。同様に、サンディエゴ南部のインペリアル・ビーチでの逮捕は、監視所が開設して以来急激に低下したが、遠く離れたサンディエゴ地区東部では逮捕者は急増した（Andreas, 2009：93）。

密入国の伝統的なルートと方法が崩壊し、国境管理キャンペーンは強化された。こうした変化は、かつての比較的単純な越境行為からより複雑な不法行為システムに変わったのである。権限のない過去の入国形態は主に自己密輸か「コヨーテ」と呼ばれる密入国斡旋業者の限定的使用を含んでいた。しかし、近年の国境警備のエスカレーションとともに、専門的な密輸業者の利用が一般的な行為となった。すべての違法なメキシコ越境者のほぼ75％は、今や密入国サービスを利用している（Andreas, 2009：95）。

アンドレアスは、「国境なき経済とバリケード化された国境の同時創設」の矛盾を指摘している。「国境の開放は必ずしも非介入主義的国家ではない。たとえば、1996年、クリントン大統領が『大きな政府の時代の終わり』を宣言したとき、彼は生き返った反ドラッグ・キャンペーンを主導するため軍将校を任命をも発表し、彼の政府が不法移民に対して国境を確保に真剣になる最初の政府であると強調した。この場合、『政府の復活』は、規制国家を縮小するのではなく、国家を再編し配置転換することであった」（Andreas, 2009：141）。

さらに、「国境は超えられるよりも変容させられ、退却させられるよりも再

編成される。合衆国とヨーロッパにおいて、このことは国境管理の物理的再主張を含むのみならず、国境の諸機能のイデオロギー的再規定でもある」とアンドレアスは指摘する。ここに、国境管理の軍事的防衛と経済的規制機能は低下するかもしれないが、その治安機能は拡大している。不法な越境の流れは、ますます自律性や社会的凝集性、そして、時々はナショナルな政治共同体への脅威としてする認識されている。そして、インサイダーとアウトサイダーとの境界維持を、法と秩序の執行を、少なくとも国境確保の様相の企てを期待され、強化されているのが、国家の治安機関である（Andreas, 2009：152）。

将来の国境管理の可能性

　北米の場合、国境管理が政策アジェンダに関して高く維持され、その直接の隣人との関係でとくに強力な影響をもつと予想することは間違いない。しかし、北米の国境管理の特殊な形態と軌跡は極めて重要である。アンドレアスは国境管理について、少なくとも、三つの可能性を指摘する。それは、一方の極に「要塞化されたアメリカ」が位置づけられる。そして、他の端には、多国間の政策協調化があり、この道は基本的に国境管理の「ヨーロッパ化」を示している[3]。

　アンドレアスが最も可能性があると考えているのは、「要塞アメリカ」でもなく、全面的で制度化された「要塞北米」でもなく、一連の漸進的、断片的イニシアティブである。それは高められた越境管理の協力、部分的で不均衡な政策の収斂、革新的検査方法、入港を越えて拡大されているテクノロジー、これらの融合を含んでいる（Andreas, 2009：172）。

　9.11にすべてが変わったと宣言するのは決まり文句となった。国境管理の領域では継続性とともに変容もあった。新しいと思われていることの多くは、実際にはそれ以前のイニシアティブの加速化と拡大である。過去からの根本的な離脱というより、9.11は以前の警備戦略を持続し、深化し、地理的に拡大するための機会の政治的・官僚的窓を提供した。これは、物理的障害を構築、国境パトロールの展開で国境管理の伝統的強化、そして国境を越える一層の警備と監視活動を企図することによる「脱国境」と管理の「拡大」、これら両方を含む[4]。

6　新たな中米の暴力が生み出す監視の「民族化」

　最近注目を浴びている米国へ向かう中米の避難民、集団的大移動（exodus）についてはすでに触れた（第3章）。この問題を理解するには、1990年代以降の中米における多国籍型資本主義的発展、すなわちと多国籍生産とサービスのチェーンに統合、輸出拡大と世界経済への深い統合、それがもたらした新たな経済活動の導入とその帰結を踏まえる必要があった。中米における多国籍観光複合体の拡がり、グローバルなスーパーマーケットの出現とグローバルな消費文化とイデオロギーの浸透、多国籍アグリビジネスにより生産された冬物野菜や果物の主要な輸出国化、採掘活動による地域共同体のエコロジーや生計の大規模な荒廃等々、1970年代と1980年代の時代からの激変を考慮しなければならない。

　米国へ向かう中米の避難民は、正当性を失い暴力的抑圧と腐敗を強めた中米の政府に対する社会的抵抗でもある。中米における暴力で関心を呼んでいるのは、マラスと称するストリートギャングである。彼らは中米のエルサルバドル、ホンジュラス、グアテマラ、メキシコの南部から、コロンビア、ブラジルその他の南米まで拡大しており、中米だけでも15万人、ほぼ半数は15歳以下だという。

　マレロ（刺青をして特別な手のサインをするマラスの構成員）は、ロサンゼルスに源を発し、米国政府に有罪判決を受けた若者たちが母国へ送還されて中米に拡がった。マラスの内部では、麻薬密輸や雇われ殺人、窃盗、誘惑、手足の切断に専念する者たちがいると、ホンジュラスのアルバレス治安大臣が言っているのだから、正に、21世紀の新しい犯罪者なのだが、大きな特色は、覆面で顔を隠す伝統的な銀行強盗とは違って、堂々と悪事を実行して報道機関から注目を集めることを切望しており、ひとたび脚光を浴びると、指揮命令系統で昇進を果たすのだという（オッペンハイマー，2011）。

　この暴力的環境の背景に加え、注目すべきは、国境の安全保障化と結びついた「グローバル化した監視」の出現であり、その監視の実施基準の「民族化」である。トランプ政権はファシズム的かつ過激な人種主義的対応で扇動してい

ることが象徴的な特徴である。ライアンはこの点を警告している。

　監視は、日常生活を営む普通の人々に歓迎すべき安心感を与えてくれる。だが、もっと大きな問題は、「誰にとってのセキュリティー、どのリスクなのか、グローバル化とはまずもって経済的現象なのである。国家横断的資本主義が最大の受益者だ」（ライアン，2002：178）という点である。

　さらにライアンは監視の重要な側面をも忘れていない。

「組織・グローバルな犯罪に対処すべく、不法活動に縛りをかけようとすると、市民的自由が切り詰められかねない。特定の移民集団が、例えば、麻薬取引や売春と結び付けられるようになると、当該の集団に対する外国人排斥的な反応も起こる。これは、場合によっては、監視の実施基準の「民族化」につながる」（ライアン，2002：167）。

【注】

1）　CONSEJO CIUDADANO PARA LASEGURIDAD PUBLICA Y LA JUSTICIA PANEL A. C., 2019.

2）　"Report to Leaders: Security and Prosperity Partnership of North America," June 27, 2005.（http://www.spp.gov/report_to_leaders/index.asp?dName=report_to_leaders）

3）　EU 内の国境の解体過程や自由な運動を共有する経済空間の創出過程は、共通の外部境界線の構築を伴った。これは共通のビザ、難民政策、情報制度の共有、国境手続きの標準化を含んでいた。同様な北米国境のヨーロッパ化は、現在の脈絡では想像できない正式の制度化レベルや政策協調を必要とする。多様で大規模なテロ事件のような持続的ショックのみが、こうした方向に押しやるのに必要な政治的意思を生み出すであろう。興味深いことに、北米安全保障へのこうしたアプローチの最大の提案者はメキシコであった。多くのカナダ人はヨーロッパ型解決に反対している。なぜなら、北米の脈絡でのこのヨーロッパ化が実際にはカナダのアメリカ化を意味することを恐れているからである（Andreas, 2009：172）。

4）　国境管理と監視活動の国際化については、Andreas and Nadelmann（2006）を参照。

第**8**章　NAFTAに翻弄されたメキシコ社会

1　岐路に立つメキシコ

　「憲法が死につつある」状況や国家主権と自決権の「解体」の過程は本書第1章で触れたように、1980年代初めから徐々に進行し、カルロス・サリーナス・デ・ゴルタリ政権期（1988-94年）における新自由主義政策の本格的導入と1994年のNAFTAの調印以後、加速的に具体化した。

　最近の米国におけるドナルド・トランプの大統領就任は、メキシコにおける経済的・社会的危機に新たな次元を付け加えることになる。国境の壁へのメキシコの支払い、NAFTA再交渉の提案、メキシコの財への威嚇的な20％の関税、米国に住むメキシコ人の国外追放、これらの脅しはトランプが米国の南の隣国との伝統的な関係をひっくり返そうとしていることを明らかにした。

　トランプの一連の発言は、メキシコの新自由主義を信奉する既得権益者にも大きな衝撃を与えた。彼らは輸出を軸にメキシコの米国依存を主導してきたのである。サリーナス政権と彼の追随者や寡頭制支配勢力が、現在のメキシコの経済的苦境を設計し推進してきたのである。

> 「1981年から2000年までに、マキラドーラの輸出は年に16％増加したが、非マキラドーラ工業製品の輸出は年に13％の増加だった。2004年までには、全輸出品の80％は工業製品で、全輸出（石油と観光事業を含む）の90％の相手国は、アメリカだった。」（サイファー，2017）

　この統計には多くの別の面が隠されている、と経済学者のジェイムズ・M.サイファーは指摘する。メキシコにはつながりのない経済が出現した。「安価な輸出を主導するダイナミックな経済」と「国内市場を目当てとする不効率な経済」の二つである。NAFTAのもとで、米国政府の大幅な政府補助金を受

けたアグリビジネスが供給する豆、米、トウモロコシ、その他の主食類がメキシコ市場に氾濫した。その結果、国内産業は崩壊し、農村の貧困者は移住を余儀なくされた。1998年から2005年まで、平均賃金は1981年レベルで60～70％にとどまった（サイファー，2017）。

　NAFTA のもとでますます脆弱化と米国依存を進めたメキシコ経済にとって、トランプの NAFTA 再交渉発言は、メキシコの政治・経済エリートにはある種の「津波」であった。具体的な政策が見えないが、米国への輸出が GDP の28％を占めるメキシコにとって「壊滅的な打撃」を意味するかもしれない、とサイファーは予想する。

2　新自由主義型グローバル化と NAFTA

フォーディズム型資本蓄積モデルの枯渇

　F. D. ローズベルトの時代から1960年代末までの米国の経済発展は、主要には国内市場に焦点を当てた、大量消費に結びついた大量生産に基づいていた。米国の資本主義発展のこの段階は「フォーディズム」（あるいは「フォード―ケインズ主義」）として言及されてきた。それは、一方で、大量生産と、他方の大量消費による吸収とのバランスに基づいていた。フォーディズムは国家と組合と企業との一種の経済協定からなっており、それにより労働者は企業の生産性を拡大した。その成果はかなりの程度労働者と共有された。それは「福祉国家」の発展を含んでいた。しかし、女性とマイノリティーの大部分がフォーディズムの利益から排除されていた。

　当時、米国における組合構成員が労働力の約30％に達した時代であった。1960年代末まで、大量生産と大量消費のバランスは低い失業率（4％以下）を確保し、GNP は約5％であった（Otero, 1996）。米国における組合労働者の割合は、1994年までの12％から、2011年までに6％以下に急降下した。国営および自治体の従業員は給与と諸手当を大幅に削減され、組合結成の権利の剥奪に直面した（Otero, 2011：386-387）。

フォーディズムの危機

　1960年代末と1970年代初頭のフォーディズムの危機は、利益率の危機として

有効需要との関係で過度の生産能力の結果として表現された。米国経済は、利益率を回復するために安価な労働に焦点を当てることで、この危機を乗り越えようとした。すなわち NAFTA を推進することで、米国の官僚は国境の南にある豊富な労働力供給へのアクセスを確保した。他方、メキシコの政治的テクノクラートは、安価な労働力の比較優位に経済成長の戦略を置いた。これは両国の労働者にとって選択肢を失うことであった。すなわち、新自由主義と北米経済へのメキシコの統合であり、とりわけ、それはメキシコに自立的経済の放棄という後退的な影響を与えた。後に述べるように、米国穀物の輸入への依存拡大による食糧自給の喪失は、労働主権の喪失でもあった（Otero, 2011：384）。

米国の多国籍企業は、その製造業プラントを組合に組織されていない米国の南に、そして、ますますメキシコのような低賃金諸国に再配置しようとした。しかしながら、メキシコにおける製造業へのこの投資の流れは、出現しつつあったグローバル経済における国際的な競争に必要な資本集約的技術の拡大を意味した。当然、これらの投資とメキシコ経済の他の部分との連携は弱かった（Sklair, 1989）。

多国籍企業によってメキシコで生産された製品の唯一の市場はほとんど米国内にあった。結局、米国の多国籍企業のための利益率の回復が中心的目標であり、安価な労働の搾取に基づいていた（Cypher & Delgado-Wise, 2010）。

こうして、生産の国際化とは新自由主義的グローバル化を意味した。すなわち、市場において民間投資に自由を与えようとする試みであった。一方、労働者はそれぞれの国民国家に根をもっていた。グローバル化の過程は、中国やインド、かつての共産主義国の「開放」により、1980年以降、世界の労働力の4倍化を意味した。それゆえ、「市場力」の圧倒的な強さによって、世界の労働者は資本に対する交渉力をかなり失った（Otero, 2011：387；Robinson, 2004；2014；ハーヴェイ，2007a）。

結局、グローバル規模での新自由主義的な資本蓄積モデルは、国民国家に主要な焦点を合わせるフォーディズムから世界経済全体での蓄積に転換した。グローバル化の初期の新形態の一つは、EU や NAFTA のような大規模地域経済ブロックを構築する形態をとった。しかし、メキシコは NAFTA を前にして、一方的にその経済を開放した。新自由主義の猛威はメキシコと米国で深く

感じられた。両国はその経済の解体状況から生じた厳しい社会経済的分断化過程を経験していた。新自由主義の猛威と、それが如何にメキシコ経済の解体に向かうか。この過程と帰結の典型的な現れの一つが食糧部門の従属性と米国への移民の流れであった（Otero, 2011：387-388）。

NAFTA 設立に向けた米国とメキシコの背景

両国による合作として始まった NAFTA

NAFTA の設立は、両国における特定の勢力よる合作として考えられる。だが、NAFTA の構想を推進したのは、やはり米国の経済的・金融的諸勢力の主導性と圧力が中心的要素を占めていたといえる。

1970年代と1980年代は米国経済の根本的な転換と再編が見られた。グローバル化の流れで国内における工場閉鎖の波と数百万の職場が失われた。グローバル化を通じて、産業界はより良い生産条件を追求するが、同時に労働者と投資家の間の権力の再結合をも調整した。

米国内における投資機会の減少に伴い、金融機関は新たな代替策を明らかにした。米国連邦準備銀行は1970年代金利を数回上げ、1980年代には金利を20％以上に押し上げた。最終的には、これらの政策はアメリカのスタグフレーションの難問を解決した。だが、それはLA 諸国の経済・金融政策の自立性を極端に狭めた（Dávalos, 2006）。

他方、1982年2月、メキシコは平価切下げ実施した。そして債務危機が始まった。IMF にとっては、LA 全域で構造調整を押しつけるのに極めて有利な状況となった（Babb, 2003）。IMF の新たな役割を担うことになった。すなわち、IMF は西半球における金融資本のための新たな段階の開始を合図した。LA の対外債務は、この地域における政治的転換を推し進めることになった。自由貿易の拡大と多国籍企業の活動の推進である。NAFTA の交渉が推進されたのはこのような文脈であった（Fernández-Kelly and Douglas, 2007：101）。

こうして、NAFTA の制度的構築の動きは、米国とメキシコにとってそれぞれの具体的な企てと目的が結びついた。米国のビジネス界の観点から、NAFTA は西半球における金融的ヘゲモニーを達成するための調整された試みであった。メキシコの視点からは、NAFTA は貿易自由化とメキシコの権

威主義国家の再編成を通じてグローバル経済に統合する試みを示していた。

　自由貿易はまず、海外資産の有利な展開のための新たな諸条件を明らかにした。それにより、資本主義諸勢力を再編する機会を提供した。第2に、自由貿易は輸入代替工業化に基づく初期の開発モデルから政策立案エリートが離脱できることを可能にした（Centeno, 2004）。

　両国にとって、NAFTA は1980年代の債務危機を解決する初期の企てであった。すなわち、NAFTA は米国の金融・産業界のために損失を利益に転換する方法として始まった。それが、次第に貿易協定に変えられた。それは投資へのリターンを確保するのみならず、これらの成果が永久に実現される条件の制度化でもあった。この意味で、NAFTA を構築する動向は、米国とメキシコの双方の立場から検討されていた（Fernández-Kelly and Douglas, 2007：101）。

　フェルナンデス・ケリィとダグラスは次のことを主張してきた。すなわち、

> 「NAFTA の背後にある目的は、単なる貿易の自由化ではなく、メキシコにおける注意深く調整された投資を通じて米国の金融機関や製造業により利益を実現する安定的な諸条件を創出することであった。この意味で、NAFTA は自由貿易以上に統制された貿易である。」（Fernández-Kelly and Douglas, 2007：115）

　NAFTA の実現に導いた諸経過を歴史的検討すると、米国—メキシコ国境の両側の重大な同盟を明らかにしている。LA における1980年代の金融危機、その結果の米国における金融危機は新たな同盟をもたらした。それは、米国の銀行業界とワシントンにおけるその代表、メキシコの官僚、両国の大規模ビジネス界を含んでいる同盟である。本質的には、1980年代の LA の債務危機は、国境の両側の新たな国家機能と経済的再構成へのエージェントとして機能したといえる。

米国側の主要な狙い

　NAFTA の背後にいる米国側の知的権力は、銀行家、政治家、ロビイスト、そして1970年代に三極委員会、外交委員会、アメリカ銀行家連合、米国ビジネス・ラウンドテーブル、そして全米製造業者連合によって統合された企業代表、これらの緊密に編みこまれたネットワークから生じている。

米国にとっての NAFTA の主要な目的は、メキシコが実質的に信用を促進し拡大する資金を確実にもてるようにすることであった。ロックフェラーの言葉（1992年）によると、「この道は、ラテンアメリカの貸付における信用を維持するさいにわれわれ自身の利益（self-interest）を保護しねばならない最も有効で費用のかからない方法」であった。つまり、この「自身の利益（self-interest）」は米国全体の利益であり、NAFTA の作成に直接責任をもつグループの利益であった。しかし、そこにはで、労働組合や公益組織、小企業組織は含まれない（Fernández-Kelly and Douglas, 2007：102）。

　NAFTA は安価なメキシコ人労働者への柔軟なアクセスを企業経営者に提供することを目的にしていた。さらに、テレコミュニケーション、銀行業、保健、バイオジェネティクス、コンピューターへの投資拡大に向けた新たなルールを発効することにより、経済の最も進んだ領域における資本の流動性のための障害を取り除くこと、この目的も重要であった。資本の関心は、知的所有権、特許権、著作権への強調に反映されていたが、労働者や環境に関する諸問題に関して沈黙されていた。米国の観点からは、結局、NAFTA のこの二重の目的は、メキシコ人労働者の自由なアクセスを製造業者の提供し、それにより新たな国際分業を可能にすることである。それは同時に、メキシコの所有権と金融資産への自由なアクセスを投資家に与えることであった（Fernández-Kelly and Douglas, 2007：103）。

3　NAFTA 体制下のメキシコの経済実績

メキシコの貧困な経済実績

　NAFTA が1994年に発効してから20年以上が経過した。NAFTA はメキシコを豊かにしたのか。最近、ワシントン D. C. の経済政策研究センター（Center for Economic and Policy Research: CEPR）からその評価が発表された。Mark Weisbrot, Stephan Lefebvre, and Joseph Sammut, *Did NAFTA Help Mexico?: An Assessment after 20 Years,* CEPR, February 2014 である。それは大いに参考になる客観的な報告であろう[1]。

　この報告書は、過去20年にわたるメキシコの経済実績を LA の他の国の実績

と比較している。そこであらかじめこの報告書の結論を見ておこう。

NAFTA の主要な目的は、1980年以前の数十年間拡がっていた開発主義的、保護主義的経済モデルの政策変更にあったが、

「その最終的結果はほぼすべての経済的・社会的指標によれば経済的失敗の数十年であった。これは、メキシコの開発主義的過去と比較し、NAFTA 以降のラテンアメリカの他の国と比較しても明らかである。20年後、これらの結果は何が間違っていたのかについてより市民的な議論を引き起こすべきである。」

この「最終的結果」を分析するため、CEPR 報告書は様々な経済的・社会的指標を提示している。

1人当たりの実質 GDP

まず、NAFTA のもとで、「メキシコの貧困が拡大し、1人当たりの経済成長率はラテンアメリカの他の国に遅れた」ことを指摘している。

図8-1は、メキシコの1人当たり所得の成長を示している。1人当たり GDP は1994年から2013年まで漸増的に19.0%成長した。これは年平均成長率0.9%であり、それは途上国としてまったく低い。

表8-1は LA の他の国と比較したメキシコの1人当たり年平均 GDP 成長率である。メキシコの成長率は20カ国中18位である。

NAFTA 以降のメキシコの成長率をこの国の過去の成長率と、またこの地

図8-1　1人当たりの実質 GDP

（出典）IMF, 2013b; Weisbrot, Lefebvre, and Sammut, 2014: 4. より引用。
＊2008年を基準にしたペソ（単位1000）

域のほかの国と比較するのは価値があ
る。これは図8-2に見られる。1960年
から1980年、メキシコは1人当たりの所
得はほぼ2倍の98.7%の成長であり、そ
の成長率はLA全体と比較できた。もし
この成長が続いたならば、メキシコは今
日高位所得国になったであろう。しか
し、メキシコもこの地域もその後の20年
（1980-2000年）にわたり1人当たり所得
の成長で大幅な減少を被った。それは
1980年初頭における最初の債務危機への
まずい対応、そしてそれゆえ多くの新自
由主義政策への変化と一致した時期であ
る。1人当たりGDPの地域的成長は、
それ以前の20年間の91.5%から1980年-
2000年の7.7%に減少した（毎年0.4%）。

LAの大部分の国は21世紀に回復し、
2000-13年の間、2.0%の年平均1人当
たりGDPを経験した。しかし、メキシ

表8-1　ラテンアメリカ：1人当た
りの年平均成長率（1994-
2013年）

1	Panama	4.4%
2	Chile	3.4%
3	Peru	3.4%
4	Guyana	3.0%
5	Costa Rica	2.5%
6	Uruguay	2.5%
7	Argentina	2.5%
8	Suriname	2.4%
9	Colombia	2.1%
10	Nicaragua	2.0%
11	El Salvador	1.9%
12	Ecuador	1.9%
13	Brazil	1.8%
14	Bolivia	1.7%
15	Honduras	1.6%
16	Belize	1.5%
17	Paraguay	1.0%
18	Mexico	0.9%
19	Venezuela	0.8%
20	Guatemala	0.6%

（出典）IMF, 2013a; Weisbrot, Lefebvre, and Sammut, 2014: 5. より引用。

コはそうした回復を共有せず、この時期、1人当たりの年平均成長率は0.6%
に過ぎない。図8-3は、NAFTA以降の20年間のメキシコにおける1人当た
りのGDPを示している。すなわち、過去20年間にわたるメキシコ人1人当た
りの実質GDPは、LAの他の国が達成した成長率の約半分である。

貧困率

NAFTAのもとでの経済的低迷は、メキシコは貧困削減の分野でも進歩が
なかった。

図8-4はメキシコの全国の貧困率を示している。2012年、それは52.3%で
あり、1994年の52.4%にほぼ等しい。結果として2012年の貧困ライン以下で生
活するメキシコ人は、1994年よりも多い1430万人であった。極貧の目安——
「保健、教育、食料を供給できない」や「食料を供給できない」は1994年以降

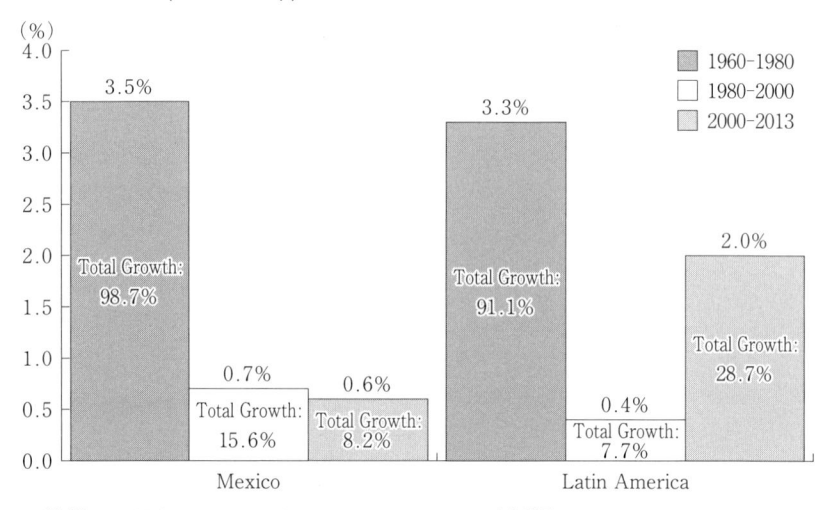

（出典）IMF, 2013a; Weisbrot, Lefebvre, and Sammut, 2014; 6. より引用。

図8‑3　メキシコとラテンアメリカ：年平均1人
当たり実質GDP成長率（1994‑2013年）

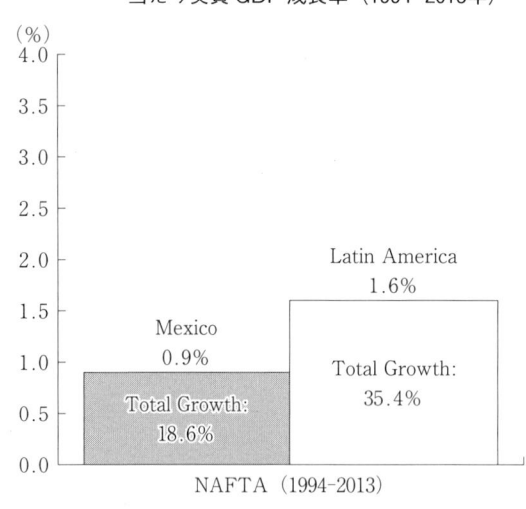

（出典）IMF, 2013a; Weisbrot, Lefebvre, and Sammut, 2014; 6. より
引用。

ほとんど改善されていない。

CEPR報告書は、メキシコにおける貧困に起こったことを地域全体と比較している。これは図8‑5に見られる。LA地域全体として、1980年から2002年の20年以上の間に貧困率は進んでいない。地域の貧困率は2002年の43.9％から2013年に27.9％に縮小している。

ただし、国連ラテンアメリカ・カリブ経済委員会（ECLAC）によるこれらの

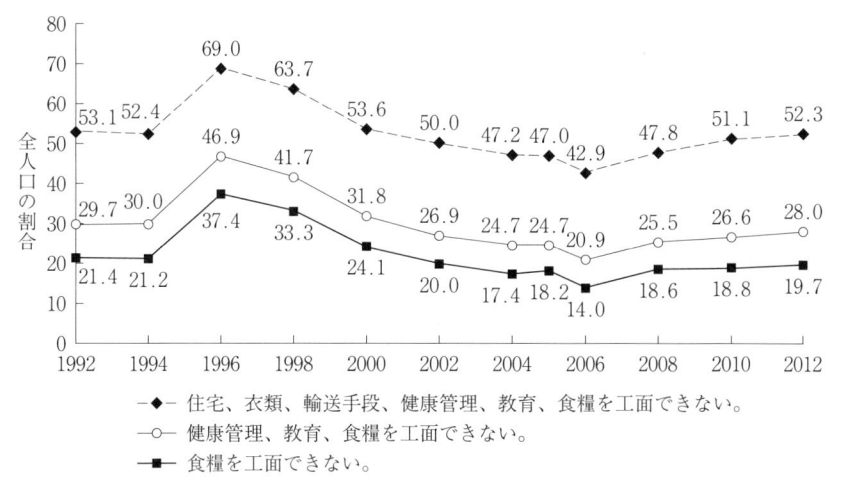

図8-4　メキシコの消費バスケットに基づく貧困レベル

（出典）CONEVAL, 2014; Weisbrot, Lefebvre, and Sammut, 2014: 8. より引用。

凡例：
- ◆ 住宅、衣類、輸送手段、健康管理、教育、食糧を工面できない。
- ○ 健康管理、教育、食糧を工面できない。
- ■ 食糧を工面できない。

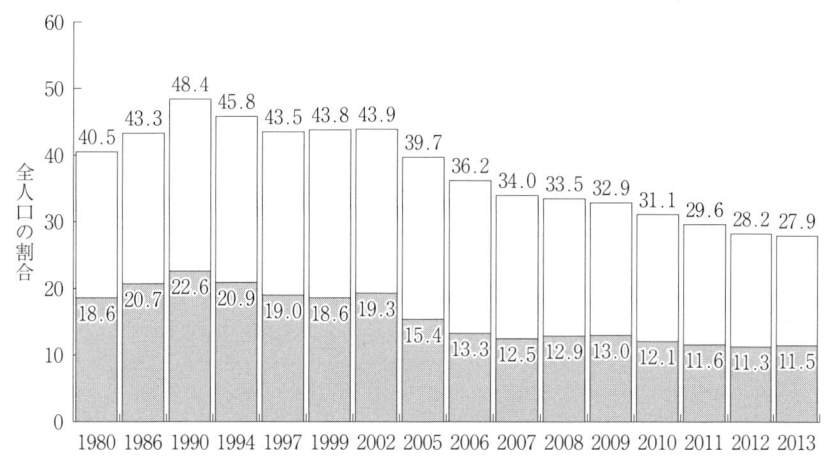

図8-5　ラテンアメリカの貧困と極貧（ECLAC 推定値）

（出典）ECLAC, 2014a; Weisbrot, Lefebvre, and Sammut, 2014: 9. より引用。

貧困率は、メキシコの貧困統計の調査とは若干異なっている。ECLAC の測定によると（図8-6）、メキシコの貧困率は1994年の45.1％から2012年の37.1％（マイナス8ポイント）に下がっている。しかし、メキシコを除く地域のほかの

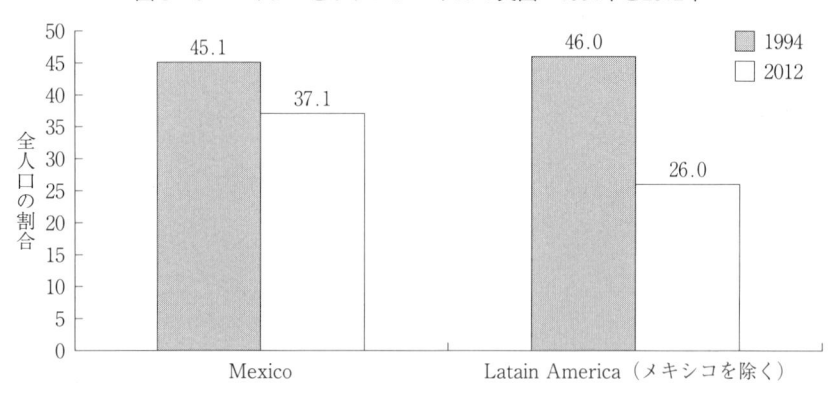

図8-6　メキシコとラテンアメリカの貧困：1994年と2012年

（出典）ECLAC, 2014b; Weisbrot, Lefebvre, and Sammut, 2014: 10. より引用。

図8-7　メキシコの実質平均賃金

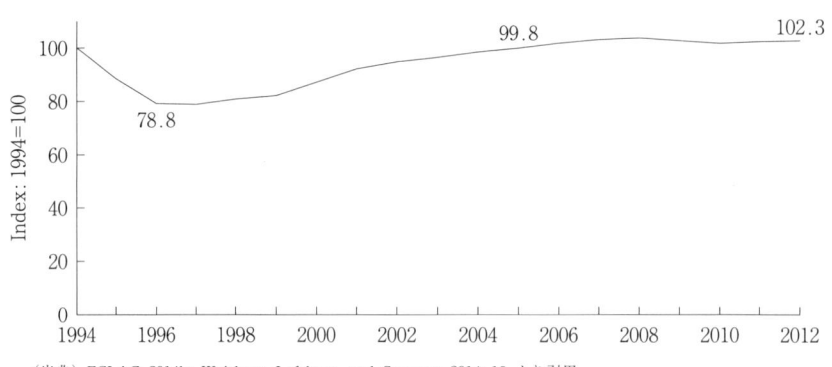

（出典）ECLAC, 2014b; Weisbrot, Lefebvre, and Sammut, 2014: 10. より引用。

国では、46％から26％（マイナス20ポイント）へと2.5倍も下がっている。

実質賃金

　図8-7は1994年から2012年までのメキシコの実質賃金（フォーマル部門の労働者）の経緯である。1994-96年、ペソ危機と景気後退に連動し実質賃金は21.2％下落した。賃金は11年後の2005年まで1994年レベルに回復していない。2012年までに、賃金は1994年レベルを2.3％だけ上回った。そして、1980年レベルを上回ることはほとんどない。

図8-8 メキシコの失業率と不完全失業率

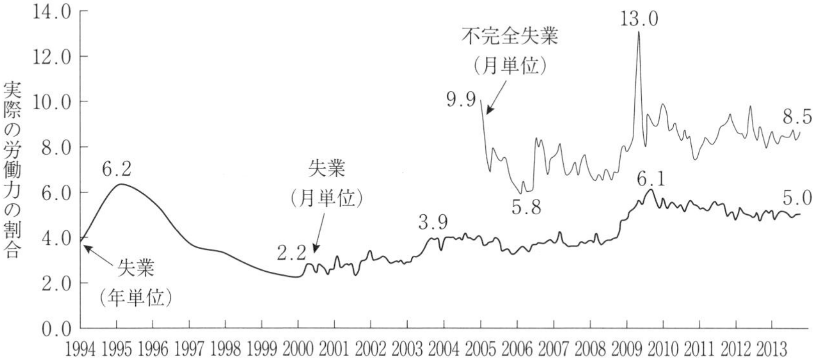

(出典) INEGI, 2014; CESOP, 2005; Weisbrot, Lefebvre, and Sammut 2014: 11. より引用。

メキシコの失業率

図8-8はメキシコの失業率と不完全失業率を示している（失業は1994年以降が示されている。不完全失業に関するデータは2005年以降の利用可能なものである）。失業率はペソ危機の期間に跳ね上がり、そして2000年まで着実に下がったけれど、過去13年の間、緩慢に上昇している。失業は、1990-94年に平均3.1％で2000年には2.2％の低水準であったのに比べ、最近5.0％である。しかし、公式な失業率はメキシコにおける完全な失業を把握していない。

労働市場の状態に関するより良い基準は不完全失業であり、それは2005年まで遡って図8でも見られる。これは数時間働く必要と能力をもっているが、労働市場の条件のためにそうできない労働者を含む。これは、危機の前の2005-07年の年平均7.2％から上昇し、2013年8.4％であった。

農業雇用・季節労働者

NAFTA は農業雇用への厳しい影響をも与えた。米国はトウモロコシや他の産物への補助金を与え、メキシコの家族農業を一掃した。1991年から2007年、メキシコの490万家族農家が追放された。他方で、農業―輸出産業における季節労働者は約300万人増大した。これはネットで190万人の雇用喪失を意味する。

NAFTA は、一定の商品に対する輸入割り当て量の着実の増加を伴う移行期を経て、農産物への関税（しかし補助金ではない）を撤廃した。この移行期

表8-2 メキシコの農林業における雇用（1991年と2007年）

	1991	2007	割合の変化
家族*	8,370,879	3,510,394	−58%
報酬を受ける全雇用数	2,305,432	5,139,793	123%
―長期雇用（6カ月以上）	427,337	420,989	−1%
―季節的雇用（6カ月以下）	1,878,095	4,718,804	151%
Total	10,676,311	8,650,187	−19%

（出典）Scott, 2010: 76; Weisbrot, Lefebvre, and Sammut, 2014: 13. より引用。
＊現金が支払われない家族およびその他の労働者は時々「無報酬」として記載されている。

は、メキシコ生産者にとって最も重要な穀物であるトウモロコシに関しても2008年に終了した。

　言うまでもなく、米国の生産はメキシコよりも平均生産性レベルは高く、数百万のメキシコ人農家を追いやった。表8-2は1991年から2007年のメキシコにおける農業雇用を示している。ここに見られるように、農業雇用で19%の減少、あるいは約200万の仕事が減少した。その喪失は家族農場部門で雇用される家族労働者である。6カ月以下の季節雇用は約300万の雇用がある。しかしそれは家族農場部門で失われた490万の仕事を埋め合わせるのに到底十分でない。

　もちろんNAFTAの提案者は、メキシコの家族農場が補助金を受けている米国の生産と競争できないことを知っていたが、追放された労働者がより高い生産性の農業（主に輸出向け野菜や果物）や工業の仕事に移動すると主張した。野菜や果物生産はかなり拡大し（1994年の1730万トンから2012年の2820万トンへ）、おそらく300万の季節雇用が創出されたが、明らかに雇用の点では不十分であった。

4　新自由主義国家を深化させた国家―資本関係の構築

メキシコ経済の「一次産品化」

　国際的は評価とは別に、サイファーらは理論的・経験的な総括的評価とて次の三つの基本的要素を取り上げている（Cypher & Delgado-Wise, 2010：167-170）。

　その第1に、メキシコで展開された現実のモデルは、外向的―指向工業化の

成功例ではなく、「一次産品化（primarization）」形態であること。

　第2に、メキシコは労働者の価値の引き下げとナショナルな蓄積の剥奪過程が進められてきたこと。

　第3に、NAFTAのプロセスが貿易ベースの政策ではなかったこと。

　以下、この三つの論点をサイファーらの主張にそって補足しておく。

　1940年代から60年代を通じて、LAの政策立案者により唱導された開発の概念と諸原則は、基本的にナショナルな経済・工業政策に基盤が置かれていた。メキシコの場合、数十年間に及ぶ輸入代替戦略はかなりの成果を生み出した。にもかかわらず、1970年代には外向的な輸出主導型工業化への試みが模索された。

　メキシコにおいて、輸入代替開発戦略から外向型開発戦略のへの転換の決定的岐路で、企業家調整会議（CCE）のような頂上ビジネス組織は国家からの自立的キャンペーンを開始している。それまでの政府に対する従属的な過去から離れ、大企業グループあるいはコングロマリッドの相対的権力を強化し、経済政策作成における作成能力を高めた。この決定的な歴史的情況で、国内市場に大きく依拠していたカナシントラ（Canacintra）のような中小規模の製造業ビジネス界や民族主義的政治エリート内の産業政策に及ぼす影響は大きく縮小された。

　産業政策をめぐるこうした資本家階級の争いは、統治機構内部の対立に埋め込まれ、国家の全般的性格を規定する。意図された国家能力の脱構築は、1980年代末に固まった新たな国家編成を通じて導入された新自由主義政策の主要な焦点であった。その時から、政策の媒介変数は、メキシコの頂上ビジネス組織とワシントン・コンセンサスの主要なエージェント——とくに、米国政府、米国の企業エリート、米国の影響下にある二つの主要な多国籍機関（世界銀行やIMF）——によって共同決定されてきた。その結果、メキシコは1930年代以来のどの時期よりも内発的な再構築過程に向けた建設的転換に必要な国家能力の維持不可能な状態に陥っている。以上の意味で、今日、メキシコが直面している崩壊は、作られた崩壊であり、頂上ビジネス諸組織がかなりの責任を負っている崩壊である。結局、メキシコで展開された現実のモデルは外向的—指向工業化の成功例ではない。むしろ、それは、サイファーらが特徴づけている極め

て基本的な「一次産品化」形態なのであろう。

労働者の価値の引き下げとナショナルな蓄積の剥奪

　第2に、メキシコは労働者の価値の引き下げとナショナルな蓄積の剥奪の過程を進めてきた。労働条件は、しばしば職場に関連した災害や経済的不安に導いている。また、経済不安はメキシコの展開と再投資となる経済的剰余を生み出すモデルの失敗と結びついている。むしろ、この剰余は諸グループや米国（そのほか）に移転される。そこで、それは生産基盤の拡大や経済の再構築の支援に役立つ。後方ないし前方の連携形態における従属的統合過程、プロセスの向上、技術の習得などに関する予想されるホスト国の効果は達成に失敗している。むしろ、安価な労働力輸出の具体化に集中する利益移転の無法な新たな形態は、多国籍な生産／組み立て過程から生まれる収入の弱体化した輸出を生じている。これは1960年代と70年代の従属論者によって描かれた諸関係の活性化をはるかに超えた過程である。彼らは国内の生産過程や権力関係よりも外的なフローの関係に焦点を当てる傾向があった。

NAFTA は貿易協定か

　第3に、NAFTA のプロセスがいかなる基本的意味でも貿易ベースの政策ではなかった。貿易ベースの政策は、国境の両側で経済競争を通じて恵み深く相互に利益を得る過程に導く。しかし、新自由主義プログラムは、貿易というより、米国生産システムの重要な部分のメキシコへの置き換えにより独占的権力——市場支配——の終焉に奉仕するために作られた。結局、NAFTA は「米国企業をメキシコに生産を移転させられる投資／生産再構造化協定」であった。つまり、貿易協定ではなかった。NAFTA の到来により放たれた過程として二重に利益を得た米国企業は、予想を超える数のメキシコの農民を米国の労働力に置き換えた。以前には米国資本の利用に際して定められていた国内コンテント法の利益や輸出割り当て、利潤送金制限、技術共有協定その他の規制もなしに、米国企業はメキシコにおいてその生産を拡大することを可能にした（Cypher & Delgado-Wise, 2010：169）。

　メキシコでは、この非対称的統合の新たな形態は、発展は言うまでもなく、

明らかに経済発展の新たな可能性と結びついていなかった。賃金の停滞あるい
は削減、失業の高まり、インフォーマル活動は、移民の爆発を必要とする環境
を作った。メキシコ経済における連携効果の不足は潜在的にダイナミックな相
乗効果を否定した。

　したがって、サイファーら次のように結論する。

> 「メキシコ経済をダイナミックにできない——賃金を上昇できず、雇用のポストを生
> み出せず、技術的ノウハウの発展を刺激できず、生産関係のマトリックスにナショナ
> ルな供給企業を統合することのできない——安価な労働力輸出モデルの条件では、こ
> のモデルに基づく持続可能性を見出せない。結局、この繰り返しから逃れるために
> は、メキシコにおいて幅広い基本的変化が必要であろう」（Cypher & Delgado-Wise,
> 2010：170）。

5　農村の荒廃と移民

新たな農業の国際分業

　マクロレベルで、NAFTA はメキシコの農業・食料部門の経済をますます
脆弱にした。1994年から2000年までに、第一次部門はわずか1.8%の成長に過
ぎず、農業・食料部門は2.6%であった。他方、GNP は年平均成長率3.4%で
あった。

　2000年から2012年の民主行動党（PAN）政権期、第一次部門の GDP は年平
均成長率1.4%（農業は1.4%、畜産は1.8%、漁業は０%）であった。一方、GNP
は2.1%であった。こうして、メキシコの GDP における農業の役割は低下し
てきた。1994年、それは全 GDP の６%であったが、2012年には、それは
3.57%に下がった。

　農業部門の衰退は雇用の縮小にも反映している。メキシコ統計センター、
INEGI によると、1994年から1997年におけるこの部門で雇用された平均人数
は、861万3000人であった。2002-06期には、その雇用は659万1000に低下し、
2012年には671万4000となった。これらの数字に依拠すれば、農業部門は90万
の雇用が失われ、NAFTA の20年間に何も生み出さなかった（Quintana, 2014）。

　ここで、NAFTA のもとで定められた農業「分業」により、メキシコがど

のような影響を被ってきたのか、この点は深刻である。オテロはこの点に焦点を当てている（Otero, 2011）。

NAFTA の協定は一定の選択的保護と多くの穀物に対する段階的撤廃を含んでいた。トウモロコシ、大豆、砂糖、ミルクは最長14年間の段階的保護期間が与えられていたが、それは2008年に終了した。2003年までには大部分の農産物は自由化され、それに対して農民は様々な抵抗運動を引き起こした（Otero, 2011：388-389）。

メキシコにおける農業の貿易自由化は、国内市場向けの低価格食糧穀物の生産から輸出向けの高価格な果物や野菜の生産へと大きく転換した。こうした新しい分業の結果、2003年までに、メキシコはトウモロコシや食肉を含め最も重要な食料品の輸入のため米国に依存するようになった。まず、かなりの量のトウモロコシが1989年に米国から輸入された。この傾向は拡大し続け、2007年までにはメキシコのトウモロコシ供給の23％が輸入された。

明らかにすべきことは、メキシコは家畜用飼料や高果糖用トウモロコシシロップ、あるいはエタノール用に生産されていたイエロー・トウモロコシを輸入しているのだ。ところが、食糧生産用のホワイト・トウモロコシは自給し続けているのである。しかし、ホワイト・コーンとイエロー・コーンは二つの異なる生産物と考えられるべきだが、普通、イエロー・コーンの低輸入価格は、ホワイト・コーン価格の下落を生産者に引き起こしてきた（Otero, 2011：389）。

トルティーリャ危機

貿易自由化は他国で生じた価格変動に対しメキシコを極めて脆弱にした。この劇的な事例は2006年の「トウモロコシ危機」である。当時、ジョージ・ブッシュ大統領は中東石油への依存を減らすためトウモロコシをベースとしたエタノールを生産するため補助金を導入した。エタノール政策は米国とカナダの農民には利益をもたらしたが、メキシコのトルティーリャ価格は、トウモロコシ輸入への依存が増えて2007年初期に60％も高騰した（松下，2017e；松下，2008b）。価格の高騰は小麦やその派生品（パンやパスタ）でも見られた。

経済の一部として、また文化の一部として、メキシコにとってのトウモロコシの重要性とトウモロコシへの NAFTA の影響を強調したい。NAFTA が交

渉されていたとき、300万農家は、あるいは農業に携わるメキシコ人の40％は
トウモロコシを耕作していた。トウモロコシはメキシコにとって主要な穀物で
ある。それは健康的でもある安価な主要な必需食料品である。それは日々の食
べ物であり何世紀にわたり貧しい人々を支えてきた。4人家族は毎日約2ポン
ドのトルティーリャを食べている。さらに、メキシコのトウモロコシは単なる
生存維持を越えている。それは彼らの創造物語の一部ですらある。

　NAFTA はメキシコでトウモロコシとインゲン豆の両方への政府補助金を
禁止した。その経済的、文化的意味にも拘らず、である。もちろん、これは、
米国の補助金を受けたトウモロコシがメキシコ市場に殺到することを意味し
た。1997-2005年、米国の補助金を受けたトウモロコシは、生産価格以下の約
19％でメキシコに向かった（松下，2017e；松下，2008b）。

　メキシコは競争できない。130万の農民は仕事から追い出され、自営農の月
収入は1991年の1959ペソから2003年の228ペソに急激に落ち込んだ。それゆえ、
トウモロコシとインゲン豆を NAFTA の一部に含めることを終わらせるキャ
ンペーンが展開された。それは、'Sin Maiz, No Hay Paiz'、すなわち「トウ
モロコシなしでは国はない」というスローガンになっている（Jayapal, 2011）。

メキシコ農業の従属性と脆弱性：「食糧安全保障」

　メキシコの農業生産の貿易収支は NAFTA の開始以前から赤字であったが、
基本的食糧の自給を確保でき、余剰の穀物輸出も行っていた。しかし、1994年
以降その赤字がかなり拡大した。NAFTA と新自由主義によりメキシコは食
糧輸入従属国に転落した。2005年までに米の輸入は国内消費72％となり、小麦
の輸入は59％、トウモロコシは23％、大豆は9％となった（Chávez & Macias,
2007）。

　FAO は「食糧安全保障」について述べているが、これと関連して、オテロ
は González Chávez & Macías Macías（2007）が提起した「食糧脆弱性（food
vulnerability）」の定義に注目する。この定義とは次の内容を含んでいる。

　「十分で、栄養価のある、文化的に受け入れられる食糧への物理的、経済的、持続的
　アクセスを持たないからではなく、また危険で汚染した食物を食べるためでもなく、
　飢餓や栄養不良、あるいは病気にさらされ、またそれらに悩まされている国家、社会

部門、集団、そして個人を特徴づけている状況」（Chávez ＆ Macías, 2007：48）

　メキシコの最大の穀物輸入は大豆、トウモロコシ、小麦、大麦、米、ソルガムである。逆に、米国への主要なメキシコの輸出は野菜（とくに、トマト、トウガラシ、こしょう）である。この傾向は NAFTA 開始後、著しく拡大した。結局、メキシコの農業構造は米国の需要に従属する形で作り変えられた。

　メキシコの生産者は農業輸出の拡大により大きな利益を得てきたと思われるかもしれない。しかし、実際は、700万の農業生産者のうちのわずか２万人が最もダイナミックな生産者に過ぎない。食糧産業には３万2000企業がいるが、1692企業が輸出に関係し、300企業だけで全輸出の80％を占めている（Chávez ＆ Macías, 2007：58）。安価な食品輸入の増加から利益を得る消費者がいるかもしれないが、NAFTA の実施以来全般的なインフレ（357％上昇）と関連して、消費者の食品価格は1993年から2007年に現実には２倍となった（たとえば、トルティーリャは733％、白パンは736％）。最低賃金は同時期に実質的意味で21％減少した（Chávez ＆ Macías, 2007：67-68）。

　加えて、メキシコでは労働者の雇用数は1998-2007年の間に9.8％拡大したが、農業においては750万人から570万人へと23.97％減少した（Chávez ＆ Macías, 2007：68）。この余剰労働者をメキシコ経済の他の部門が吸収することを期待されたが、雇用機会を創出できなかった。それは、新たな製造業とサービス投資が、グローバルな競争の要請による資本集約的な、あるいは労働節約型テクノロジーによって特徴づけられたからである。結局、メキシコは世界の国際的移民労働者に対する主要な貢献国になった。2000年から2005年の間に、200万人以上が国を去った。大多数は米国に去った（Corona ＆ Tuirán, 2006）。

　メキシコは21世紀に向けて重要な「外向的」移民現象をもたらした。たとえば、移民によるドル送金は、石油収入に次いで経済への第２の外貨流入であり（2006年に230億ドル）、それは2007年に横ばい状況になり始めた。他方で、メキシコは「労働者の主権」をも失った。それは、労働力の大多数に適切な雇用を提供する国家の能力として定義された（Bartra, 2004）。こうした農村の失業傾向は、ジニ係数で計られる不平等の悪化となった。彼らはまた、メキシコの住民によるタンパク質とカロリーの１人当たりの消費悪化につながった（Chávez

& Macías, 2007：75）。

　こうして、農業自由化はメキシコ農村が歴史的に経験した最大の人口移動を引き起こした。その結果、メキシコ人の生活水準の向上を遂げるどころか、NAFTA は現実には、国の食糧の脆弱性と従属性を深めた。それは、広範な農民の抵抗運動を引き起こした否定的影響の合流点である。そして、北米における新自由主義型グローバル化の将来に影響を与えるかもしれない（Otero, 2011：392）。

移民を強制する農村の荒廃

　メキシコの農村で生活する人の数は、絶対的意味で増加してきた。INEGI によると、1995年は2415万4775人、2000年は2460万8507人、そして2010年に2616万9972人であった。メキシコ農村は今や NAFTA が実施された時よりも200万人以上増えた。彼らは生計を維持するためにほぼ200万弱の農業雇用を提供しなければならない。しかし、雇用創出は困難であった。それゆえ、農家の家族がその所得源泉を一層、農業外に多様化しなければならない。あるいは都市や米国に移民しなければならなかった（Quintana, 2014）。

農村コミュニティの貧困化と脆弱化

　最近の貧困指数によれば、2012年の農村地域の人口の61.6％が貧困の中で生活している。そのうち極貧は21.5％、「ほどほどの貧困」は40.1％である。これらの数字は都市部で記録された数値をかなり上回っている。都市部では、人口の40.6％が貧困の中で生活している。極貧は6.3％で、「ほどほどの貧困」は34.4％である（Quintana, 2014）。

　農村における雇用の喪失、家族収入の停滞あるいは減少は、一定数の家族構成員が移民に向かうことを半ば強制する。NAFTA の数十年間、農村の移民に関する情報はかなり変化している。労働省によれば、1994年以来178万の人々が農村を離れてきた。しかし、2008年に公表された Pew Hispanic Center Project の数によると、1994年から2008年にメキシコで生まれた605万1000人、言い換えれば毎年、40万3400人が米国の住民になった。

　移民がもたらす農村コミュニティの脆弱化と緊張の過程は、農村における安全保障に影響を及ぼした。典型的には暴力が浸透しやすい社会的背景を生み出

<table>
表8-3　メキシコ農村における生産単位の等級
</table>

編成単位	人　数	割　合	年間収入
自給自足あるいは市場との限定的関係	390万	72.6%	1万7000以下
市場への移行途上	44万2000	8.3%	7万3391
利益の薄い企業活動	52万8000	9.9%	15万2000
企業活動への進出	44万8000	8.4%	56万2000
国際市場に結びついたダイナミックな企業活動（工業部門に比較できる生産規模）	1万8000	0.3%	56万2000以上

（出典）SAGARPA: *Programa sectorial del desarrollo agropecuario, pesquero y alimentario: 2013-2018*; Quintana, 2014. より引用。

した。すなわち、男性人口が、とくに青年と若年成人が著しく減少した。家族を支える独身女性数が急速に増大している。そして、最も弱い年齢グループである子どもと老人がますます人口学的な比重を高めている。その結果、労働年齢の人々からの負担によりコミュニティ生活は漸進的に弱体化し、社会的編成とコミュニティの結びつきが崩壊している（Quintana, 2014）。

農村の階層化

NAFTAの20年間は、メキシコ農村生産者内部の階層化を永続化してきた。

表8-3は2つの発展速度の違う農村があることを明らかにしている。せいぜい20％の生産単位が収益性をもっている。ほぼ100万のうちわずか1万8000の単位が大規模で、ダイナミックで収益性のある輸出向けの企業である。他方、4つの生産単位のうち3単位がかろうじて生活している。すなわち、これは大部分の先住民と貧農の農業であり、経済的かつ生産的に脆弱な多くの人々である（Quintana, 2014）。

6　食糧主権と労働主権の構築に向けて

食糧主権

1990-92年と2009-11年の間に、油糧穀物の作付け地域は40％減少し、大豆だけで32万4000ヘクタールから16万7000ヘクタールに低下した。同期間、米は12万ヘクタールから3万7000ヘクタールに縮小した。小麦の全国生産は1990年

から2011年までに実際的には停滞したままであった。すなわち、380万トンである。メキシコの食卓の基本的食料である豆類生産は1990年の210万ヘクタールから2009-11期までに160万ヘクタールに低下した（Quintana, 2014）。

　NAFTA が発効したとき、メキシコはその全食料消費の約24％を輸入していた NAFTA は基本的食糧輸入をかなり拡大した。これらの輸入量は消費の約42％を超える。2012年、メキシコは全国内の米消費の79％を、油糧穀物の93％を、小麦の58％を、そして工業用と家畜用のトウモロコシの82％を輸入した。同様に、FAO は、2009-11年にローカルな消費のための輸入は、大豆95％、豚肉40.2％、牛肉34.5％、鶏肉18.3％、豆13.5％、そしてトウモロコシ13.2％拡大した（Quintana, 2014）。

　食糧主権は一つの幻想となっている。農業・食料輸入は1982年の17億9000万ドルから2006年の159億8400万ドルへ、2012年の277億7400万ドルへ拡大した。2012年の農業・食料部門の貿易収支は496万9000ドルの赤字であった。NAFTA の始めから、農業・食料の貿易収支は450億以上の赤字であった。それは農村向けの全プログラムに対する連邦予算のほぼ２倍であった（Quintana, 2014）。

深刻化する健康問題

　NAFTA のもとで、米国からの食習慣が「輸入」されてきた。それは健康や滋養に問題を引き起こしている。肥満と太り過ぎの拡大は NAFTA の適用と一致している。2000-06年、加工食品、ソーダ、その他高水準の脂肪分や砂糖を含む食料の消費がメキシコで拡大した。一方、米国の企業が広範な生産・加工やレストランや食品販売でその影響を強めた。このことすべては、食料環境を変え、肥満率を引き起こし増大した。2012年、 ５～11歳の児童の約34.4％は太り過ぎであり、肥満である（Quintana, 2014）。

食糧主権の喪失は労働権への挑戦である

　これまで見てきたように、新自由主義と北米経済へのメキシコの統合はメキシコに深刻な影響を与えた。とりわけ、米国穀物の輸入への依存拡大による食糧自給の喪失は、労働主権の喪失であった。労働主権は、大多数の住民にとっての生存可能な賃金を生み出す雇用を創出する一国の能力と規定される。北の

隣国との経済の統合はメキシコの労働主権の侵害であった。この侵害による最大の結果は、実質的な労働力移出率（out-migration rates）の増大であった。それは、仕事を求めて米国に殺到する仕事のないメキシコ労働者の膨大な数である。そして、その大多数は、しばしは非合法（unauthorized）あるいは無認可（undocumented）移民である。

このように、新自由主義と結びついた北米経済へのメキシコの非対称的統合過程における食糧自給と労働主権との関係をオテロは解明している。彼によると、「食糧自給とは一国が『労働主権』を享受する条件、すなわち、各国が住民の大多数に生活賃金を提供する能力」である。NAFTA 3 カ国のうち、メキシコは食糧自給が最も少なく、それゆえ最大の移民割合を示す国である。結局、メキシコは、食糧自給と労働主権の喪失、そして実質的な労働力移出率（out-migration rates）の増大といった悪影響を被ったのである（Otero, 2011：384）。

そこで、オテロが提案する選択肢の一つは、メキシコにおける持続的経済発展の促進に焦点を当てることである。それは市民が国内にとどまり、生活できる賃金を生み出し、家族と共同体を強化することを可能にすることである。ともかく、短・中期的に、メキシコがその労働主権を回復しようとすることは不可欠である。この目標は食糧自給の回復と農村の再建をも必要とする（Otero, 2011：399）。この提案が容易ではないことは明らかだが、社会の再構築に向けて基本的課題であろう。

【注】
1）　本稿のメキシコ―米国関連のデータの多くは、図表を含めこの報告書に依拠している。なお、同センターの最新の報告書（以下、CEPR 報告書）は、Mark Weisbrot, Lara Merling, Vitor Mello, Stephan Lefebvre, and Joseph Sammut, *Did NAFTA Help Mexico? An Update After 23 Years,* March 2017 がある。

第9章　ポストNAFTAに向けたメキシコ社会の再構築

1　「安価な労働力輸出モデル」を超えて

新たな戦略としての移民労働力の取り込み

　メキシコの労働力輸出主導型モデルは、その特殊性を超えて、現代資本主義を特徴づける資本再構成過程における主要な傾向を示している。すなわち、製品に具体化された労働力の輸出と移民を通じての労働力の直接の輸出の二重過程である。メキシコ─米国におけるこの過程が示す事例は、近年のグローバルな文脈、その推進力、そして主要な諸矛盾の中心的諸側面を理解するための非常に重要なガイドラインである。このようにサイファーとデルガード・ワイスは指摘する。[1]

　過去35年の間、労働者をめぐる制約は世界的規模の資本蓄積にとって主要な障害の一つになった。この障害を克服するための挑戦は、とりわけ大規模な多国籍企業にとって、労働を低廉化させることであり、その結果、とりわけ工業先進諸国では労働者の条件の悪化につながった。

　そこで、新たな戦略が以下の相互に関連した諸形態をとったことが注目される。すなわち、第1に、豊富な低コスト労働力をもつ周辺諸国への資本の移動、第2に、技術的発展の促進、それはとくにグローバルな商品連鎖の構築／拡大／深化と連動した。そして、第3に、安価な労働源泉としての大量の人口余剰を雇用するため、周辺移民労働力を先進国に引き寄せること。同時に、この過程は生産点で雇用のための競争を激化した。それにより、生産レベルは上昇したが、すべての労働者の賃金は劇的に低く抑えられた。

不均等発展と労働力輸出

　現代資本主義の性格をどのように描写すべきか。現代資本主義についての多

くの記述が「公正で平等な社会を表面上達成できる自動調整的自由市場への盲目的信念に基づいている」、とサイファーらは批判する。そして、現代資本主義の「発展と社会正義の領域で残忍な結果を作り出してきた」ことを踏まえて、「不均等発展」の観念の有益性を提起する。

　それは、地域間、国家間、階級間における経済的、社会的、政治的な分極化の歴史過程に言及するからである。これらの歴史は、資本蓄積や国際的分業、多様な計画に対する階級対立の諸過程の帰結である。その最も明らかな結果は、少数のエリートの手に資本と権力や富が集中し、それが具体化された社会的不平等の拡大である（Cypher and Dietz, 2009：294-95）。より一般的には、世界資本主義システムのレベルで、中枢あるいは先進国と最も周辺的で低開発あるいは従属国の間の深い区別がある——若干の資源が豊かな諸国に関して21世紀初頭の商品ブームの短期的影響を除いて。

　サイファーらは、資本主義の発展を単純に二極化過程と特徴づけることを意図しているわけではない。むしろ、彼らはメキシコと米国における資本の国際化の一般的過程を検討し、そこにおける特殊性を再発見することを追求してきた。

　現代資本主義の下で機能する不均等発展過程を理解し、（間接的、直接的双方の）労働力輸出の背後にあるメカニズムを詳細に分析するために、サイファーらは「周辺」の存在が果たす役割、すなわち、先進国に安価な労働力を提供することであること（メキシコ経済と米国経済の多国籍統合についての事例研究を基盤に）を示そうとした。新自由主義的構造調整政策は、周辺経済の以下の三つの過程を促進することを企図している。すなわち、①彼らの経済構造の解体と再結合、②剰余人口の拡大を効果的に生み出すための労働市場の再構築、③この余剰労働力（移民）の流出の引き起こすこと、以上である（Cypher & Delgado-Wise, 2010：162）。

　これらの過程は、次の特徴をもつ新たな国際分業の輪郭を形成する。サイファーらは以下のように説明する（Cypher & Delgado-Wise, 2010：163-164）。

- グローバルな商品連鎖の付属物として、グローバルな資本主義システムへの周辺諸国の再挿入。グローバルな資本の再構築と国際金融諸機関（IFI）の保護を受けて、外向的志向と規制緩和と民営化に基づくワシントン・コ

ンセンサスの諸政策は、しばしば周辺諸国で実施されてきた。メキシコで
は、これらの基本的構造変化（1980年代と1990年代初頭に決定的に起こった）
は国家政策立案者により進んで導入され開始された。彼らは企業家調整会
議（CCE）のような最高のビジネス組織と協調して活動し、また彼らから
インスピレーションを引き出していた。メキシコと米国の双方の立法は
NAFTA の通過で頂点となった。それは「自由貿易」協定として事実を
覆い隠された。他方、現実には、それは基本的に外国直接投資（FDI）の
ための多くの選択を作り出す投資協定であった。より一般的には、これら
の構造プログラムは巨大多国籍企業により指導された資本の国際化過程に
周辺諸国（若干の旧社会主義ブロックを含めて）を再挿入することになった。

- 安価な労働力輸出。再挿入は新たな国際分業に導く。そこでは中枢と周辺
との間の重要な交換形態は、国際市場における労働力のマーケティングで
ある。こうして、この労働力を基本的な商品に変え、経済成長の分極化と
周辺の解体を生み出している。

この安価な労働力輸出は相互に関連する二つの形態をとる。すなわち、第1
は、間接的あるいは実体のないタイプであり、それは周辺諸国に位置するが、
グローバルな商品連鎖の一部を形成する組み立て工場に具体化されている。そ
して、第2の形態は、労働力移民としても知られている直接的タイプである。
最初のケースは、巨大多国籍企業がグローバルな生産過程の一部を低開発国に
移転することで、安価な周辺労働力にアクセスすることが可能になる。

しかし、重要なことに、このすべてのことは、ホスト国における構造的生産
連携の創出なしで起こる。実際、国際化過程はホスト国内の構造的生産連携を
混乱させ、変形させ、破壊する。先進的生産の新たなエンクライブはナショナ
ルな供給基盤の掘り崩しや移転に導く。なぜなら、第一次供給者は、輸出向け
製品の加工と組み立てを行い、調整するこれらの企業の革新的能力を充足し、
推進する進んだ技術的過程を利用する多国籍企業である。

この新しい国際分業は、被雇用人口（そしてその扶養家族）の大多数の生活と
労働条件を体系的に掘り崩す過程に基礎をおいている。そして、移民労働者の
超搾取の条件を含め、労働力の切り下げと低廉化の強化を伴っている。メキシ
コの労働力輸出主導モデルはこうした傾向と諸結果を明確に具体化している。

すなわち、「非対称的（多国籍型）地域統合のもとでのナショナルな開発過程における厳しい後退」である。

　新たなグローバルな構造物は、投機的な金融資本の過剰流出と環境破壊を含んでいる。それは体制の固有な矛盾を悪化させ、社会的剥奪傾向を強調する。他方、しばしば貧困を促進する。こうした環境のもとで、不均等発展の状況は深まる社会的亀裂を刻印している。それは所得ギャップの先例のない拡大を含んでいる。

移民と送金が生む幻想

　移民政策の功罪については議論が分かれる。移民がもたらす経済的効果、文化的・政治的効果についての研究成果は蓄積されてきた。移民拡大に批判的学者もそれを支持する学者もそれぞれの経験的証拠や理論的基盤を提示する（パウエル，2016）。サイファーらは、「移民の送金が本国の開発の道具」となりうるのか、この問題をメキシコの事例で考察している。

　多くの報告書や論文が、開発の新しいスローガンとして「移民の送金」を唱導している（たとえば、Kapur, 2004）。しかし、この政治的・イデオロギー的観念の背後にある問題は、その脈絡や複雑な過程とエージェントが基本的に無視されていることにある。サイファーらは、このアプローチが移民の根本的原因を無視し、米国経済へのメキシコ移民の貢献を無視し、貧困化し、ますます荒廃し低開発化された場所からの送金を過大に評価している、と厳しく批判する（Cypher & Delgado-Wise, 2010：158）。

　サイファーらは、送金の性格と機能を理解するために、「包括的なアプローチ」を提示する。すなわち、「包括的なアプローチ」は、送金が米国からメキシコへの所得の移転を構成する一方で、この流出は、それを可能にしている資源の移転に比べたとき、取るに足らないことを示している。結局、送金は不等価交換の脈絡で、そして新自由主義型グローバル化によって生み出された新たな国際分業により形づくられた。それはメキシコにおける成長や蓄積、開発過程を掘り崩しているのである、と。

　移民の送金は給与から来るが、それは本質的に副次的給与である。すなわち、それはメキシコで人が稼ぐより明らかに高いが、米国の他の労働者よりは

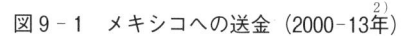

図9-1　メキシコへの送金（2000-13年）[2]

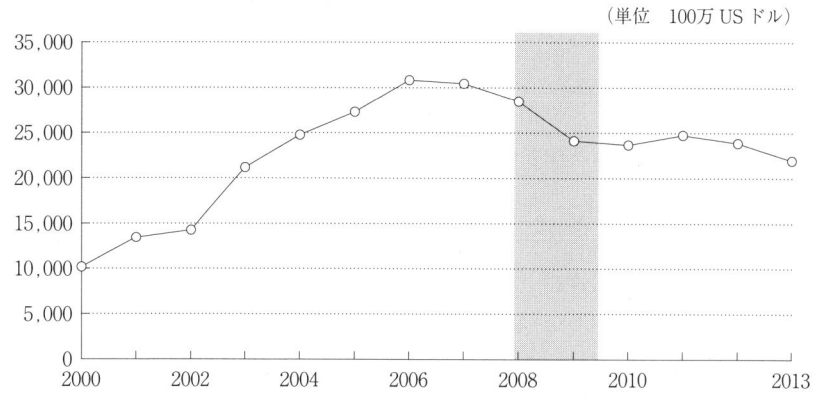

（単位　100万 US ドル）

（注）アミカケは米国の景気後退。2013は世銀推定値。
（出典）World Bank Annual Remittances Data Inflows, Oct 2013 http://go.worldbank.org/092X1CHHDO
　　　PEW RESEARCH CENTER

低い。実際、米国で社会的に画定された基本的生存や再生産、リクリエーションの最低レベルより低いことが多い。結局、それは超搾取の条件と社会的排除のもとで構築された給与である。この構造は極めてささやかな送金を可能にしている。それは明らかに開発過程を促進することを期待できない（Cypher & Delgado-Wise, 2010：158）。

不等価交換の新たな形態としての移民

　労働力輸出はこれまでの方法——たとえば、工業製品に対する一次産品の交換——以上に不利益な不等価交換の新たな様式に導いてきた。それは不等価交換の極端な形態であり最も危険である。周辺諸国の一貫した統合的・内発的な経済発展と成長を妨げる。

　他方で、直接的労働力輸出は形成的・再生産的支出から生ずる将来予測される利益を取り消し、送り出し国において資本形成の最も重要な源泉（その労働年齢人口）を喪失する。高度な熟練労働力の「頭脳流出」は、この問題を悪化させ、革新的・技術—集約的プロジェクトを創出する送り出し国の能力を厳しく減少させる。

　「新自由主義的な仮定と反対に、安価な労働—輸出モデルはローカルやリー

ジョナルやナショナルな発展に導かない。むしろ、このモデルは周辺の従属化のもう一つの事例になる」。そして、このモデル内で活動する諸国における生産機構の解体と歪曲を拡大する過程を証明している。この警告は重要である。

さらに、サイファーらは指摘する。移民が開発の新たなエージェントであるという考えは、現代資本主義の性格を隠蔽する幻想である。それは、国の内外での搾取により引き起こされている根本的不利益にもかかわらず、移民の生活条件と労働条件を向上させる責任を移民に押し付けている。さらに、それは、実質的な社会的転換の達成を必要とするある種の構造的・制度的・政治的変化に関する一種の提案を避けている。それはまた、目的国の経済における移民が果たす重要な役割、すなわち、既存の労働需要の充足と生産過程のコストの減少をも隠している。彼らの貢献を公然と承認するのではなく、移民受入国は移民を犯罪化し、彼らを社会的荷物や安全保障上の危機と描いている差別的な言説に関与している。移民労働力の辱めはその評価の引き下げの要因になっている（Cypher & Delgado-Wise, 2010：165）。

先進諸国は広範な熟練、半熟練、そして未熟練労働者の多国籍な一群を必要としている。彼らの国は移民の流れを規制する基本的な役割を果たしており、支配的諸階級や企業の利益に一致してそのようにする。しかし、これらの要素が隠されているので、移民は公衆の目からは選択のスケープゴートになっており、福祉国家の解体や中間階級の消滅、失業、不安定労働条件を含めて、多様な弊害と非難されている。

不均等発展の文脈で、周辺諸国は極めて不平等は諸条件のもとでグローバルな蓄積過程に再挿入される。ワシントン・コンセンサスの新自由主義イデオロギーを受け入れるこれらの周辺諸国は、その限定的な社会福祉制度の多くを解体する過程で、その主要な諸部門を諸グループや外国資本の手に引き渡す。これらすべてのことは天然資源や人的資源の両方をナショナルなエリートやシステムの中枢に譲り渡しながら国際的生産／組み立て過程で創出された剰余の移転を増大しようとしている。

こうして、労働力輸出諸国は利益を得ている。すなわち、彼らはその余剰人口を方向づけ、構造的失業を宥め、社会対立の危険を減少し、新たな貨幣の源泉を送金に見出すことができる。結局、新たな国際化構造は一定の「安全弁」

効果を生み出している。

　送金は従属的家族の構成員の貧困を緩和し、新自由主義システムに人間の顔を描いているように思われる。しかし、現実には、移民─送出国はその持続可能性にとって本質的である諸資源を失っている。労働力は全ての富の主要な源泉である。そして、この労働力の教育的・社会的コストは、事実上、それを雇用する国々によって満たされていない。

　新自由主義再構造化過程により生み出された経済的負担は、北半球と南半球のかなりの部分での非対称性を高め深化させる。こうして労働者の放逐を導き、それにより移民の流れを提供する。それは明らかに、支配的な言説が現実を歪曲し、移民と送金（貨幣資源の永続的源泉と認識されている）が出身国の発展に貢献でき、そうすべきであるという幻想を生み出している。その背後にあるメカニズムを解明しなければならない。すなわち、移民の構造的原因、受入国に対し移民によってなされる社会的・経済的貢献、国際的移民を作り上げる経済的、社会的、人口的移転の諸形態。諸原因に関して、国際化過程が労働力の低廉化に依拠しており、同じく周辺諸国や旧社会主義諸国から中枢国への労働力輸出に依存している。すなわち、周辺は中枢諸国の勢力範囲に非対称的に再吸収され、中枢諸国に従属し続ける。同時に経済的には解体され排除されている（Cypher & Delgado-Wise, 2010：166）。

「蓄積」戦略としての移民政策の失敗

　これまで述べてきたように、安価な労働力輸出モデルが、国家規模の「蓄積」戦略の旋回軸として確立したとき、移民政策は一種の「ディアスポラの求愛」を経験した。それは移民からの貨幣送金を確保し、移民をマクロ経済学的安定の中心的要素にした。これは、貿易収支における外貨の源泉としての貨幣送金の決定的な影響のもとでは、真実であった。そのうえ、この政策は社会的安定の維持に役立った。なぜなら、約160万メキシコの家族は彼らの主要な所得源泉として送金に依拠していたからである（Canales, 2008：210-218）。この意味で、メキシコの政策の公然たる部分ではないが、労働力輸出は支配的な安価な労働力─輸出モデルの、そしてそれを支える政府の政策の暗黙の要素になってきた（Cypher & Delgado-Wise, 2010：145-146）。

しかし、サイファーらはこのモデルが持続不可能な兆候を示し始めていることを強調している。その理由は、まず、米国とメキシコの双方に影響を与えている現在の経済的危機である。第2に、様々な歪みがこのモデルの保護のもとでメキシコの生産能力と諸プロセスを危険にしている。第3に、バックウォッシュ効果の兆候が現れている。すなわち、国内市場が停滞、あるいは低下するにつれ、ナショナルな製造業ビジネスが放棄され、それに伴うメキシコ国内のかなりの部分で激しい人口減少が生じている（Cypher & Delgado-Wise, 2010：146)、以上の点についての強調である。

　これまでの議論を踏まえ、今後の議論と問題群を先取り的に指摘しておこう。

　第1に、継続する移民の流れに対しては、米国において削減と抑制への強い試みがあった。1986年以降、とくに9.11直後、米国の移民政策はますます抑圧的になり、非効果的になった。しかし、皮肉にも、抑圧の強化はビザなし移民の可能性を減らさなかった。

　第2に、厳しい移民政策は密輸業者マシーンと偽造ビザ製造者を増大させた。こうした経済部門の活発化は麻薬密売人やセックス・ビジネスを含んでいる。同時に、こうした活動は不法移民の拡大に結びついている。

　第3に、米国の移民政策が厳しくなれば、米国にいる不法なメキシコ人の人口が拡大する傾向がある。この点の指摘は重要である。

　第4に、メキシコにおける公共支出削減、農業を持続させる補助金の撤廃、食糧と種子市場の開放、そして共有地の商業化が、結局、経済的機会を求めて米国に向かう農民の大きな流れを作り出してきた（Fernández-Kelly and Douglas, 2007：116)。

2　新自由主義を超える新たな社会運動と民主主義の胎動

広範な社会参加に基づく支配モデルに対する新たな抵抗

　メキシコは、前述したように、多国籍資本に開かれた資本投資の機会拡大の促進と安価な労働輸出モデルを通じてグローバル資本への経済的従属を強めてきた。その結果は、メキシコ経済の「一次産品化」であり、「労働者の価値の

引き下げとナショナルな蓄積の剥奪」であった。そして、国家主権と自決権の
「解体」の過程を極端に進めてきた。

　このような言わば「内発的な国家能力の剥奪」状況は、東アジア諸国にける
相対的な経済成長と比較される。ここには、メキシコにおける新自由主義型の
「国家—資本」関係を再検討し転換する必要性が提示されている（Kay, 2002）。

　そのためのメキシコ国家の構造的・パラダイム的な転換は、上から変えるこ
とはできない。こうした変化は、「支配モデルに対する下からの新たな抵抗」
が不可欠であろう。安価な労働力輸出モデルにより周辺に追いやられた組織労
働者やそのほかの集団を含め、建設的変化が、ナショナルなレベルと生産点に
おいても、広範な社会参加に基づいて構築されねばならない。メキシコのディ
レンマは、NAFTA によるナショナルおよび多国籍な資本に与えられている
特権を削減するために行動できるときにのみ解決される。

　筆者はこれまで、市民同盟（Alianza Civica）およびエル・バルソン（El Bar-
zón）運動に注目して、政府と社会との民主的関係の構築を「市民社会—分権
化—民主主義」の相互発展・深化から分析した（松下, 2007b；松下, 2010：第10
章参照）。さらに、「農村はもうたえられない（El campo no aguanta más）」運動
についても論じてきた（松下, 2008a；2008b）。ある意味で、メキシコは歴史的
に様々な社会運動を生み出してきた。

ナショナルな新しい開発プロジェクトの創出

　メキシコが抱える課題のどれもが、メキシコにおける国家と資本との関係の
再構築なしでは構想できない。新たな制度構築が創出されなければならない。
そして、こうした構造はナショナルな新しい開発プロジェクトの創出を基盤に
国家のエンパワーメントへと結びつける必要がある。

　経済発展過程を開始し維持する責任は、基本的に内発的な社会諸力に依拠し
ている。NAFTA のような非対称的蓄積過程に対応する政策を採用し、外向
的に向かうのではなく、ナショナルな資本蓄積計画を高め、維持する国家の能
力に依拠することが必要である。メキシコのディレンマを克服することは、
NAFTA の再定義を超えて進む一貫した粘り強い努力を必要とする。それは
理論と実践の双方で開発の批判的、革新的見通しの内部に基礎づけられた戦略

的・構造的変化を必要とする。政治経済学的アプローチはメキシコにより直面した最近の問題を理解するための基本であり、社会的転換のエージェントが果たさなければならない基本的役割を構想するための基本である。ナショナルな革新的システムの創出と制度化は、メキシコのビジネス、国家、労働者の組織的能力かつ文化的実践の双方の大規模な再構築を必要とする（Cypher & Delgado-Wise, 2010：171）。

新たな社会運動と民主主義の胎動

　歴史家 E. ホブスボウムは、1910年に始まったメキシコ革命を《20世紀最初の革命》と考えた。その主要な遺産の一つである1917年憲法は、著名な知識人アルナルド・コルドバが論じたように、「憲法が死につつある」（Córdova, 2013）。しかし、他方で、メキシコで開始し展開されている21世紀型の社会運動も見られる。1994年1月1日の南部チアパス州における先住民共同体の蜂起は、グローバルな抵抗の新たなサイクルを開始し、世界中の社会運動にとっての中心的インスピレーションとなっている。

　今日、メキシコは大規模な暴力、ドラッグ・カルテル、軍による超法規的処刑、そして全般的な不法行為に埋め込まれている。最近の10年間で、15万人以上の人々がドラッグ・カルテルや軍によって殺されている。また2万6000件以上の強制的な行方不明が政府により報告されてきた。こうした文脈で、積極的な活動や独立したジャーナリズムは「ハイリスクな活動」（ジャーナリストの殺害数）となっている。

　こうして、この国の進歩的な諸運動は困難な時代に直面している。こうした文脈の中で、底辺からの生活に根ざした運動の芽が生まれつつある。2016年10月17-21日、ISA47（International Sociological Association の Research Committee 47 "Social Movements"）やメトロポリタン自治大学（UAM）のイニシアティブに従って、第1回社会運動学生全国会議がメキシコ・シティーで開催され、800人以上の参加者を結集した。この5日間に600の報告書が提出され、抑圧のパノラマが紹介されるとともに、メキシコの様々な場所で展開されている都市や農村共同体などの運動とその創造性と強さの状況をも紹介された。

　この会議の中心的組織者であるルーヴァン・カトリック大学（ベルギー）の

ジェフリー・プレイヤーズとメトロポリタン自治大学のセルヒオ・タマーヨに
よって分析されている社会運動を以下紹介しておこう（Pleyers and Tamayo,
2016）。

支配的モデルに代わる具体的な代替モデルの構築や抵抗は、国際的メディア
に達する若干のメキシコの運動を越えて進んでゆく。この一連の動きは、「暴
力や新自由主義に反対し、代替型の具体的諸実践を発展させているローカルな
共同体や日常生活に根づいた一連の闘争を解明」し、それは「メディアの見出
しではなく、日常生活を転換し、より良い世界を構築するのに慎重に貢献する
社会運動や文化変容に批判的かつ経験に基づいた概要を」提供している。

大規模な暴力の状況は、メキシコが被っている多次元的な危機の別の側面と
深く関わっている。それは経済的危機（経済成長の縮小、貧困の増大）と民主主
義の深い危機――それは深刻な腐敗、政治、経済、メディアのエリートたちの
共謀、公式の民主主義の諸制度とアクターに広まっている不信を伴っている
――を含んでいる。

バルセロナ自治大学のトーレス－ルイスは、メキシコの事例が民主主義の
性格そのものを疑問視することであると分析している。それは、ある意味で、
メキシコをかなり超える現代民主主義の再考を迫っている（Torres-Ruiz, 2016）。

アレハンドロ・ゴンサーレスたちは、2011年以降、チェラン（Cherán）の先
住民農村共同体がドラッグ・カルテルの暴力に抵抗し、自治的共同体組織の再
建を通じて彼らの領土の森林破壊に抵抗する可能性をもつ輝かしいシンボルの
一つとなったことを見出している（González Hernández and Zertuche Cobos,
2016）。その運動は、共同体の統一、ローカルな連帯、新たな法を求めた動員
に基づいた戦略により成功を構築している。

メキシコには420以上の環境問題の対立が継続している。共同体はインフ
ラ・プロジェクト（ダム、空港、ハイウエイなど）や抽出産業（鉱物、石油など）
に反対して自分たちの生活や領域を守っている。

教育はもう一つの中心的な戦場である。そこでは国家により推進された新自
由主義モデルが一連のローカルなオールタナティブによって対峙されている。
グアダルペ・オリビエとセルヒオ・タマーヨは、メキシコの様々な場所で社会
運動の波の中に革新的教育プロジェクトが如何に現れているのかを示してい

る。暴力と不平等の高まりにおいても、社会闘争に根づいていれば様々な学校と教育プロジェクトは可能であることを、彼らは示している（Olivier and Tamayo, 2016）。

　個人と集団の解放に向けた教育、ローカルな連帯、共同体の価値、これらは解放型のオールタナティブの根になってきた。メキシコは、チリについで、OECD で 2 番目に不平等な国である。不平等に関する最近の OECD 報告は、人口の最貧層10%がメキシコで生み出された富の1.7%を確保しているに過ぎない、と指摘している。個人と集団の解放に向けた教育、ローカルな連帯、共同体の価値はまた、マヌエル・ガルサが示しているように、メキシコで最も先住民の多い州、オアハカでの闘争の中核にある（本書第 4 章参照）。オアハカでの2006年の民衆反乱は21世紀の最初の10年の最も意味深い運動であった。そして、10年後、その経験は多様な抵抗活動の中に、そして国家との様々な関係にも、民衆の中のより強力な社会関係の推進にもその蓄積されている（Garza, 2016）。

　女性たちはとくに大規模な不法行為と人身売買、違法経済の結合に脅かされている。2013年以降、6500人の女性が殺害されている。この「女性殺害」はメキシコ・シティー周辺の都市地域や北部諸州の地域で極めて激しい。こうした状況で、セックス労働者は一層危険に置かれている。指導的なフェミニスト研究者で活動家であるマルタ・ラマスは彼女の論文で説明している。彼女たちが如何にその汚名を逆転させようとしているか、暴力を阻止する有効な政策はこの仕事を彼女たちがするのを禁止することではなく、むしろ彼女たちがその仕事を追い求めることになる構造的諸条件の転換を必要とすることである、と（Lamas, 2016）。

　メキシコの社会運動は、ローカルかつナショナルな文化、歴史、闘争に深く根づいており、それは根本的にグローバルである。このシリーズで描かれたアクターたちは、グローバルな資本主義モデルと解放型のプロジェクトの間の戦いの重要な部門——天然資源、教育、情報、自分自身の運命を決める人民の権利——で取り組んでいる。こうして、彼らの挑戦と成功は、メキシコおよび世界で、自分たちの国と社会の解放に向けた革新的道を構築している人々にとっての教訓を与えている。

3 メキシコ社会の再生に向けた課題と展望：
始動するロペス・オブラドールの時代

2018年メキシコ大統領選挙の衝撃：地すべり的勝利

歴史は民衆の希望に沿って進まないが、突然微笑むこともある。2018年メキシコ大統領選挙の衝撃はその一例であるかもしれない。

2018年7月1日（日）の大統領選挙はアンドレ・マヌエル・ロペス・オブラドール（Andrés Manuel López Obrador: 通称 AMLO）と国民再生運動（Movimiento de Regeneración Nacional: Morena）が輝かしい地滑り的勝利を示した。その勝利は予想されよていたし驚きでもなかったが、Morena とその同盟者による議会をめぐる争いでの絶対多数は予測された結果ではなかった（表9-1参照）。

AMLO として大衆的に知られるロペス・オブラドールは、一般投票の53％を獲得した。日曜日の彼の勝利は2006年および2012年の大統領選挙の試みと対照的である。そのとき、彼の競争相手たちは疑わしい勝利を何とかして手に入れた。

今回、投票で23％と16％で AMLO に続いたのは、それぞれリカルド・アナヤ（Ricardo Anaya）とホセ・アントニオ・ミード（José Antonio Meade）であった。アナヤは Partido Acción Nacional（PAN）主導の同盟のもとで運動を展

表9-1　大統領選挙

候補者	政　党	連　立	総席数	％
ロペス・オブラドール	国民再生運動	一緒に私たちは歴史を作るだろう	30,113,483	53.19
リカルド・アナヤ	国民行動党	メキシコが前進するために	12,610,120	22.28
ホセ・アントニオ・ミード	制度的革命党	すべてメキシコ向け	9,289,853	16.41
ハイメ・ロドリゲス	無所属	なし	2,961,732	5.23
マルガリータ・サバラ	無所属	なし	32,743	0.06
未登録の候補			31,982	0.06
無効または空白の投票			1,571,114	2.78
合　計			56,611,027	100
登録有権者/投票率			89,994,039	63.43

（出典）INE（National Electoral Institute）

開し、ミードは Partido Revolucionario Institucional（PRI）から立候補した。PRI は2000年までの71年間、擬似一党制によってメキシコを導き、最近、エンリケ・ペニャ・ニエト（Enrique Peña Nieto）のもとで2012年以降メキシコを統治し、2018年12月にその支配を終える。

　この選挙結果は信じがたいものであった。[3] メキシコ州、ユカタン、ベラクルス、オアハカのような伝統的に PRI の諸州において、Morena は30ポイント以上もそのライバルを上回った。PAN が支配する諸州、とくに北部はでは３人に１人近くが Morena への支持を記録した。この例はバハ・カルフォルニア州であり、民主革命党（PRD）はその親企業スタンス（PAN との右派選挙同盟を構成していた）にもかかわらず、メキシコ・シティーやタバスコ、モレロス諸州を失った。その結果、５番目の最大政治勢力として、それは破綻し深い解体過程の只中にいる。

　選挙への参加の割合は最近の歴史において最高であったし、登録した有権者のほぼ70％が投票した。PRI と PAN およびすべての帝国主義諸政府は即座に AMLO の勝利を承認した。彼らは皆、メキシコ全域での革命的高まりの爆発を恐れた。選挙当日、暴力や票の買収などがほとんどなかった。結局、NAFTA 協定実施の過去30年にわたりメキシコに存在してきた PRI と PAN の融合した政治体制、PARIAN レジームは AMLO の津波を阻止する術を何ももっていなかったのである。

4　新自由主義政策の帰結：メキシコ社会を覆う暴力・貧困

経済の低迷と中間階級の縮小[4]

　ビリディアナ・リオス（Viridiana Rios）は、多くの識者と同様に、「怒れる」メキシコが AMLO に投票したのは「不合理ではない」と言う。

> 「選挙はメキシコ経済についてのエリートの認識と経済が大多数のメキシコの人々に及ぼしている方向との巨大なギャップに光りを当てた。……過去20年間にわたるメキシコ経済の生きた経験は、多くの人にとって望ましいものではなかった。この点で、意味ある変化をもたらすことは AMLO の最大の挑戦であることが明らかであろう」（Rios, 2018）。

メキシコは2012年に政権に就いたペニャ・ニエト政権以降、年平均成長率が約2.5％であった。しかし1人当たりの実質平均所得は年毎に急速に低下し、2008年から2014年の間には10.5％下落した。実質所得は、1人当たりの経済状況が改善しているのか、それとも悪化しているのかどうかを示す最も重要な決定的要素であり、その尺度によればメキシコ人口の約80％は現在、10年前よりも経済的に悪化している。問題はとくに中間階級の縮小がで鋭くなっている。

　2017年に投票した有権者の約73％は経済状況が悪化していると考えていた。それは2002年以来最高の割合であった。一方、商業ビジネス内部ではメキシコ経済の信頼は2017年に7％増大した。製造業や建設業のような他のビジネス部門は、楽観的で2016年よりも2017年には4.4％と5.5％の間であった。

　こうした経済状況の中で、AMLOチームが直面する最も重大な問題は、賃金を増加させるインセンティブを生み出す必要性である。2000年から2016年まで、メキシコの賃金は年1.2％上昇したに過ぎない。それはラテンアメリカの平均、2.7％よりもかなり低く、プエルトリコの1.1％よりもわずかに高い。

　全体として、貧困ライン以下の賃金で働いている多くの人々は過去二つの政権にわたり拡大してきた。2006年、32％の労働者は基本的食料バスケットに支払う十分な所得を得ていなかった。今日、その数は39％である。3人の正式な労働者のうち1人はその所得で自分の家族を養うことができない（本書第8章参照）。

蔓延する腐敗とその克服

　経済状況の悪化と国民生活の低下は、蔓延する腐敗・汚職と密接に結びついている。これはメキシコに限ったことではないが、この国では際立っており、この問題は国民の意識の中に重くのしかかっている。

　オブラドールはキャンペーンの間、国民の意識を選挙争点の一つにした。「もし腐敗が大変多くの公的資源を吸収していなければメキシコはもっとずっとより良い生活であろう」という主張を繰り返した。また、彼はこの点で誠実さと清潔さを体現していた点はキャンペーンにおいて重要であった。彼は経済的エリートと政治的エリートを結びつける諸問題の根を排除できる唯一の政治的アウトサイダーとして自分を表現した。

社会全般に深く浸透した腐敗の克服と解決は容易ではない。独占禁止政策、強力な民主的組合の存在と活動、腐敗の縮小の強力な取り組みが国民に明らかにされることが鍵であると研究者は示唆していた（Rios, 2018）。以下、リオスが示す若干の提案を見てみる。

　メキシコ連邦競争委員会は最近、もしメキシコが市場の集中を排除すれば、労働生産性の成長は今よりも20から30％の間になり、消費者価格は10から23％低くなり、失業率は１％まで低下できる、こうした証拠を示している。独占の排除は高賃金と基本財の低価格を生み出す点で実際効果的である。とくに、メキシコの消費バスケットにおける基本財の大きなシェアーは独占企業あるいは擬似独占企業によって生産されている。

　同時に、AMLO チームは労働組合の民主化と強化への道をも示すことが重要であった。メキシコ労働者の13％だけが組合に組織され、それは OECD 諸国内の平均17％より低い。それでも、組合の大多数は明らかに企業寄りか、あるいは権威主義的である。適切な労働者代表（制）がなく、労働者代表を現実よりもフィクションにしている。外注と下請が多くの産業では増加した。とくに、貧しい労働者を雇用する産業ではそれは拡がった。たとえば、2008年、建設労働者の14.5％は下請け労働者として雇用されている。その数字は今や18％である。

　AMLO は腐敗削減を約束した。彼はメキシコ・シティー知事時代に貧しい人々のための政策をも実施することができた。メキシコ連邦上級会計検査院に従えば、メキシコの最貧自治体の公的資源は悪用され、それは最も豊かな自治体のほぼ２倍である。ベラクルスやミチョアカンのような貧しい州は、公的資源が「失われ」ているか、あるいは説明できない州である。一方で、メキシコ・シティーやケレタロでは、貧困率は比較的低く、失われた金の割合はずっと小さい。

　腐敗を減らすことは、社会的包摂を推進する AMLO の力量をも増大する。メキシコ最大のキャッシュ・フロー計画である PROSPERA はエンリケ・ペニャ大統領により2014年に開始されたが、それは不正で悩まされた。2016年だけでも総額６億2780万ペソ（約3000万ドル）のこの計画への支出は不適切であったと考えられた。それは３万8000人のメキシコの子どもたちを１年間養う

のに十分な額であった。

　結局、メキシコ社会開発省は、2010年から2016年に5000万人以上のメキシコ人の貧困と闘うために使用されたと考えられる２億2300万ドルが如何に費やされたかを今や明らかにすべきであるとリオス指摘している。こうして、AMLOは、メキシコが長期間直面してきた経済的配分に関連する諸問題を解決しなければならないであろう。積極的変化の展望についてメキシコ市民の中に多くの期待があることは確かである（Rios, 2018）。

暴力の抑止：腐敗と闘う政治環境の形成

　筆者はメキシコにおける暴力の特徴とその暴力に対抗する平和的ガヴァナンス構築についてかつて考察した（松下，2013a参照）。以下、本論と関係ある論点を要約的に述べておく。

　1980年代まで、メキシコのドラッグ・トラフィッキングは主に、合衆国に輸出されるマリファナやケシの種子の生産者によるビジネスであった。このビジネスはドラッグ市場の全般的変化ゆえに、1980年代、90年代に劇的に変化した。

　第１に、主要な消費国である米国に向かうメキシコのコカインビジネスと国際的トラフィッキングは、ルートの支配と流通の領域性をめぐって暴力的な競争となった。

　第２に、このビジネスの新しい側面は、カルテルが流通網をもつことを不可欠にし、彼らの生産物の流通を確保するためにローカルな政府を取り込み、腐敗させ、恐怖を抱かせた。

　たとえば、ミチョアカンでは、ミチョアカン・グループ（La Familia Michoacana: LFM）が多くのローカルな企業を支配している（企業に課税し、治安サービスを強要）。ある見積もりでは、ミチョアカンの正当なビジネスのほぼ85％がLFMとのある種の関係をもっている。他の大多数のメキシコの自治体も組織犯罪に「浸透」されている。そして、犯罪構造は腐敗した自治体警察と政治家からのロジスティックな支援を受けて展開している。

　第３に、犯罪組織間の武器獲得競争を生んだ。こうして、カルテルはより強力かつ複雑になってきたが、他方で、ローカルな治安組織はその対策に欠け、

弱体化し続けた。

　第4に、軍部を利用することの限界にも注目すべきである。ローカルなコミュニティでは、警察が治安に向けた能力を構築しなければならない。しかし、1990年代末のメキシコにおいて、連邦軍による犯罪組織との戦闘は政府の中心的政策となった。

　メキシコは失敗国家ではなく（松下．2007b：第2章参照）、連邦およびローカルなレベルで統制に向けて再編・統合する必要がある。この点に関わって、パナーが重視する課題を以下に概観しておこう（Panner, 2012）。

　第1に、メキシコは制度構築に向けた緊急な対策を図る必要性がある。カルデロン政権の軍事行動への集中における最大の欠陥は、他の諸制度が委縮してきたことにあった。たとえば、司法制度が機能しなければ、如何なる軍事介入も全体として機能しない。

　第2に、州と連邦との協力を拡大することが緊急に要請される。連邦政府の戦略をめぐる論争は、メキシコにおける犯罪の取り締まりと市民の安全保障の回復を主題としなかった。

　第3に、市民社会からのより活発な反応を必要としている。メキシコのエリートの多くは、あまりにも長く犯罪と腐敗の問題を彼らの日々の生活から無縁な問題と考えてきた。

　第4に、合衆国の政策は、ビジネス・モデルと犯罪構造のこの変化の意味を認めなければならない。それらはより暴力的になっているが、ローカルな犯罪集団は多くの点で伝統的カルテルを特徴づけてきた集権的命令・統制構造をもてなくなっている。したがって、法の執行が容易ではなくなっている。以上は、パナーの重要な指摘である（Panner, 2012）。

　筆者は、結論として以下のように述べたことがある。

　メキシコが直面する緊急の課題は、組織犯罪あるいはマフィア問題であり、それに対応する手段は長期的な制度改革であり、違法な文化を法の支配と合法性の文化に置き換えることを伴う。[5]

　腐敗や暴力と闘う政治環境の形成の予兆は、今回の大統領選挙における地方自治体での Morena への支持に見られる。とくに、メキシコ市、プエブラ、モレロス、タバスコ、ベラクルス、その他の多くの自治体で Morena への投票に

反映しており、「メキシコの社会的地震」となった。

　共和国大統領への53％を確保したMorenaにおける震央をもつメキシコの社会的地震、そしてメキシコ市、プエブラ、モレロス、タバスコ、ベラクルスの各州、44自治体、下院議員と上院議員、これらが積み上げられた。この驚くべき地震は、政治環境における腐敗と言う破壊的汚染を取り除くことができる潜在力をもつ国民的再生の新たな風となって現れている。

5　グローバル資本主義の農村地域への浸透：
　　　移民・食糧主権との関連で[6]

農業輸出企業の急成長

　NAFTAのもとでのメキシコの農業輸出企業が急速に成長した。しかし、これはメキシコの農村社会の劇的な変容・破壊をもたらした。

　前に述べたように、米国からの安価なトウモロコシの流入は、メキシコ人の食生活を崩壊させ、さらにはトウモロコシ生産者の土地からの追放にもつながった（松下，2008a；2008b；Otero, 2011）。さらに、農村社会の階級編成にも大きく影響を及ぼす結果となった。再び、ロビンソンの指摘を紹介しておく。

「資本主義の農村地域への浸透は、農民の大規模で継続的な移動を引き起こす。グローバル化の主要な物語は、農民の苦痛な死である。農民や職を追われた労働者、中間階級はどこに行くのか。第1に、彼らはトランスナショナルな移民となる。第2に、彼らは新たなアグリビジネスの農場、グローバル経済の工場やサービス部門の新たな労働力を構成する。第3に、彼らは大規模にインフォーマル・セクターに移動してきた。過剰人口、周辺化され排除された人口、トランスナショナルな移民やインフォーマル状況の成長の両方に結びついた現象、これらの爆発的成長がある。フォーマル性とインフォーマル性とのラインがかつて以上に曖昧になるグローバル化のもとで、インフォーマル・セクターは、フォーマル・セクターといつも機能的に結びついてきた。とくに、フレキシブルな蓄積ネットワークと雇用の特徴、請負と外注のチューンは、インフォーマル性に役立つ新たな形態の諸関係のための条件を経済的エージェントの中に創出している。」（Robinson, 2008：169）

移民問題と連携する食糧主権

こうしたグローバル資本主義のメキシコ農村地域への浸透とその結果は、グローバル資本主義の時代における自由貿易協定の特徴と本質を典型的に示している。それは、単にメキシコの顕在化した現象ではない。ロビンソンが続けて述べている。

> 「自由貿易協定は多国籍企業の利益のために世界中に広がっており、TCC の手中に一層の権力を集中し、ローカルな共同体を取り上げ、国内および国を横断して金持ちと貧しい人々の分極化を進めている。しかし、これらの協定は「南」の内部の強力なエージェントによっても促進されており、彼らは「北」のカウンターパーツと同様に自由化から多くに利益を得ている。」(Robinson, 2015：15)

メキシコ国家の多国籍化とメキシコ資本家階級のかなりの部分の多国籍化は、「アメリカ帝国主義やメキシコの従属といった時代遅れの新植民地的分析の点から理解できない過程」(Robinson, 2015：15) にある。

以上の分析は、当然、食糧の安全保障、すなわち食糧主権の課題が提起される。それは移民問題とも連動することになる。

現在、トランプ大統領の登場とその言動が注目されている。メキシコが米国への経済依存を脱却できるか、再び「依存の罠」に陥るか、それとも、ポスト NAFTA を構想して民衆の誇りと基本的生存権を確保できる新しい社会秩序を構築できるか、この問題がメキシコ社会に突きつけられた焦眉の課題である。

6　ロペス・オブラドールの可能性：メキシコの再生への一歩

オブラドールを大統領に就けた巨大な怒りの蓄積、そして深い社会的転換への差し迫った要求は新たな方向に向けての民衆的圧力の不可欠な要素になるであろう。しかし、この怒りから生じた正当な要求や不寛容は、集権化した既成権力からの抵抗とともに、皮肉にも MORENA 政府に対する主要な障害物になりうる。

オブラドールの責務は、まずは彼が政治的うその継続ではないことを示すこ

とであろう。これは2012年に署名された「メキシコのための協定」の決定とその影響をできるだけ早く破棄することを明らかにすべきである。市場指向の教育改革の取り消し、エネルギー主権の回復、経済の金融化への攻撃、テレコミュニケーションの民主化は中心的な課題である。しかし、とりわけ米国への服従からメキシコを自立させる経済改革プログラムを実施することである（全輸出の73%は対米国である）。

　同様に、犯罪組織に対する武装解除の開始、人権の文化の出現、民主的で自由な公的空間の回復は最も困難な課題である。このどれもが、一夜ではできない。わずか6年間で完全にはできない。たぶん、最も重要なことはメキシコの人々が、このプログラムが充足されれば、組織された市民との協力が決定的となる、このことを理解することである。

　繰り返しになるが、メキシコは厳しい衰退の状況を経験している。多様な形態の暴力、広範囲なドラッグ違法売買に関わる暴力、ジャーナリストの殺人、女性の殺人、政治的暴力、これらに加え、広範な経済的暴力が存在する。それは5300万メキシコ人を貧困に追いやった。そこにはほぼ1000万の絶対的貧困が含まれる。

　その名前 MORENA ——最も剥奪された皮膚の色を示唆する——を通じて、その指導者オブラドールを通じて、国民再生運動が広がるニーズを集団的に解釈できる理由がここにある。そして、彼らが民衆に受け入れられている理由がある。メキシコは疑いなく再生を必要としている（Tolcachier, 2018）。

【注】

1）　本章は、Cypher & Delgado-Wise, 2010 のメキシコ人労働力輸出モデルの分析に依拠している（主に、第6章と第7章）。

2）　公式なチャンネルを通じてのメキシコへの全送金額は、世界銀行のデータによると2014年に240億ドルにのぼり、GDP の約2%を占めている。メキシコ人が受け取る送金額は Great Recession 期に劇的に減少したが、最近は急速に拡大してきた。

3）　2018年メキシコ大統領選挙の背景と評価については、松下（2018c）で詳細に論じた。

4）　NAFTA の時代のメキシコ経済についての総括的報告は、Weisbrot, Lefebvre, and Sammut, 2014 が参考になる。

5）　筆者は現在の越境型暴力全般を考察する的視点をメキシコの事例を踏まえて次のように提起した。それは、第1に、新自由主義型グローバル化や9.11以降の越境犯罪と地域

住民の日常生活への脅威と不安との関係、第2に、市民社会および国家・政治社会の柔軟性と強靭さを検討する課題、第3に、市民主導型の安全保障構築とその決定的構成要素であるローカル・ガヴァナンスおよび人間の安全保障の構築、以上である（松下, 2013b 参照）。

6） このテーマに関する諸問題について、筆者は若干の論考を公表した（松下, 2008a；2008 b；2017d；2017e 参照）。

7） 移民問題については、松下（2018a；2018b）を参照。

第 **10** 章　ブラジル労働者党政権の挑戦と挫折

1　「躍動するブラジル」の現在

新たな挑戦の開始

1989年来、世界の人々の関心は東欧革命に集中した。チリの民政への移行や米国のパナマ侵攻に注目した人はあまり多くないように思われた。ブラジルの政治動向に目を向けた人はなおさら少なかったであろう。だが、この年はブラジルの民衆に、とりわけ、労働者階級に大きな期待と可能性を与えることになった。同年12月17日に実施された29年ぶりの大統領直接選挙の決選投票で、自動車産業出身の労働者、ルイス・イナシオ・ダ・シルバ（愛称：ルーラ）は大接戦を演じた。国家再建党の候補、フェルナンド・コロル・デ・メロの得票率53.1％（3508万票）に対してルーラは46.9％（3107万票）を獲得した。この選挙結果は、この国の政治史において画期的な意味をもった。すなわち、労働者党（PT）というラディカルな、しかも既成の社会主義政党と生まれを異にする一政党が、労働者階級や広範な人民諸組織と緊密に結びつき、選挙を通じて政治権力の獲得の可能性を現実的に示したことである。

　ルーラおよび彼に象徴される「新しい労働運動」の出現と発展は、1930年代以降、ヴァルガス政権下で確立し、軍事政権のもとでも基本的に継承されてきた国家と労働運動の関係、単純化して言えば、国家に全面的に統制された労働運動の歴史を掘り崩した（松下，2012a：第5章参照）。

コーポラティズムの破綻と労働運動の転換

　1977年末、労働者は権威主義的軍事国家との関係で質的転換の過程を踏み出していた。政府は73年および74年のインフレ・スライド指数を偽造し、合わせて34.1％低く発表していたことが明らかにされた。これに抗議した金属労働者

が中心になって「34.1％回復キャンペーン」が展開された。これを契機に78年から80年にかけて一連のストの波がサンパウロをはじめブラジル各地を襲った。78年のストはサンベルナルドの金属労働者から広がり、6州と連邦区の少なくとも24の業種と50万人以上の労働者を巻き込んだ。翌79年には15州で300万人以上の労働者がストに加わった。これは金属労働者の範囲をはるかに超えて拡がり、都市サービス労働者、繊維労働者、鉱山労働者、銀行労働者、建設労働者、教師、砂糖プランテーション労働者など、約113の業種に及んだ。こうして、ブラジル労働運動史上新しい時代が始まった。

権威主義的軍事体制下における社会・経済環境

70年代末の新しい労働運動の展開、そして労働者党（以下、PT）を誕生させることになる社会・経済環境について、とくにサンパウロのそれについて触れておこう。

まず、労働者をめぐるその環境については全般的には次のようにいえる。ブラジルは1968年から74年の「経済的奇跡」の期間、確かに高度成長を達成した。しかし、この成長は経済の暴力的再構築を伴う強力な資本蓄積の集中過程が前提となっていた。それは民衆の犠牲のうえに達成された。労働日の長期化と実質賃金の低下、所得格差の拡大、中小企業の倒産の急増等は成長の代償であった。たとえば、実質賃金は、ゴラール政権が誕生した1961年から71年まで急激に悪化している。軍事政権は一貫して厳しい賃金抑制政策を維持し続けた。その結果、国民所得に占める労働者のシェアーはクーデター後、急速に低下している（松下，1993：第6章；2012a：第5章）。

次に、産業構造の変化を指摘する必要がある。1960年から80年の間、第二次部門（製造業、建設等）の雇用者数は294万242人から1067万4977人へとほぼ3.6倍にも増加している。同時期、都市人口も年平均5.65％の割合で成長した。サービス部門、とくに周縁的な個人的サービス部門よりも国家や社会的サービス部門でかなり拡大している。工業は南東部に、とりわけサンパウロ州に集中した。第二次部門の雇用者数は、この州だけで1970年に49％、80年に47％を占めた。ただし、1970年から80年にかけてはある程度の工業の地域的分散が起こった。

さらに、ブラジルの「近代的」産業が労働者の若い世代に担われていた事実に注目すべきであろう。1976年の採掘産業および製造業の労働者の約50％は18歳から30歳であり、34％は18歳から21歳であった。そして彼らの約3分の1は最も機械化され精巧な産業部門——たとえば金属製品、電気製品、輸送器材——で働いていた。したがって、旧来の伝統的労働者に比較して教育水準も高く、また、集団的行動と規律の職場環境になじんでいた。さらに、彼らの多くは、その労働者としての経験を軍政期以降に蓄積しており、その意味でポピュリズム期の国家による労働者保護政策に強く縛られていなかった。

　以上のことに加えて、新しい組織運動の高揚がサンパウロ州から、とくにABCD地区から起こった特殊事情を考慮すべきであろう。ここには、外資系多国籍企業を含めて近代的な技術集約的産業や重化学産業が集中している。そして、全国的にも重要な"戦闘的"労働組合が位置していた。ブラジル民主運動（MDB）内の左翼的政治リーダーの中心的部分もサンパウロに集まっていた。大学や研究機関における反体制知識人の存在も重要であった。さらに、ABCD地区には様々な草の根グループ——黒人の権利を求める組織、フェミニスト・グループ、隣人組合、人権組織など——が活動しており、その強力なネットワークの中核に教会が位置していた。そして、すべてではないにしろ、これらの多くのグループは労働者に同情的であった。とりわけ、キリスト教基礎共同体の役割は大きかった（松下，1993：第7章参照）。それはサンパウロ地区だけで1000を超え、それらのメンバーは他の社会運動の中で次第に積極的役割を果たし、PTの潜在的基盤を広げるのに役立った。こうして、以上の様々なグループや組織がPTの結成を支持したか、あるいは、それに参画した。したがって、この地域からPTが誕生してきたのもまったく偶然ではなかったのである。

民主的ローカル・ガヴァナンスに向けて

　1970年代末まで、ブラジルには活動的なアソシエーションは極めて少なく、多くの市民はボランティア型アソシエーションに参加してこなかった。1946-64年の時期、サンパウロのボランティア型アソシエーションは大部分、基本的にレクリエーション的特徴をおびていた。この状況が変化したのは、1980年

代初期に大部分のブラジルの貧しい民衆が参加型制度に加わった時であった（Santos, 1998：84-85；Avritzer, 2000；2004）。アソシエーション形態のこの変化は、諸権利と都市サービスへの新たな要求を引き起こし、国家が参加型編成に加わることを可能にした（Avrizer, 2009：12）。

　1980年の政党改革以前、ブラジルは LA で最も制度化が弱い政党制の一つであった（Mainwaring, 1999：353）。これは1980年に労働者党（PT）の設立とともに変化した（Keck, 1992；Hunter, 2006）。ブラジルにおいて政治参加の高まりの一面は、この PT の出現と連動していた。政党制の外側に起源をもつ PT は、クライエンテリズムやトップダウン型政治の旧式の政治実践に異議申し立てした。

　PT は政治システムの周辺からその中心へと新たな参加型政治の実践を持ち込んだ点で極めて注目される。PT は、1980年代末、保健制度における参加に関する議論で中心的アクターであった。この政党は市のマスタープラン作成への参加承認過程でも中心的であった。ポルト・アレグレの PT は、その最初の市政を担った期間に参加型予算を導入した。こうして、PT はブラジルにおける既存の政治パターンを変えた（Avrizer, 2009：12-13）。

　参加型制度のデザインはブラジルにおける参加の出現にも決定的であった。ブラジルの市民社会アクターや政党は、多くの領域の公共政策についての熟議において草の根型アクターの参加を要請した。新たな形態の参加は社会アクターや市民社会アソシエーションに十分な熟議能力を与えた（Abers, 2000；Avritzer, 2002；Baiocchi, 2005）。参加型デザインが現れた方法とそのボトムアップ型性格は参加型予算（PB）や保健協議会のような制度の成功において一つの基本的要素であった。新たな参加型制度は、「市民社会の意欲やボトムアップによる参加型デザインを急進化する政治的アクターなしでは決して成功しなかった」。こうして、参加の成功をデザインに還元する確立した理論（Fung and Wright, 2003）に対して、アブリツァーは「市民社会と政治社会との相互作用」が、デザインの成功を保証することを強調する（Avrizer, 2009：13）。

　こうした労働者党の誕生とブラジル社会におけるその実践的・政策的な影響力の拡大、また堅調な経済発展、さらには国際社会で占める重要な位置からこの国の将来の希望が楽観的に拡がった。本章では、ブラジルの社会、経済、政

治における詳細なプロセスには触れることができない（堀坂，2012；小池，2014；山崎，2017；田中，2017参照）。

「躍動するブラジル」の後退

　2016年のリオ・オリンピックを前にしたブラジルは経済的にも政治的にも厳しい困難に直面している。しかし、2003年の労働者党（PT）政権の発足以来、この「穏健左派」政権のもとで、この国は「未来の国」、「躍動するブラジル」として当時のジャーナリズムからもてはやされた。たとえば、『朝日新聞』（2011年9月13-15日）は中間層の拡大や成長市場としてのブラジルを報じている。そこでは次のような記事が取り上げている。

- 2010年のブラジルの自動車販売は351万台とドイツを抜いて世界4位。
- 政府は貧困層に現金を配り、最低賃金を引き上げて貧富の格差の問題に挑んだ。3割を占めた貧困層が10％台に減り、中間層が人口の半分に。
- 政府の貧困対策ボルサ・ファミリア（現金給付政策）により1300万家族が恩恵を受けている。これは、子どもに教育を受けさせるのを条件に家族1人当たりの月収140レアル（約6600円）以下の家庭に現金を配る制度。
- ブラジルはグローバルな企業を引きつけ、対ブラジルの直接投資額は2010年、前年度比66％増の526億ドル（約4兆円）に達した。さらに、米ゼネラルモーターズ（GM）の最高経営責任者（CEO）やウオールマートのブラジル法人社長による「成長市場」としてのブラジルの評価を紹介している。

　こうしたブラジルの姿は、わずか数年後に逆転している。オリンピックよりも生活改善を要求するデモが注目され、ルセフ大統領への批判が報じられるようになった。

2　ローカル・レベルのガヴァナンス：参加型ガヴァナンスの実験

異議申し立てからガヴァナンスへ

　前述したように、ブラジルでは1964年以降続いた長期軍事政権に抗して、1970年代末以降、民主化要求を掲げた多様な社会運動が顕在化した。1980年代、ブラジルの社会運動は広範囲な市民権への要求を掲げた。それは、社会正

義の言説のみならず、独裁の権利侵害に反対する自由権の要求にそって形成され、諸言説を発展させた。たとえば、「権利をもつための権利」への要求は、労働組合、都市地域アソシエーション、カトリック教会基礎共同体、学生運動、保健・住宅・生活費を含む広範囲の課題をもつ運動を一つにまとめた。市民社会におけるこれらの新しいアクターは、一般的に、民主的手続き、透明性、国家からの自律、市民的諸権利についての見解を擁護した。これらの運動が地域レベルで動員されたことは、ブラジルの現代社会運動の特徴でもある。地域アソシエーションは、コーポラティズム支配の重要な手段からローカルな異議申し立てと革新の立場に変わった。

とりわけ、労働者党（PT）はその名前にもかかわらず、多様な社会階層と社会運動をまとめ上げて、地方レベルから政治的影響力と支配を構築してきた。ルーラが中央権力を握る以前から、PT は多くの地方自治体でその民主的運営を蓄積してきた。今日、世界社会フォーラムで有名になったポルト・アレグレにおける参加型予算システムは、ブラジルにおける「参加型」民主主義とローカル・ガヴァナンスの挑戦的な実験であった。こうした「下からの」民主的ガヴァナンスは、PT が主導する「上からの」ガヴァナンスと相乗効果をもたらした。

これらの運動は、1988年新憲法の制定を契機に分権化の実現を推進した。新憲法作成に向けての議論は1986年に開始された。この過程で、都市社会運動は責任ある都市ガヴァナンス形態を要求し、市民の基本的権利として都市問題の運営への市民参加と分権化を要求した。社会運動の代表は事実上、公聴会の相談相手として証言を許された。そして、ブラジルの憲法制定会議は政治諸制度における多様な社会的アクターの立場と影響力を高めた。

1988年新憲法14条は立法過程での「民衆イニシアティブ」が保証され、都市の組織化に関して、29条は都市計画過程における市民組織代表の参加を要請している。他の条項は保健政策と社会福祉政策の実施における市民組織の参加を確立している。こうして、憲法は社会レベルで現れてきた新しい文化的要素を新たな制度化の中に統合できた（Santos and Avriter, 2005）。

こうして、憲法で保障された政府の分権化は、ローカルなアクターが革新的諸改革を実行する制度的空間をも開いた。政治的自律性の拡大、資源配分に関

する自主的判断の拡大、社会運動との結びつきをもち、選挙で争うことを望む
ローカルなアクターの運動の発展、これらの要素の結合が民主的革新を可能に
した。ここから参加型ガヴァナンスの動きが進められてきた（松下，2012a：第
5章，第6章参照）。

民主主義の民主化：参加型ガヴァナンスの可能性

ここでは、サントス編の『民主主義を民主化する』（Santos, 2005）に注目す
る。この基本的テーマの一つは参加型民主主義である。その中心的な論点は民
主主義のヘゲモニー・モデル（自由主義的・代表制民主主義）の批判的検討であ
る。それはグローバル規模で普及しているが、多かれ少なかれ少数のエリート
による公共福祉の縮減や民営化、代表者と被代表者間の距離の拡大、そして社
会的排除と政治的取り込みの結合、これらに基づいた「低水準」の民主主義を
保障するに過ぎない、との主張にある。

LA では民主主義を「深化させる」努力は、1980年代半ば以降、この地域に
吹き荒れた新自由主義とエリート支配の民主化の波に抵抗する点で際立ってい
た。それゆえ、政治的民主主義の深化は、政策決定が行われる政府領域に関す
る情報やそれへのアクセス、そして政治的・制度的編成の工夫を含んでいる。
LA では、形式的には民主的政治体制のもとにおいても、こうした情報やアク
セスは極めて少数の特権的階層によって独占され、従属的集団や階級は効果的
に拒否されてきたのである。

参加型制度の導入との拡大

ブラジルの分権化の経験は、最も遠大な改革の一つとして世界的な関心を集
めてきた。分権化は、ローカルなアクターが革新的なガヴァナンスにおいて多
くのローカルな経験を創出する制度的開放空間を生み出した。また、分権化は
政府を市民に近づける潜在性と可能性を満たしてきた。

このブラジルの分権化の実現は分権化の世界的流れとともに、前に述べたよ
うに、1970年代末以降の民主化要求を掲げた社会運動を背景として1988年に制
定された憲法によって保障された。

1986年に開始された新憲法作成の過程での都市社会運動の活躍は注目され

る。彼らは責任ある都市ガヴァナンス形態を要求し、市民の基本的権利として都市問題の運営への市民参加と分権化を求めた。その結果、社会運動の代表は事実上、新憲法作成の過程で重要な役割を果たした。そして、ブラジルの憲法制定会議は政治諸制度における多様な社会的アクターの影響力を高めた。

　憲法で保障された政府の分権化は、ローカルなアクターが革新的諸改革を実行する制度的空間をも開いた。政治的自律性の拡大、資源配分に関する自主的判断の拡大、社会運動との結びつきをもつローカルなアクターの運動の発展、これらの要素の結合は民主的革新の条件が可能になったことを意味した。ここから、参加型ガヴァナンスの動きが進められてきた。

　憲法制定に関わった「運動―党」ネットワークは、新憲法の多様な参加の権利によって支援され、州と地域レベルでこれらの諸権利を比較的うまく確保した。たとえば、1989年のサンパウロ州憲法は、教育や女性の権利や文化と開発の領域で市民審議会を設立した。こうして、歴史的にブラジルの代表制度から排除されていた民衆運動や他の社会的諸部門の参加要求が正当化され、諸運動がブラジルの民主主義を発展させる「憲法上の空間」が創出された。

参加型制度の特徴

　参加型制度は4つの主要な特徴をもっている（Avrizer, 2009：9-11）。

　第1に、参加と代表制の同時性。参加型制度は、参加と代表制との、同様に市民社会と国家アクターとのハイブリッドである。ブラジルでは、参加型制度は代表制と参加の諸原則に基づき同時に機能している。国家アクターは保健や都市計画において意思決定過程に対する形式的主権をまだもっているが、この主権性は参加機関に移転されている。

　第2に、市民社会の恒久的な政治組織形態への転換。市民社会は参加制度内で社会組織の従来の実践を恒常的な政治組織の形態に転換している。市民社会は多様な方法で制度内にその参加を組織する。参加型予算の策定においては、自由な参加が活動の原則であり、それに従って、すべての市民は地域的会議参加できる。

　幅広い参加と国家との相互作用が見られる場合があるし、選ばれた市民社会グループと国家との相互作用がある場合もある。いずれの場合も、「市民社会

の実践は国家との恒久的な相互作用形態として制度化されるようになる」。

第3に、政党と国家アクターとの相互作用。政党と国家アクターは、参加型制度内で決定的役割を果たしている。しかし、それは、一般に政治社会の役割（政治的意見の集約や選挙での競争）を超えて進む。参加型制度は市民社会レベルでの参加への拡散した要求を国家レベルでの参加の組織的概念に転換する。ブラジルの労働者党は、まさに草の根の参加理念を参加に求める市民社会アクターの要求に結合するこの役割を果たした。

第4に、有効性と制度的デザインとの関連性。参加の研究では、参加型予算編成が取り上げられることが多い。それは、参加型予算編成が参加型制度の中心的な成功例であることが理由である。参加型デザインは、中立的ではなく、革新的・水平的な政治諸関係を創出する制度的要素として理解される。それは市民社会にすでに存在する水平的可能性を強化し、あるいはその政治体制の既存の階層制的諸要素を抑止するからである。

社会運動とガヴァナンスの制度

1990年代には、多くの地域で開発主義と新自由主義を超えようとする様々な社会運動の台頭が目撃された。これらの運動は新自由主義を拒絶しただけでなく、多くの場合、開発と政治のもう一つの形態を構想し構築しようとした。

これらの社会運動は、多くのコミュニティで教育や保健施設、下水管理、交通手段の不足に対する集団的解決を求めた。こうして、これらの地域アソシエーションは、「異議申し立て型の要求形成、集団的自己改善、相互支援、意識向上」（Baiocchi, *et al.*, 2011：43）といった諸実践の結合からなっていた。

グローバル・サウスの民主化過程における社会運動の重要性を指摘する研究は今や一般的である。アルバレスは社会運動、とくに都市民衆運動が少なくとも三つの点でブラジルの民主主義の深化に貢献してきた、と主張する。

「第1に、明瞭な実践を支援する運動は、意味ある民主主義の決定的な構成要素として市民参加を強調する代替的な民主的ビジョンを鼓舞し前進する。第2に、運動型ネットワークと同盟は、新たな社会的諸権利を拡大し、潜在的には政治参加の機会を従属的集団や階級に拡げる制度改革促進の手段であった。そして、第3に、都市民衆運動は左翼の改革的な民主的政党の中心的構成要素である労働者党（PT）を形成し

た。1989年以来、労働者党はローカル・レベルで貧しい労働者階級の市民と州政府との関係を民主化するために働いてきた。」(Alvarez, 1993：213)

こうして、参加型ガヴァナンスの構築とその成功は、それらがローカル政府および中央政府のみならず、諸政党や社会運動のような他の重要な市民社会同盟の支持によって生じている。ヘラーは、ブラジルのみならず南アフリカやインドのケーララ州においても、参加型ガヴァナンスのイニシアティブで、「市民社会と社会運動は、持続的な民主的分権化過程にとって決定的である」(Heller, 2001：134) ことを考察している（松下，2007b：第5章；2012a：第7章，第8章参照）。

しかし、如何なる民主主義も歪曲と取り込みの危険性から免れることはできない。参加型民主主義の実践も社会的排除と差異の抑圧を正当化する目的をもったヘゲモニー的諸勢力とアクターによって取り込まれる可能性がある。参加型民主主義の実践もその歪曲と粗悪化の危険を決して免れていないのである。

3 ブラジルの「大国化」と「国益」への傾斜

政治的ガヴァナンス空間における国家の両義性

グローバル・サウスで生じている諸現象は、従来の国家をめぐる考え方に様々な問題と課題を提起している（松下，2016参照）。国家を超える非政府組織の展開をはじめ、国家の失敗や破綻、いわゆる「脱国家化」と「再国家化」の諸現象の現れなど、揺らぎ始めていた既存の国民国家システムそのものの変容・「融解」現象を指摘するのは容易であろう。また、ナショナリズムの扇動や「国益」の優先を口実に国家による市民の諸権利の侵害や市民社会の後退を企図する動きは常に存在している。

如何なる国家であれ、国家はそれぞれの「国益」を追求する。もちろん、「国益」は抽象的には決められない。国家が政治空間における諸アクターの活動が総括される場であるとすれば、新自由主義的グローバル化時代には、多国籍資本のグローバルな展開とグローバルな生産と金融のシステムが国家を考察

する際に不可欠な要因である。北と南のナショナルな資本家階級の指導層は、多くの場合、新たな多国籍資本家階級（TCC）に国境を超えて統合されている。

　こうした視点から「地域大国化するブラジル」を検討することも忘れてはならない。ブラジルは域内の最重要な指導的な中心的プレーヤーになった。ブラジル企業は最近の企業拡大のかなりの部分はブラジルと国境を接する国で起こっている。その結果、エクアドル、パラグアイ、ボリビアといった弱小隣国との間に多くの衝突を引き起こしている。ルーラ政権はブラジルの多国籍企業を擁護し、「国益」の名のもとに軍隊を動員することも辞さなかった。

　ウル・シベッチはブラジルがローカル・パワー化とその結果、自国の「裏庭」を造り出している現状をも告発している。彼の報告から若干の事例を紹介する。

　ブラジルによる「ウルグアイの植民地化」である。最近の10年間で、とくに2002年以降、ブラジルの大多国籍企業はウルグアイの経済的地図を変化させた。ウルグアイの土地の20％以上がブラジルとアルゼンチンに売却された。あるブラジルの食肉加工業者はウルグアイの食肉輸出──食肉はウルグアイの主要な輸出品である──のほぼ半分を占めている。

　また、ダム建設をめぐるエクアドルとの紛争があった。両国にまたがるアマゾン地域におけるサンフランシスコ水力発電用ダム建設問題は構造的問題のため閉鎖されたが、このプロジェクトの中心となったLA最大の建設企業、オデルブレヒト（Oderbrecht）社の創設者ノベルト・オデルブレヒトはルーラの労働者党（PT）への主要なドナーの1人でもあった。ここで注目したいのは、多国籍企業とブラジル「左翼」政権の一体化である。

　パラグアイ国境諸州へのブラジル軍の展開も重大な問題を示している。フェルナンド・ルーゴ司教がパラグアイの大統領宮殿に入ってから丁度2カ月後（2008年8月15日）、数千の貧農が国境諸州（イタプア、アルト・パラナ、サン・ペドロ、コンセプシオン、アマンバイ、カニンデユ）でブラジル資本の大豆農園を占拠した。しかし、農民の大豆農場占拠に対してルーラ政府は10月7日、大規模な作戦で1万人の兵士を展開した。

　こうしたブラジルの「大国化」と「国益」への傾斜は一例に過ぎない。もう

一つの事例を挙げれば、カーギル（Cargill）のようなグローバル化した大豆関連農工業複合体は、ブラジルを基地として使用しており、それにより世界的な大豆市場を支配し征服している。

ブラジル政府の農業貿易自由化プログラムは、北の資本、あるいは帝国主義資本に対する「ブラジルの」大企業を防衛するのではなく、多国籍化した大豆関連農工業複合体のために存在するのである（Robinson, 2015：9）。

「左派」政権の多くは新自由主義の横暴に異議申し立てをし、権威主義に反対し、生活の改善と民主主義の実質化を求めた社会運動を基盤に国家権力を一定程度確保した。しかし、ここに見られるように、「国家」はその社会的基盤を切り捨て「国益」を掲げて、グローバルな生産と金融のシステムに参入する試みをやめない。

「国家―社会」関係の再考へ

こうしたブラジルの地域「大国化」と「国益」への傾斜は、米国の新たな対LA戦略に効果的に組み込まれる危険性も指摘されている。他方で、新自由主義とその国家に反対する多様な社会運動が世界各地で展開され、新自由主義型グローバル化への対抗戦略や新自由主義国家への対抗プロジェクトを構想する課題が模索されている。

M. ボーデンは、「グローバル・サウスや新自由主義への効果的な対抗ヘゲモニーとの関係で、低開発を克服するためにこれらの社会にとって必要なことは、より公正で苦痛の少ない社会・経済開発を達成するため、新たな形態の開発主義国家を構築する」こと、そのために、「新自由主義に対する現実的な対抗ヘゲモニーを構築できる中心的な場あるいは領域としての国家」を認識し、国家との関係でその戦略を再構想することの重要性を主張している（Boden, 2011：84）。

だが、この主張に反して、新自由主義型ヘゲモニーに異議申し立てをする場としての国家を拒否する論調も広まっている。ペトラスとベルトメイヤーは、こうした論調を「国家や国家権力の問題に注意を払わない左翼や人民諸勢力の失敗」と述べ、「持続可能で社会的に公正な開発形態のグローバル・サウスにおける成功の可能性」への制約であると批判する（Petras and Veltmeyer, 2005：

239）。

　前に述べたように、必要な公共サービスを市民に提供できる責任ある効率的な国家と、それを支える具体的な市民の活動の必要性についてのコンセンサスが拡がっている。この議論に関わって、その焦点の一つは市民概念の深まりである。市民は、公共サービスの単なる利用者あるいは選択者から、政策それ自体を作成し決定する積極的主体に変容している。ブラジルの参加ガヴァナンス構築の実践と経験はその典型例であったが、そこからグローバル化時代の「国家（政治空間）―市民社会」関係の積極的な視角とアプローチを考えることは可能であろう。

参加型民主主義は自律的空間か

　参加型予算（PB）に代表される参加型民主主義をどのように考えるか、この点をめぐって重要な論争がある。PB が自律的で優れた市民社会であるという見方はハーバーマスの「自由主義的観念」に依拠しており、それは主に政治行為に向けての中心的メカニズムとしてコンセンサスに焦点を当てている。それに対して、B. ルボット（Bernhard Leubolt）たちはグラムシ派の戦略的―関係的アプローチに注目する。

　この見解では、国家と市民社会は自律的領域ではなく深く相互に絡み合っていると考えられている。市民社会における権力関係は国家に影響を与え、また国家権力によって影響を受ける。そして、グラムシ派の理論家は資本主義国家内におけるしばしば不均等な権力構造を承認している。とくに、資本や他の強力なアクターに有利に働く構造において。その結果としての不均等な権力関係を扱うために、「選別性」の観念がクラウス・オフェ（Offe, 1974）やボブ・ジェソップ（Jessop, 2007）により導入された。戦略的選別性は社会の様々なアクターへの国家制度のインパクトを抑止し可能にする（Leubolt, *et al.*, 2012：81）。

　ルボットたちは、「特定の文脈における具体的な権力関係の決定的な重要性を示す政治社会と市民社会の間の詳細な分析」（Leubolt, *et al.*, 2012：93）が有益な出発点となると強調し、結論的に以下のように主張する。

　「エンパワーされた参加型民主主義」や「強い公共性」のような概念を使うとき、政治過程のより現実的理解に達するために政治社会と市民社会の相互作

用が考慮される必要がある。彼らは「政治社会と政党との特殊な関係」を検討することを主張する。それは「市民社会と政治社会との間に、また内部に形成された同盟や政治家の利害を反映している。

4　ブラジル「左派」政権の失敗

穏健的左派としてピンク・タイドで重要な位置を占めていたブラジルで2019年1月に極右のジャイル・ボルソナーロが政権に就いた。これに先立ち、労働者党のルーラ大統領の後を継いだルセフ政権が2016年の「制度的クーデター」で失職した。2003年1月に発足した労働者政権はここに退陣を余儀なくされた。

ルーラ政権は彼の前任者カルゾーゾ政権の新自由主義政策を継承し、一方で労働者党とその支持基盤の要求を一定程度満たした。たとえば、貧困層3600万人に対する貧困軽減対策で「新中間層」を拡大した。他方で、多様な収賄や政治的ポストの引き抜きを通じてビジネスと反対勢力を獲得するなど「プラグマティックな政治同盟」、「調停型戦略」の構築を追求した。この同盟と戦略は「鉱業—石油—農業輸出エリート」の経済的成功に依存していた。

輸出産業に対する政権の公的補助金がグローバルな商品市場の崩壊によって低下したとき、すべての資本家エリートは右派勢力に一体化した。ルーラ政権は完全に市場の諸条件やビジネス同盟に依存してきた「左派」体制であった。さらに、左派政権は、右派反対勢力と連携した裁判所、判事、検事、研究者からなる無傷で十分機能的な右翼的な立法機構と司法機構をそのままにしてきた。彼らは左派をターゲットにした「腐敗」調査を開設し、政権の議会多数派を掘り崩そうとしてきた。

ジェイムス・ペトラスはブラジル左派政権の「歴史的敗北の」理解に向けて鋭い問題提起をしている（Petras, 2016a；2016b；2016c）。

　「左派の台頭と崩壊は歴史的な逆転であり、それは悲惨な戦略の体系的な分析を必要としている。左派の敗北は、背信的な同盟、腐敗した党官僚、富裕層と米国大使館により行なわれた陰謀による裏切りとして簡単に片付けることはできない。それらは結局、明らかに偽善的な弾劾手続きを通じてのクーデターに導いた。問われるべき本当

の問題は次の点にある。すなわち、なぜ左派はこうした裏切りや背信を許し、立法的「クーデター」を高め、左派を敗走させる逆転に抵抗なしの指導の発展を許したのか。巨大な数億人の投票マシーン、大規模で経験豊かな労働組合機構、戦闘的な農村の社会運動、これらがひとつの闘争もなくどのように敗北できたのか。」（Petras, 2016b）

　ペトラスは、前述の状況を踏まえてブラジルの労働者政権の経験を以下のように結論づけている。

　左派は民主的資本主義の神話を信じた。彼らはビジネス・エリートとの交渉が社会的平和を拡大できるとの信念をもっていた。彼らは多階級同盟やビジネスと労働者の戦略的妥協に導く階級利害の漸進的調停の綱領に基づき活動した。

　ビジネスと資本主義エリートは、戦略的な攻勢を準備するために明らかに戦術的な短期的協定を結ぶ。彼らの忍耐強い長期戦略はその階級同盟を動員し、機が熟せば、選挙過程を崩壊させることである。

　左派政党は「資本家階級との一連の戦略的理解」の達成に依拠した。そこでは、両者はブラジルの商品へのグローバルな需要がピークのときに利益を得るであろう。その経済と国内市場の転換により民衆の支持を拡大するのではなく。

　結局、彼らの「権力基盤」は解体され、その資本主義的「パートナー」と政治的「同盟者」は彼らを放棄した。左派大統領は弾劾された。

　本章で論じたように、労働者党の誕生とその挑戦は、軍事政権を崩壊に追いやった広範かつ多様なアクターの民主主義と正義を求める諸勢力が背景にあり、そのエネルギーを結集した政治プロセスであった。しかし、新自由主義が浸透しているグローバル資本主義の時代に、政治システムの上層をナショナルなレベルで確保するだけでは政治的・経済的な諸困難を克服できない。もちろん、LA のピンク・タイド諸国はベネズエラのチャベスを軸に米州ボリバル同盟（ALBA）、「カリブ連帯石油機構」（ペトロカリブ）「ラテンアメリカ・カリブ諸国共同体」（CRLAC）などのリージョナルなレベルで試みを追求してきた。これらの試みは重要な経験の蓄積であった。とは言え、決定的に重要なことは、ナショナルなレベルでの実践であり、自律的な市民社会の構築や代替型の経済システムが改めて模索される必要があろう。

第11章　多極化する世界秩序とラテンアメリカの選択
——リージョナル・ガヴァナンスの可能性

1　多極化する世界秩序におけるラテンアメリカ

　グローバル化と新自由主義という流れに世界中の地域と国が巻き込まれてきた過程と現状を確認したうえで、それでもそれぞれに地域や国々におけるこの流れへの対応に差異があることに注目する必要がある。そこで、それぞれに地域や国々の支配と抵抗のダイナミズムを理解することが不可欠となる。

　以上の視点から、地域として LA とこの大陸におけるヘゲモニーを追求する中国の位置を考える。分析枠組みとしては「グローバル資本主義」と「グローバル・サウス」の概念の有効性を基本に据えたい。

　第1に、「南」における「北」、あるいは「南」における「南北格差」の問題がある。この問題を考える際に中国のケース（BRICS も）は刺激的である。中国の新自由主義化の評価を如何にするか、その分析枠組みとアプローチは多様であり多くの論争がある。

　オングは、様々な地域に特有な形の新自由主義の存在を確認し、新自由主義への政治的最適化のための「主体化のテクノロジーと従属のテクノロジー」着目している。そして、「例外としての新自由主義」として中国の新自由主義を描いている（オング，2013）。

　ハーヴェイは、中国が権威主義的な中央集権的統制と資本主義市場とを結合した「中国的特色のある」新自由主義であると主張する。そして今日、地域覇権国として東アジアと東南アジア全体に君臨する中国は、帝国的伝統の影を引きずりつつも世界経済の大部分を牽引してきた点を分析する（ハーヴェイ，2007a）。

　また、ブレマーは、国家資本主義の視角から中国の資本主義発展を分析し、国営企業によるビジネス展開に焦点を当てる（ブレマー，2011）。ペトラスは、

21世紀の中国が新自由主義に移行したが、そこにおける多国籍企業や国際的投資会社の役割を重視し、純粋な中国系企業の支配は低下していると考えている（ペトラス, 2008）。ペトラスの論理展開と類似しているが、グローバル資本主義の視点から中国および BRICS など他の新興資本主義国を分析しているのがウイリアム・ロビンソン（Robinson, 2004；2012；2014；2015）である。

　第2に、今日、グローバルな世界には巨大な不平等が実際に存在する。重要なことは、この巨大な不平等の存在をどのような視点から解釈するかである。新自由主義的グローバル化の脈絡で、中国をはじめ BRICS および大部分の「南」の地域と国々の資本家とエリートは、グローバルな多国籍資本家階級の構成要素として統合されてきた。

　「グローバル・サウス」概念は、国民国家中心の分析から離れ、新たな段階に向かうグローバル資本主義の推進力としての多国籍資本と多国籍化する国家によるグローバル世界の再編成の現状と行方を考察するための有効な理論的枠組みと思われる。同時に、「グローバル・サウス」概念は、ナショナル・レベルの諸現象や国家間のダイナミックな分析を放棄することではない。この点はとくに注意を要する。

　第3に、「グローバル・サウス」概念は21世紀の世界認識を拡げ、「重層的ガヴァナンス構築」に向けた「政治的グローバル・サウス」や「抵抗のグローバル・サウス」による対抗戦略の検討を要請することになる。「グローバル・サウス」概念は新自由主義型グローバル化のもとで搾取、疎外、周辺化の共通した経験を有するすべての人々、グループ、諸階級を包含する。その意味でも、それは、新自由主義と反システム型トランスナショナル運動の文脈において特別の意味をもつ。「グローバル・サウス」概念は「政治的グローバル・サウス」、あるいは「抵抗のグローバル・サウス」という意味を内包している。

2　グローバル資本主義世界における BRICS の浸透・拡大

グローバル・サウスにおける中国と BRICS の役割

　中国の国際社会における活動とその影響力が注目を浴びて久しい。さらに、中国にブラジル、ロシア、インド、南アフリカを加えた新興5カ国で結成され

た「BRICS（ブリックス）」にも関心が注がれてきた。グローバル・サウスからの新たなブロックとして BRICS の台頭を称賛する声もかなり聞かれる。世界経済における西側優位の状況への挑戦である、あるいは「南—南協力の軌跡における決定的瞬間として歴史に記録される」（ダーバンにおける BRICS サミット、2013年）といった表明は、その期待の現われでもある。こうした称賛や期待は、「グローバルな資本主義や三極委員会をなす中枢国国家の権力に対する南の挑戦」（Robinson, 2015：1）と考えられていたのである。

　BRICS を中枢的ヘゲモニーに対する準中枢による集団的な挑戦と考えている世界システム論者もいる。それは、「米国のヘゲモニーと、西欧やアジアの中枢権力によって生み出されてきた諸機関に挑戦する政策を結びつけ広めている」（Chase-Dunn, 2013：2）と。事実、2015年には「BRICS 開発銀行」が設立され、他方、中国は2013年にアジアインフラ投資銀行（AIIB）設立を打ち上げている。加えて、ロシアは、中国や中央アジア諸国とつくる「上海協力機構」と上記２組織との連携を強めている。こうして、BRICS は米国抜きの国際的枠組み構築を目指している。それでは、このような BRICS の動向がグローバルな資本主義のヘゲモニーの再編にどのような影響を与えるのか、その場合でもグローバル・サウスに、とりわけその普通の人々に重大な結果をもたらしてきた新自由主義型グローバル化に代わり得るのか、こうした点を問題にしたい。

　BRIC 諸国（南アはまだ含まれていなかった）を最初に類型化したのは、ジム・オニール（Jim O'Neill）によるゴールドマン・サックス報告（2001年）であった。彼は人口統計学、潜在的市場、最近の成長率、グローバル化の採用を基礎にして、21世紀前半世紀における成長への最も潜在力をもつ国々として BRIC 諸国を描写した。グローバルな経済的・政治的管理の点で BRIC 諸国の際立った役割は、そのシステムの安定化と多国籍投資家にとっての機会拡大に役立つ、こう彼は主張した。

　ここで注目すべきは、多国籍投資家がこれらの国々で新しい機会を見出し、BRICS と多国籍資本家階級（TCC）との関係について示唆していることである。ロビンソンは次のように述べる。

「グローバルな統合と多国籍資本家階級形成は BRICS においてかなり前進した。

BRICS の主役たちは支配的な国際秩序に挑戦することを目指しているのではなく、グローバルなシステムにおいてよりより広い統合のための空間を広げることを目的にしている。」(Robinson, 2015：1)

BRICS は支配的な国際秩序に挑戦しているか、この意味では、BRICS はグローバルな資本主義や多国籍資本家階級支配のオールタナティブではない。それは、「グローバルな資本主義秩序内におけるより多極的で均衡の取れた国家間システムへの変化」(Robinson, 2015：18)を意味している。この意味では、米国のヘゲモニーへの対抗バランスの役割を一定程度果たすであろう。BRICSは2013年、米国の対シリアミサイル攻撃を回避する点で重要な役割を果たし、パレスチナの諸権利や米国―イスラエルの敵意に直面したイランの主権を強く主張してきた。そして、BRICS はよりバランスの取れた国家間レジームに向けたその他の国際的な政治的立場をとってきた。しかし、こうした多極的国家間システムは、残忍で搾取的なグローバル資本主義世界の一部である。そこでは、BRICS 資本家と国家は、北のカウンターパーツと同様に、グローバルな労働者階級の支配と抑圧に関与している。パトリック・ボンド（Bond, 2012）が強調してきたように、すべての BRICS 5 カ国は、資本主義的搾取と国家的抑圧と腐敗に反対する下からの大規模な闘争の爆発により近年、打撃を受けてきた（Bond, 2012）。

　結局、グローバルな統合と多国籍資本家階級形成は BRICS においてかなり前進した。BRICS の主役たちは支配的な国際秩序に挑戦することを目指しているのではなく、グローバルなシステムにおいてより広い統合のための空間を拡げることを目的にしている。

3　南米におけるリージョナルなガヴァナンス構築

ナショナル・ガヴァナンスを越えて

　気候変動や環境悪化、食糧、感染病の急激な発生、不法移民や難民の急増、麻薬や人身売買の多様な越境型犯罪など、今や、国家と地域社会の安全保障のみならず、持続可能な世界秩序の展開を脅かす焦眉の問題群と課題が日常的に

浮上している。これらの問題群はグローバル化の進展と無関係ではないし、ナショナルなレベルで解決できるものでもない。そこで、以下、新自由主義型グローバル化に対する対抗力としてのリージョナリズムの役割と可能性に注目する。もちろん、リージョナリズムは両義性があり、グローバルな覇権を目指す米国や先進諸国、さらには地域的ヘゲモニーを意図する地域大国のプロジェクトの一環として考えることもできる。また、当然、トランスナショナルな資本の戦略の空間にもなる。だが、ここでは、リージョナリズムをさらなるグローバルな統合への道の「踏石（stepping stone）」とは異なる可能性を考えたい。

　すなわち、リージョナリズムを「トランスナショナルな資本の反社会的傾向を抑制」し、「ポスト・グローバル化の将来にとって、新しい諸力を創出する空間を提供できる潜在力」を持ち、「多様な社会経済的組織が共存し、民衆の支持を求めて競合する多元主義的世界秩序に向かう方途」（ミッテルマン，2002：143）と想定し、そのための諸条件と可能性を考える。この視点は極めて楽観的であるが、その方向性を探ることは不可欠であろう。

　北米では1994年に NAFTA が発足した（本書第8章，第9章参照）。南米では米国主導のリージョナリズムが挫折した。2005年のマル・デ・プラタでの米州サミットでは、米州自由貿易地域（FTAA）の創設を企図したブッシュ戦略は挫折した。この地域では、「左派」政権が米国主導のリージョナリズムに対抗する形で歩調を整えつつあるメルコスール（MERCOSUR: 南米南部共同市場）の強化を志向し、またチャベス主導の米州ボリバル同盟（ALBA）に参加するなど、米国からの大きな自立性、対等な関係を主張した経験を有する点で共通している。

　当初、メルコスールはネオリベラルなプロジェクトと見なされ、社会諸アクターによって厳しく批判されていた。しかし、2003年以降、新しい政府のもとでメルコスールにおける社会的次元の過程が構築され始めた。新たな政府にとって、社会諸アクターの包摂は地域的な社会政策を進めることで地域統合過程を民主化する試みであった。その結果、メルコスールはグローバル化の対応としての開かれた地域主義を基盤にした自由貿易協定であることを止めた。

新自由主義「改革」への対抗戦略としてのリージョナル・ガヴァナンス

リージョナリズムは、主に、1980年代における多くの南の国の経済的周縁化、冷戦終焉による政治的・経済的激変期の政治的再編、グローバル化する経済的恐れや反動といった防衛的対応から新しい段階への動きに確認された。

グローバルからローカルなレベルまでの複雑で重層的な負の連鎖が明らかになっているのである。したがって、今日でも、グローバル化を「飼い馴らす」必要性と民主的なガヴァナンスの重層的な構築要求が益々強まっている。それは、ローカルな視点と同時に、リージョナリズムの新たな可能性に関わっている。すなわち、新自由主義的グローバル化を市民の立場から統制する視点、グローバル化を「市民社会」に埋め込む視点とともに、新自由主義型再構造化に対する対抗力としてのリージョナリズの役割と可能性が注目される。もちろん、国家の民主的な再構築も決定的な重要性をもつ。

現代リージョナリズムの可能性について、J. ミッテルマンの基本的な問いかけは重要であろう。リージョナル化計画はトランスナショナルな資本の反社会的傾向を抑制するために発展させうるか。また、リージョナリズムは、ポスト・グローバル化の将来にとって、新しい諸力を創出する空間を提供できる潜在力をもつか。さらに、リージョナリズムとは新自由主義型グローバル化の経過点に過ぎないのか、それとも多様な社会経済的組織が共存し、民衆の支持を求めて競合する多元主義的世界秩序に向かう方途であるのか（ミッテルマン, 2002：143）。このように彼は問題を提起する。

リージョナリズムは狭隘なナショナリズムを克服し、市民社会をトランスナショナルな、そして最終的には普遍的意識の方向にそれを押しやる可能性をもつと考えられる。それゆえ、真の問題は、どんな条件のもとで、どんな編成において、いかなる影響を広げるのかである。

国家戦略としてのリージョナリズム

リージョナリズムは、国家プロジェクトの一類型であり、国内の政治アクター内の複雑な交渉と契約の結果として現れる。

二つの大規模な地域統合イニシアティブ、UNASUR（南米諸国連合）とALBA（米州ボリバル同盟）は、LA における社会変化を推進するプロセスの異

なる側面をそれぞれ反映していた。UNASUR はこの地域の新たな政府の主張を代表している。それは米国の覇権の外で経済的社会的発展を構想できる初めての世代であり、より広いマヌーバーの余地を可能にする代替的な道を探している。UNASUR は米国の相対的な低下、世界経済の一要素としての中国の出現、そして LA 経済の回復、これらを反映していた。ALBA は大衆運動と LA 政治における左派の復帰を反映している。この大衆運動はアルゼンチンやベネズエラの工場占拠、ボリビア、ベネズエラ、ブラジルにおける土地占拠、地域全域における左傾化した政府の勝利を導いた。ALBA はこれらの大衆的圧力を反映していた。つまるところ、決定的要素は LA の人民自身の行動である。ALBA の展開過程は潜在的に資本主義を拒否する側面を有するが、その可能性は下からの安定した新たな大衆規模の民主主義の形態がボリビアなどで現れるか、この点は注視する必要がある。

民衆によるリージョナル・ガヴァナンス

　グローバル化の時代にあっても国家は無視できない存在であり、また、リージョナル化過程で国家は引き続き決定的な役割を果たすアクターである。しかし、今日、様々な非国家アクターの役割に注目することは不可欠である。地域的プロジェクトの背後にいるアクターはもはや国家だけでなく、多くの異なった形態の制度、組織、運動である。さらに、今日のリージョナリズムは内向的であるより外向的である。

　現代リージョナリズムの概念化は、以下の 3 つの関連した点で「古いリージョナリズム」よりも広く考えられる（Tavares and Schulz, 2006：233-234）。

　それは、第 1 に、エージェトに関している。リージョナル化の諸アクターは、国家―市民社会―市場のトライアングルに見出すことができ、エリートから草の根レベル、個人から共同体、公式の要素から非公式要素まで多様である。このカテゴリーは、NGOs、ディアスポラ、労働組合、メディア、国内企業、多国籍企業、ロビー集団、政府権力、ネットワーク、研究集団、国際諸組織など極めて多数のエージェントを含んでいる。

　第 2 に、ベクトルと動機に関連している。諸アクターを協力させるのは安全保障の最大化だけではない。統合は、他の諸領域、たとえば、社会、環境、政

治あるいは経済の諸レベルでも誘発される。

　第3に、その方向性に関わっている。諸リージョンは永続的歴史構造に従う既存の実体ではない。諸リージョンは諸過程と諸利益の永続的な再規定の結果として、人間行動や社会的実践によって自然発生的につくられる。それは社会と人々との継続的な相互的過程から形成される。

　結局、国家、市場、市民社会、対外的アクターなどのアクターは自律的には行動しない。それは、国家、市場、市民社会、対外的アクターはしばしば多様な複合的アクター集合体、ネットワーク、リージョナル・ガヴァナンスにおいて結びつく。このように、公式な国家間地域諸組織や諸制度と単純に規定されていないのが現代のリージョナリズムの特徴の一つである（Söderbaum, 2003：1-2）。したがって、新しいガヴァナンス形態への移行にあたって、効果的なグローバル・ガヴァナンスを実現する際の現実的・潜在的な地域レベルの役割に焦点を当てる必要がある。すなわち、地域統合プロジェクトは市民社会とローカル・ガヴァメントの積極的参加を拡大する必要がある。とりわけ、ポスト新自由主義に向けた「国家―社会」関係の転換を構想する際には、「リージョナリズムの社会化」が避けられない（Briceño Ruiz, 2012）。

4　「リージョナリズムの社会化」

　南米では1991年にメルコスール（南米南部共同市場）が設立されていた。当初、メルコスールは新自由主義的なプロジェクトと見なされていた。メルコスールを設立したアスンシオン条約は本質的に如何なる社会的目的もない貿易協定であった。それは本質的に、新自由主義諸政府によって導かれた政府間交渉であり、そこには社会的アクターが参加しなかった。だが、米国主導の統合に異議申し立てをする二つの地域統合イニシアティブが誕生する。ブラジル中心の UNASUR（南米諸国連合）とベネズエラが主導する ALBA（米州ボリバル同盟）である。

　UNASUR はこの地域における米国のヘゲモニーに挑戦するが、資本蓄積や企業支配の論理に完全に埋め込まれている。反対に、ALBA は大衆運動に強く結びついており、地域における多くの政治の左派的傾向の中心に位置した。

もし新自由主義に挑戦し、米国のヘゲモニーに対する代替する地域的構想がありえるとすれば、それは、UNASUR のイニシアティブではなく、ALBA のイニシアティブと思われていた[1] (Kellogg 2007：189)。

「社会的メルコスール」の発展と国家―社会関係

21世紀に入ってからの LA の新しい国家・社会構想の流れには、市民社会の拡がりを背景に新自由主義に対する拒否や異議申し立てとポスト新自由主義への動きを促進してきた新しい社会運動の強まりがあった。だが、前章で論じたように、一次産品輸出への過度な依存から生ずる多くの「資源の呪縛」の問題や社会運動内部の対立をはじめ多くの困難を抱えている。こうした条件の中でとりわけ重要な課題は、国境を超えたリージョナル・レベルでの民衆の統合とガヴァナンスである。NAFTA とは距離を置く統合の在り方が問われており、また注目を浴びている所以である。そこで、メルコスールの社会化の側面に焦点を当ててみたい。

ブリセニョ・ルイスは「社会的メルコスール (Social Mercosur)」の発展を通じてリージョナル・レベルにおける国家―社会関係の転換を論じている。貿易自由化やグローバル経済への埋め込みのプロジェクトとしてのメルコスールという狭い経済的理解を超えて、工業化への強調がこの地域で如何に再出現するのか、また「国家―市民社会関係の考えの変化や民主化、グローバル化への対応が LA における近年の地域統合の発展にどの程度影響を及ぼしてきたのか」(Briceño Ruiz, 2012：173)、こうした課題を検討している。

ブリセニョはメルコスールの社会的次元の構築が複雑な過程を辿ったことを説得的に論じている (Briceño Ruiz, 2012：174-176)。この過程で国家と市民社会はともに働いてきた。「底辺からの統合」あるいは「頂点からの統合」といった間違った二分法とは反対に、メルコスールは「地域統合過程内での社会的次元の追求に関心を示す市民社会と一定の政府部門とのプラグマティックな同盟」であると、この点を彼は強調する。この種の同盟は、萌芽的形態であるとしても、1990年代に存在した。当時、労働組合と労働大臣はメルコスールにおける社会―労働次元を構築するために一種の非公式な同盟を形成した[2]。しかしながら、この過程の現実的深化は2003年以降に起こった。当時、社会諸問題に

強力に関与した新しい政府は、メルコスールにおける社会的次元の構築を始めた。新たな政府にとって、社会諸アクターの包摂は地域的な社会政策を進めることで地域統合過程を民主化する試みであった。その結果、メルコスールはグローバル化の対応としての開かれた地域主義を基盤にした自由貿易協定であることを止めた。かわりに、新しい政府はグローバル経済の現実に対応する新たな方法を見出そうとした。すなわち、社会的、生産的諸次元が貿易を補完する点が想定された。

「社会的メルコスール」の構築へ

2003年以降、ブラジルとアルゼンチンの新たな左派政権はメルコスールの社会的次元の強化を推し進めた。同年6月、ルーラとキルチネルはブラジリアで会い文書を結んだ。それは両国間の戦略的同盟の強化の必要性を繰り返し、貿易と制度的領域における諸改革を通じて統合過程の質的向上が基本的であること、ブロックの対外関係、社会的・生産的次元、地域的インフラの改善が議論された。両国家首脳は、メルコスールと南米の統合が経済成長、社会的正義、市民の尊厳が促進されうる地域統合モデルの構築を目標にされるべきであることを明言した。

同年10月、両大統領は自立的で社会的な志向性をもつ発展を求め、グローバル化を管理する新たな戦略を定式化した。いわゆる、ブエノスアイレス・コンセンサスである。

> 「地域統合はわれわれの国の世界への参入を強化し、われわれの交渉力を高める戦略的な選択を守る。意思決定における大きな自律性は、われわれが投機的な金融資本による不安定化の動きや先進国ブロックの矛盾する利害を最も効果的に立ち向かうことを可能にするであろう。……こうして、われわれは南米の統合がすべての関係者の利益を促進し、その目的として、成長や社会的正義、そしてすべての市民の尊厳が同一歩調をとるような開発モデルの形成を目標としている。」（ブエノスアイレス・コンセンサス、2003年10月16日）

2004年以降、メルコスールの社会的次元の創設には二つの過程が見られる。第1に、新たな現象、「社会的メルコスール」が現れた。第2は、いわゆる南の民衆のサミット（Summits of the People of the South）」であった。

以下、この過程を紹介する（Briceño Ruiz, 2012：177-183）。まず、最初に「社会的メルコスール」であるが、これは地域的ブロックの社会的次元の特別な側面を描いている。その目標は地域的な社会政策の発展であり、メルコスール諸国にとってのある種の地域レベルの福祉プロジェクトである。他方、社会的領域における市民社会への新たな参加チャンネルが2006年以降設立された。すなわち諸政府により推進された市民社会の参加のための空間であった。

　社会的メルコスールはこの地域の社会的諸問題を扱う制度、基準、政策の設立を目的にしている。それは再分配的措置を通じて平等を促進し、住民の排除されてきた部分が教育や保健、住宅、質の良い公共サービスへのアクセスを可能にする諸政策を実施するために創設された。それゆえ、社会的メルコスールは貧困を削減し、富を再配分し、社会正義を促進し、市場制度を規制するための福祉国家の諸措置に関係している（Briceño Ruiz, 2012：178）。

　社会的メルコスールはナショナルなレベルでの政治的変化に一致していた。それは1990年代に採用された経済モデルを批判した共通の特徴の一つであった。この経済モデルへの批判は、2007年に承認されたモンテビデオ憲章（Carta de Montevideo）で再確認された。

> 「この統合過程は、1990年代初めに誕生したが、かなり経済的なバイアスをもっていた。メルコスールはポピュリスト政権と数十年の権威主義体制の政治的・社会的・経済的な遺産に対処しなければならなかった。それは萌芽的な福祉国家に危機を引き起こした。これらの諸要素は地域の諸国における政治的・経済的不安定を継続し、貧困や歴史的な社会不平等の削減の障害ともなった。これらすべては1980年代と90年代の新自由主義的理念に基づく経済政策（ワシントン・コンセンサスのような）の押し付けによって悪化された。それは多くの場合、広範な社会諸セクターの排除と彼らの生活条件の不安定化に導いた。」（Declaración de Principios del Mercosur Social, 2007：3）

　2006年12月、ブラジリアで第１回メルコスール社会サミット開催をルーラ政府が組織した。それには約500の組織が参加した。以後、「社会サミット（首脳会談）」の波が発展した。社会サミットはモンテビデオ（2007年）、アスンシオン（2007年）、トゥクマン（2008年）、サルバドール・デ・バイーア（2008年）、アスンシオン（2009年）、モンテビデオ（2009年）、チャコ（2010年）、フォス・ド・

イグアス（2010年）、アスンシオン（2011年）で開催されてきた。

こうした「社会的メルコスール」の発展・深化の過程に関して、ブリセニョ・ルイスは二つの結論を引き出している。第1に、メルコスールにおける市民社会のための空間創出は、かなりの程度左派政府によって支配された諸国家のイニシアティブであった。第2に、これらすべての提案は当初、ナショナル・レベルで発展させられた。なぜなら、市民社会アクターとの対話者は統合政策に責任ある当局、とくに外務省であった。

社会サミットの性格と方法論に関して批判が起こった。とくに、サミットが市民社会の参加のための空間として説明されたとしても、それは実際には公式なイベントであり、その中心的目的は政府と生産的アクターとのコミュニケーション・チャンネルを確立することにあった。社会サミットの方法論に関して、問題はそれらが真の参加空間であるかどうかに関して起こってきた。社会サミットが社会アクターと国家との情報交換と対話の場に過ぎないとの批判もあった（Almany and Leandro, 2006 参照）。

これらの批判にもかかわらず、社会サミットは社会諸アクターの政治的動員のための空間となってきた。メルコスールの経済モデルを批判し、その利害と見通しがうまく代表される新しいタイプの地域統合の提案をすることが可能となってきた。しかし、いわゆる社会サミットの「内部アクター」は政府により創出されたこれらの空間に参加してきた人々であった。他方、「外部アクター」は別の空間に参加することを選択してきた。すなわち、「南の民衆のサミット」である。

5　リージョナルな地域協力と市民社会

社会的メルコスールと民主主義の強化

メルコスールにおける強い社会的次元の強化は、民主主義の強化に向けた諸国家の関与の一部として、諸国家により促進された。新しい政府にとって、市民社会との同盟はこの戦略の柱の一つであった。政府の行動は二つの面があった。一方で、メルコスールの社会的次元を理解する新たなアプローチの発展、他方で、市民社会参加への空間の創出である。

新たなこのアプローチの採用は、地域統合の社会的次元が貿易自由化によって影響を受けてきた社会諸部門に補償することを目的にした。左派政府により進められたこの新しいアプローチは、リージョナリズム自体の理念を転換しようとした。そして、それは貿易に中心を置くことをやめ、代わりにメルコスール過程の社会的・生産的諸次元に焦点を合わせた。この意味で、「メルコスールの社会的・生産的次元」はグローバル化への新たな対応方法を意味していた（Briceño Ruiz, 2012：185）。

　市民社会への参加空間の創出は統合過程を民主化する試みでもある。同時に、メルコスールの経験は、国家と市民社会が自由貿易と新自由主義を超えて進む統合モデルの構築において連動できることを示している。南の民衆のサミットの創設は、市民社会の一定の部門が政治行動のためのそれ自身の空間を創出するための手段であった。それは進行中のメルコスールの転換が地域における政治的機会構造の変化の結果と主張できる。

　リージョナルな地域協力と市民社会の形成・拡大は密接なシナジー関係がある。ローカルな場からリージョナルな空間までの市民レベルでの信頼醸成、「地域公共財」の創出はリージョナルな市民社会を創出する基盤を形成する。もちろん、リージョナルな市民社会の強固な基盤が安定的に保証されるにはいくつかの条件と課題があろう。

　結局、グローバル化の優位が明らかになるにつれて、その影響を抑制するより革新的形態のガヴァナンスへの要求の緊急性が現れてきた。国家と共同体との地域協力の発展は、無制限なグローバル競争の否定的影響を緩和するのに役立つ。リージョナル化はこれらの創造的な企てを探究するための一つの可能なチャンネルを開いた。同時に、リージョナリズムは狭隘なナショナリズムを克服し、市民社会をトランスナショナルな方向に促進するのに役立つ可能性をもつ。

南の民衆のサミット

　リージョンおよびリージョナルなガヴァナンスへの関心と期待は、国民国家が市場諸力に対するその政治的自律性を確保する手段として地域主義的取り決めの可能性を考えており、リージョナリズムは政治的資源を蓄積し、国家間協

力により国民的利益を向上させる手段として重視している。この背景には、従来と異なるリージョナルな安全保障の必要性やアイデンティティの流動化がある。

　注目されるのは、いわゆる南の民衆のサミット、「大陸規模の社会同盟」(Hemispheric Social Alianza: HSA) である。HSA のまわりに組織された社会運動や NGO のネットワークは、地域統合の FTAA モデルを拒否し、「もう一つの世界は可能だ」というスローガンのもとに、健康や教育や社会的統合、平等のような民衆の具体的諸問題を扱う新しい地域統合モデルを提案した。

　HSA は、政府によって組織されたサミットに参加する代わりに、それ自身の参加空間を創出した。2006年12月に開かれたボリビアのコチャバンバでのサミットは、「南の民衆のサミット」の開始であった。そこにおいて、HSA と他の「アウトサイダー」は重要な役割を果たした。コチャバンバの後、「南の民衆のサミット」はサンチャゴ（2007年）、アスンシオン（2007年）、モンテビデオ（2007年）、リマ（2008年）、アルゼンチンのポサダス（2008年）、サルバドール・デ・バイーア（2008年）、アスンシオン（2009年）で開催された。HSA によって組織されたこれらの会議は、「ラテンアメリカで近年発展してきたメルコスールの徹底的な再構成と他の地域統合イニシアティブを求める急進的な戦略を選択した」(Briceño Ruiz, 2012：184)。

メルコスールと社会連帯経済（SSE）

　LA では多様な「左派」政権が誕生してきた。これらの左派政権にとって、市民社会の拡大を基盤に「市場との関係で国家の役割を‘再構築’しようとするポスト新自由主義政策」(Cannon and Kirby, 2012：190) を構想することは緊急の課題となった。そこで、この構想の現実的な動きの一端を社会連帯経済の現状、その重要な柱である協同組合の促進から探ってみる。

　社会連帯経済は共通の原則と共有する構造的諸要素を追及している。その目的は、第1に、単なる金融的利益に奉仕するのではなく、その構成員やコミュニティに奉仕する。第2に、社会連帯経済企業は国家から自立している。第3に、その規則や行動規範において、それは民主的意思決定を形成しており、利用者や労働者の必然的参加を意味する。第4に、収入と剰余の配分では資本よ

りも民衆と労働者を優先する。また、その活動は参加、エンパワーメント、集団的・個人的責任の基盤を置いている（Neamtan, 2002 : 2-3）。

　社会連帯経済は「市場経済」を永続化させるのではなく「市場を伴った経済」を発展させなければならない。すなわち、経済的要素と社会的要素の両方の統合を目指している。

　したがって、社会的連帯経済の闘いは連帯と平等の価値を採用し、社会運動に大きく依拠しなければならない。そのためには諸活動がお互い補完的で協力的関係を明確に認識する必要がある。この意味で、世界社会フォーラムでの社会連帯経済の肯定はこの目標に向けての重要なステップを示している（Neamtan, 2002 : 14）。社会連帯経済は、LA 政府と社会による新自由主義政策への社会的・政治的抵抗の基本的政策対の一つであった。それは市場基盤の開発に代わる地域政策フレームワークの構築として議論された。

　協同組合は、メルコスールや南米諸国連合（UNASUR）の SSE アジェンダの主要な推進力として強調されてきた。2001年に設立されたメルコスール特別協同組合委員会（RECM）は、辺境地帯での SSE 促進に関わるもう一つのメルコスール機関である。始めからその基本的焦点は協同組合運動の促進であった。RECM は一貫して社会経済開発の推進力として協同組合を代表している。

　2007年に形成されたメルコスール社会研究所（ISM）は、地域統合のための社会連帯経済と呼ばれたプロジェクトに従った。その目的は、「辺境地域における社会経済的、雇用、生産的脆弱性の状況下にある家族の社会統合である」。そして、このプログラムは貧困や社会的脆弱性が拡がっている辺境地域の経済的・社会的・環境的・文化的なバリュー・チェーンを発展させるローカルなイニシアティブの支援を含んでいる。「辺境の社会経済学」と呼ばれるこのプロジェクトは2007年にウルグアイで開始された。

　こうして、SSE のリージョナルな政策的枠組みは、明らかに協同組合部門に焦点を当てている。協同組合は南アメリカで強力な存在として具体的な政策目標となった。しかし、SSE 部門は経済政策や生産の場で権力の中枢に挑戦するにはいたっていない。

　2006年、チャベスは新たな形態の開発銀行（南の銀行）の設立を含む新たな金融体系のためのアジェンダを推し進め始めた。しかし、このアジェンダは、

チャベスの死去と最近のベネズエラの政治的危機に伴い、初期の勢いを失ってきた。他方、UNASUR とメルコスールにおけるもう一つの重要なリーダーシップであるブラジルは、BRICS 開発銀行の設立を優先してきた。SSE 部門と政策を支援に必要とされる融資手段はすぐには可能性がないようである。

6　世界社会フォーラム：ダボス会議に抗して

世界社会フォーラムの意味・役割

　BRICS の発展は、グローバル・サウスにおける新自由主義型グローバル化のオルタナティブにはならず、むしろ新自由主義的政策の継続強化によりの普通の人々の生活と諸権利を無視してきた。BRICS のそれぞれローカル・レベルでは、膨大な貧しい民衆が国家と多国籍化した資本の論理のもとに窒息させられている。それゆえ、人間の安全保障を底辺から作り上げる展望が必要であろう。そこで、世界社会フォーラムの可能性について検討する。

　世界社会フォーラム（以下、WSF）による対抗ヘゲモニー型グローバル化は、ローカル、ナショナル、グローバルな闘争の連携を基盤としている。それは、ユートピアの欠けた新自由主義型世界（TINA: "他に代わるものがない"）の中にユートピアを満たすこと、"もう一つの世界は可能だ" という信念によって結びつけられた多様な社会運動や NGO によって展開されている。

　この信念は、世界規模で社会的、政治的、文化的のより公正な社会を追求している。すなわち、排除や搾取、抑圧、差別、環境破壊といった現状から解放された社会を求める極めて多くの従属的社会集団の願望を含んでいる。その意味で、2001年以降、WSF は世界各地で芽生え活躍する対抗ヘゲモニー型グローバル化を最もうまく表現し接合する組織となった。そして、WSF は、1980年代初めの新自由主義的巻き返しの動き対抗する最初の大規模な国際的な進歩的運動である。その将来は、「単一思考に対するオールタナティブな希望の将来」（Santos, 2006：127）である。

　ヘゲモニー型グローバル化に統合されてきたローカル、すなわち、「ローカル化されたグローバリズム」（Santos, 2006）は、ヘゲモニー型グローバル化によるローカルへの有害な埋め込みである。言い換えれば、「ローカル化のない

如何なるグローバル化も存在しない。もうひとつのグローバル化があるように、もうひとつのローカル化がある」のである。多くの WSF に関わる運動は、新自由主義型グローバル化によりもたらされ、激しい社会的排除に反対して闘ったローカルな闘争として出発した。それらは、しばしば WSF を通じて、対抗ヘゲモニーとして「自分たちをリージョナル化することを通じて、ローカル／グローバルな連携を発展させた」(Santos, 2006 : 26-27)。WSF は、社会運動や NGO によるローカル／ナショナル／グローバルの各々における社会闘争の実践や知識の国際交流である。

　WSF はダボス会議（「世界経済フォーラム」）への民衆による対抗フォーラムとして、2001年にブラジルのポルト・アレグレで始まった（参加者数 2 万人）。WSF は様々な諸要素を糾合し、グローバルな抵抗を代表する重層的な政治的・社会的空間として特徴づけられる。そして、それは、とくに誰も代表せず、一つの共通な声を語ることなく、シンボリックかつ具体的に世界秩序の変革に向けての水平的な開かれた空間となった。WSF では、戦争・平和、民主主義、環境、差別、暴力と抑圧、移民、食糧、水、疾病、農業、貿易、債務、労働、ジェンダーなど多岐にわたるテーマと問題点が取り上げられてきた。

　WSF の理念と原則は「世界社会フォーラム憲章」(14原則) に見られる（フィッシャー／ポニア，2002：443-446）。

　WSF は、「人類の間の、ならびに人間と地球を豊かに結びつける、グローバル社会を建設するために行動する市民社会のグループや運動体による、思慮深い考察、思想の民主的な討議、様々な提案の作成、経験の自由な交換、ならびに効果的な活動をおこなうためにつながりあうための、開かれた集いの場である」(憲章 1)。「もう一つの世界は可能だ」という宣言のもとに、「オルタナティブを追求し建設する恒久的プロセス」(憲章 2) を目指しており、「グローバルなプロセス」(憲章 3) である。

　WSF は、「連帯のグローバル化を世界史における新しい段階として広げ」、具体化する。「社会正義、平等、民衆の主権のための、民主的な国際システムや制度」(憲章 4) を支える。しかし、「世界の市民社会を代表することは意図していない」(憲章 5)。

　WSF は、「分権的な方法にもとづく、多元的で多様な、非宗教的、非政府

的、そして非党派的なもの」であり、「もうひとつの世界をつくるために、ローカルから国際的なレベルまでの具体的な行動に従事する諸団体や運動を、相互に関連づける」(憲章8)。

WSF は、「ジェンダーや民族、文化、世代や身体的能力の多様性」と同様に、「諸団体や運動の活動やかかわり方の多元性と多様性に対して、つねに開かれたフォーラム」である。「党派の代表や軍事組織」は参加できないが、「政府の指導者や立法府の議員」が憲章の原則を守れば「個人の資格」でフォーラムに招待されることもある(憲章9)。

WSF は、「人権の尊重、真の民主主義の実践、参加民主主義、民衆・民族・ジェンダーや人びとの間での平等と連帯のなかでの平和的交流を支持」する(憲章10)。それは「討議のためのフォーラム」であるとともに、「排除や社会的不平等の問題を解決するためのオルタナティブな提案」を熟慮する「思想運動」である(憲章11)。

WSF は、「公的または私的な生活において、世界が経験している人間性喪失のプロセスと国家により行使される暴力に対する、非暴力的抵抗の力を増大」させ、「人間らしい政策」を強化する(憲章13)。

WSF は、地域レベルから国際レベルまで、「地球市民権の問題」に取り組んでいくことを促進する「一つの過程」である(憲章14)。

以上、憲章からうかがえる特徴は、90年代に顕著になった「オルタ・グローバリゼーション運動」が、20世紀を通じて西欧資本主義近代における従来の左翼や社会運動の思考や実践とは異なっていることを示唆している。それは、様々な政治的分派を始めから排除することを困難にする包摂のスタイルと雰囲気、そして相違の尊重を WSF は生み出そうとした。原則憲章から始まった WSF の「最小限」綱領が決定的にこの効果に貢献した。すなわち、多様性の尊重への断固たる肯定、政治的暴力を主張する運動やグループのみを拒否するアクセス、フーラムにおける非投票あるいは熟議、フォーラムについて語る代表実体はないことなど(Santos, 2006：182)。

このように、WSF は多くの新しい特徴を提起し実践してきたが、参加する市民社会諸アクターの多様性ゆえに、当然、様々な論争や対立が起こり、若干の問題と緊張を経験した。

その一つが政党の位置づけと役割に関わっている。対抗ヘゲモニー型グローバル化構築における政党と社会運動およびNGOの関係は、疑いなく論争的である。広い意味で、それらはWSFにも影響している。原則憲章はWSFにおける政党の従属的役割を明らかにしている。WSFは社会運動とNGOの中で組織されたように市民社会の所産である。しかしながら、政党と運動との関係の問題は抽象的には決められない。歴史的・政治的諸条件が国により多様であり、異なる文脈で異なる対応が決められる。前述のようにブラジルでは、労働者党（PT）自体は社会運動の所産であり、その歴史は社会運動の歴史から切り離せない。[3]

ナショナルな闘争とグローバルな闘争

ナショナルな闘争とグローバルな闘争のどちらを優先させるのか、この優先順位の問題も論争的であった。たとえば、2004年にムンバイで開かれたWSFでは、その原則憲章がインドの社会的・政治的条件を十分に考慮されていない問題が提起された。そこには、「コミュナリズム」の問題、ナショナルな多様性とローカルな言語の重要性、WSFにおける政党の役割が含まれた。サントスは、ムンバイのWSFでの論争を積極的に評価する。すなわち、この問題を契機に、「グローバルなダイナミズムへのローカルの適用の革新的で注目すべき過程の始まり」があり、それを通じて、「ナショナルな諸条件と闘争が広範なグローバルな文脈に埋め込まれている」ことを確認している。しかし、同時に、「ナショナルな現実の特殊性に照らして、グローバルな文脈は自分自身を再び脈絡化するよう促した」（Santos, 2006：116-117）。

こうして、ムンバイにおける第4回WSFは、参加の社会的基盤を大幅に拡大する点で飛躍的な前進であった。他方、同様に、第5回WSF（ポルト・アレグレ）はプログラムのボトムアップ型作成に関して画期的な前進であった。

また、設立以降10年を迎えたナイロビ・フォーラム（第7回，2007年）では、NGOと社会運動体との対立、運動の目標とあり方をめぐる「穏健な勢力」と「ラディカルな勢力」との間の分岐、財政的・組織的な規模による参加組織の影響力の相違などの対立と相違が顕在化した。

こうして、WSF内部の不一致は、参加メンバーの多様性と規模の拡大ゆえ

に不可避であろう。すべての運動のアイデンティティの多様性と差異を相互承認し、対話、議論という巨大な努力が要求される。そのために、サントスはコンタクト領域（contact zone）という観念を提案する。それはすべての運動やNGOにおいて、すべての実践や戦略において、またあらゆる言説あるいは知識において、他のNGO、実践、戦略、言説、知識とのに相互浸透と相互理解を可能にする「領域」であり「空間」である。

　WSFのユートピアは解放型民主主義の一つである。WSFは民主主義深化に向けた幅広い集合的プロセスであることを主張しているので、内部民主主義の問題がますます緊急になってきたのは不思議ではない。民主主義の闘争におけるWSFの信頼性はますますWSFの内部民主主義の信頼性に依拠するであろう（Santos, 2006：185）。WSFは新たな政治文化に向けて自己学習のプロセスを経験しなければならない。

世界社会フォーラムの展望

　WSFに含まれる闘争の規模を横断する性格に照らすと、グローバルな変化の点だけでその効果を評価するのは不適切である。WSFの有効性、さらには将来の見通しを評価するのは複雑であり、性急な評価は許されない。そこで、WSFの将来に関わる問題に積極的に取り組んでいるサントスの主張のいくつかを紹介しておこう。

　第1に、WSFの新しさは何か。それは、その指導者がいないことや階層的組織でないこと、サイバースペース的なネットワークの強調、解放型の民主主義の理念、実験に関わる柔軟性と準備、これらによっている。しかし、もちろん、現実にはずっと複雑であり、代表や参加の問題は予見できる将来において広く開かれたままである。

　WSFのユートピアは解放型民主主義の一つである。WSFは民主主義深化に向けた幅広い集合的プロセスであることを主張しているので、内部民主主義の問題がますます緊急になってきたのは不思議ではない。民主主義の闘争におけるWSFの信頼性は、ますますその内部民主主義の信頼性に依拠する（Santos, 2006：185）。

　第2に、多様性の称揚はWSFの最も大切にされた特徴の一つである。確か

に、社会運動と組織を分断する亀裂を指摘できる。それにもかかわらず、WSF の凝集力はこれまで損なわれていない。この点で、将来の問題は以下の問題の視点から定式化できる。

a）多様性の称賛と凝集力を通じて、WSF は巨大なエネルギーを解放しようとしてきた。すなわち、WSF は現在、そうしたエネルギーを最良に利用しているか？　そうした大きなエネルギーを解放してきたプロセスは、エネルギー自体によって生み出された変化と足並みをそろえるために中立化するプロセスか、あるいはそのことを抑え失敗するプロセスか？

b）運動と組織の統合それ自体は価値ではないので、その政治目的は何か？多様性の称賛に基づく強力なコンセンサスを構築できるか？　もしできるとすれば、そのようなコンセンサスで何をすべきか？

c）初めに極めて政治的な現象があったので、WSF はその政治的潜在力を革新し強化しているか、あるいは政治的に薄められたアンブレラ組織を多かれ少なかれ脱政治化された集合行動の形態に変容させられているのか？

こうした問題を提起したサントスは、次のように判断している。

これらの諸問題は WSF の最近の活力を明らかにしており、WSF がそれにうまく対応しないであろうと信ずべき理由はない。しかし、そうするためには、WSF は次のような規範的方向性によって要請される自己学習のプロセスを経験しなければならない。すなわち、その名前が示すように WSF をグローバルにするために、あらゆる可能な措置がとられねばならない。その組織は、WSF が社会に対して唱導してきた参加型民主主義の理念自体によって導かれなければならない。グローバルな自己認識と自主訓練の内部「スクール」が創設されなければならない。それは運動と組織の相互認識を拡大することを目的としている。強力な部門別コンセンサスは促進されなければならない。それは維持的なグローバルな闘争と持続的な集合行動を可能にする（Santos, 2006：186）。

また、サントスは、WSF は左翼の思考と実践の革新にすでにかなり貢献してきた、という。この点で、彼は二つの事例に注目する。すなわち、一つは規模に関して、もう一つは政治哲学に関わっている。

1950年代以降、西欧の国際主義左派は、反植民地解放運動と非同盟諸国の運

動とともにその領域を拡大した。しかし、ヨーロッパ社会と「第三世界」の社会との深い差異は、両地域の左翼の一貫した対話を可能にしなかった。とりわけ、ヨーロッパ左翼の大部分は植民地主義者であり、植民地の独立以後ですらポスト植民地の立場を取らなかった。さらに、冷戦の開始は、ヨーロッパ左翼とグローバル・サウスの左翼の双方の内部で亀裂を深めた。これらのすべて理由のため、グローバルな左翼の出現は妨げられた。WSF は、萌芽的ではあるが、こうした左翼の最初の現れと考えられる。

　第 2 に、グローバル左派の出現への WSF の貢献は、政治哲学と関係した。それは新たな政治文化に関わっている。この新たな関係は脱分極化による政治化の一般理念に基づいている。こうした理念の中心的要素は以下のものである。すなわち、グローバル資本主義により生み出され悪化した排除、不平等、差別に対する抵抗やオールタナティブを定式化する能力を最大化する問題、世界が分析と行動の単位として考えられるとき、左翼の思考と実践の極めて多様で文化横断的な正確の承認、運動や政党や組織の側での自律性やアイデンティティを失うことなく、リージョナルな連携（LA の場合に著しい）とグローバルな連携を可能にする意思の総体に関するプラグマティックな観念、誰もが利害関係者の組織的代表を独占しない点を心に留めて、グローバルな行動に振り向ける新たな政治的組織を構築し、政党、組合、社会運動、そして進歩的諸組織の間の諸関係の徹底的に作り直す必要性に関するコンセンサス、これらはWSF の中心的要素である。

　WSF の将来が何であろうとも、これらすべての貢献は、グローバル・サウスとグローバル・ノースの双方において反資本主義的・反帝国主義的闘争は実を結ぶであろう、このようにサントスは確信している（Santos, 2006 : 186-187）。

【注】

1）　チャベスによると、ALBA（米州ボリバル同盟）は「社会的関心を最前線に置くフレクシブルな LA 統合モデル」である。二国間の協力は「連帯原則のみならず、……両国間の経済的・社会的ニーズに最も有益な財とサービスの交換」に基づく。この「貿易」は事実上、貿易をはるかに超えている。それは非識字活動を含む重要な社会的問題に焦点を当てている。貿易の取り決めの一部として、キューバは「ベネズエラの青年に年間2000の大学奨学金」を申し出た。さらに、「キューバは 1 万5000人以上の医療専門家を

ボリバル大学に自由に使わせた」。両国は「第三国に向けヘルス・ケアでの協力」でも一致した。

　ALBA は、「両国の政治的、社会的、経済的、法的非対称性を考慮に入れる」ことで一致し、金融市場を迂回する財の交換を通じて「両政府は補完貿易の可能性」を受け入れている（Kellogg, 2007：200-201）。

2 ）　メルコスールは1990年代に「社会─労働メルコスール」（労働部門や教育部門）として発展したが、それは潜在的に否定的な統合の影響への対応と考えられていた。すなわち、USA により推進された FTAA 過程が合衆国政府と多国籍企業に有利と考えられ、メルコスールもまた社会的諸問題についての限定的成果ゆえに批判された。この批判は、米州自由貿易地域（FTAA）に異議申し立てする地域的運動の文脈における市民社会のアクターによって追求されたグローバルな戦略の一部であった（Briceño Ruiz, 2012：175）。

3 ）　WSF の設立にはブラジルの大統領ルーラが関与していた。同時にブラジルの資本家 Oded Grajew も WSF の結成に重要な役割を果たした事実は注目されてよい。この問題について、アレハンドロ、M. ペニャとトマス、R. デヴィスは以下のように指摘している（Alejandro M. Peña and Thomas R. Davis, 2014：262-264）。

　PT は組織化された左翼出身の知識人、地下のマルクス主義者、サンパウロの知識人や政治家、CNBB（ブラジル・カトリック司教連合）と結びついたカトリック・グループのような多様な社会部門に発言を提供しようとした。CUT、土地なし農民運動 MST（1984年設立）、ブラジル社会経済分析研究所（IBASE, 1981年設立）、これらすべても2000年の WSF 設立組織であった。Grajew はこれらの諸アクターを WSF 設立に結集する基本的役割を果たすことができた。彼は PT を支援するビジネス部門のリーダであった。同時に、彼は企業の社会的責任を主張する際立ったスポークスマンの 1 人であった。こうして、彼は WSF の起源におけるビジネスと PT との緊密な関係にあったが、このことはフォーラムの機能を制約し、それは新自由主義型グローバル化に対するラディカルなオールタナティブの前進に向けてのメカニズムよりも議論の領域として展開した。

　しかし、WSF の設立の契機とその過程の諸問題と、その後の WSF のグローバル・レベルでの発展過程は、関連するものの別次元の問題と考えられるであろう。

終　章　ポスト・トランプ時代に向けたラテンアメリカ

1　多様な対抗ヘゲモニーの連携：新自由主義型暴力の克服

新自由主義暴力の「深層」理解へ

　21世紀初頭のグローバル社会は「巨大な社会的危機」、「社会的大転換」の時代に直面している、それは「社会秩序における基本的変化」を示唆する「有機的危機」が起こっていることを意味する。有機的危機は、「システムが構造的（客観的）危機に直面し、正統性あるいはヘゲモニー（主観的）危機にも直面する危機」である。それゆえ、グローバルな正義運動に関わる様々な対抗ヘゲモニーの運動と言説が20世紀末に浮上してきた。そして、既存の社会理論が問題にされ、新たな理論が変化する環境を説明することが求められてきた。危機の解決に有効に介入することを望むのであれば、それに相応しい理論的理解が決定的である。また、対抗ヘゲモニーの推進力は様々な諸部門から、あるいはこれらの諸勢力の連携から生まれるしかないが、その方法は予測できない、このようにロビンソンは言う（Robinson, 2004：71）。

　確かに、今日、新たな理論が要請され、多様な対抗ヘゲモニーの連携が不可避な課題である。他方、社会運動に関連する文献は多数あり、多くの理論的論争もある。だが、その大部分は西欧の学者に支配され、そこから社会運動の歴史と実践の大部分が参照されている。ガベンタが指摘するように、若干の例外を除いては、「グローバル・サウスの豊かな社会運動の歴史を参考にしていないし、グローバル・サウスの環境に深く根ざした学者のレンズを通して書かれていない」（Gaventa, 2010：xii）。

　グローバル・サウス、とりわけラテンアメリカの歴史はダイナミックな社会・構造的な変化とともに、同じく複雑な民衆の創造的な運動を経験してきている。しかも、様々な意味で、「深くて概念的に目に見えないダイナミックス

が非常に多様な国々や場所を超えて作動している。それがどれほどローカルなものに見えても、グローバルなシステムが作動している」(サッセン，2017：251)。

そこでサッセンは次のように強調する。多くの人が認識し視覚化している「暴力的」事実への直接的な関心ではなく、新自由主義に人々が進んでなぜ飼い馴らされるのか、人類の歴史的成果と考えられる民主主義や基本的人権がどのように失われていくのか、その結果、人間が生存するために不可欠な自然と空間が、また人間の生そのものがどのように破壊され剥奪されているのか、こうした問題を考察することは不可欠である。総じて言えば、新自由主義が引き起こすこうした諸問題への無自覚化と「常識」化や「不可視化」、そのための同意と合意の調達、「新自由主義の原動力としての欲望」が深く作用しているのが新自由主義時代の現在的特徴である。本書の最後に、新自由主義を乗り越える様々な運動の現状と可能性をも展望してみたい。つまり、これは新自由主義暴力の「深層」を探り、ポスト新自由主義を構想し、如何に構築できるか、この点にある。

対抗ヘゲモニーの主体構築に向けて

新自由主義型グローバル化のもとで、資本が新しい拡張の出口を探し続けており、常に攻撃的に社会的再生産の場、すなわち、家庭、コミュニティ、公共空間を商品化し続けようとしている。とはいえ、そのシステムを拡大し深化させ、それを正当化するための基盤は限界を迎えている。生産点での労働闘争、再生産の点でのコミュニティ闘争、政治社会での政治闘争、これらの下からの社会的諸勢力の連携によるグローバルな資本主義に代替する対抗ヘゲモニー型推進力の発展を探ることは、今や単なる理想ではなくなっている。

こうした連携にとって重要なのは、生産点における社会運動型ユニオニズムと社会的再生産の点での組織労働者と民衆階級のコミュニティである。労働者階級とは、今や女性や越境する移民労働者を含む周辺労働者、家内労働者、臨時労働者、パート労働者などである。「グローバルな労働者階級のエンパワーメントは、労働者の組織化やユニオンのまったく新しい概念を含む。すなわち、組織されたインフォーマル部門労働者、失業者、移民労働者、パートタイ

ム労働者、契約労働者などを含む」のであり、グローバル資本主義への挑戦は、組織化の新たな創造的形態を必要としているのである（Robinson, 2014 : 235-236）。

重要なことは、新自由主義型グローバル化に対する対抗ヘゲモニー構想に向けて様々な主体的諸契機を重層的・連携的に構築することであろう。そのためには、それぞれの異なる固有の歴史、文化、位置、政治的・経済的諸条件のもとで活動している人々の間で領域横断型の同盟が構築されなければならないし、共通の目標に関して一定の合意が必要である（ハーヴェイ, 2012 : 284-287）。

2　トランプ政権の誕生とラテンアメリカの新たな試練と挑戦

NAFTA 体制と「国家—社会」関係の空洞化

NAFTA 体制下のメキシコ社会における劇的な危機的変化を、メキシコから米国への安価な労働力輸出、すなわち、サイファーらが主張している労働力輸出主導型モデルによる開発・蓄積戦略の失敗に基づいているとの主張と論旨に依拠して、本書はメキシコにおける「国家—社会」関係の空洞化と「崩壊」を考察した（第9章参照）。

NAFTA 体制による経済統合は、国家の弱体化を進め、国民の社会的基盤を崩壊させた。農業の規制緩和、土地の外国人への売却、農場補助金の撤退、メキシコの食糧・種子・飼料の市場の開放は多くの農民を移民へと導いた。メキシコからの移住の流れは1980年と1984年の間には年平均22万人から、1990年と1994年の間には37万人、2000年と2004年の間には57万5000人に増加した（Pew Hispanic Center）。1990年まで、メキシコ人はメキシコ中西部の歴史的送り出し諸地域（ミチョアカン、グアナファト、ハリスコ、サカテカス）を超えて、プエブラ、オアハカ、ゲレロ、ベラクルス、チアパスの南部諸州に拡がった。事実上、メキシコ国内のあらゆる地域は、すなわち、メキシコの全自治体組織の96.2%は、米国に向かう大量の移住によって様々な影響を受けてきた（Robinson, 2008 : 207-208）。

NAFTA 以降、メキシコ経済が依拠するようになった労働力輸出主導モデ

ルは、メキシコ経済を米国経済への従属的統合を示している。ただし、この統合は「米国」あるいは「米国」資本の利益ではなく、グローバル資本の利益でもある。このようにグローバル資本主義論の視点からロビンソンは強調する。すなわち、NAFTA はメキシコ人労働者、農民、中小企業だけでなく、同時に米国の労働者階級、中間階級、一定の企業家にとっても失敗した計画となった。それが国境の両側で多国籍企業に利益を与え、NAFTA と新自由主義を推進した強力なメキシコの経済支配グループに利益をもたらした（Robinson, 2008：208）。

結局、国境の両側の金融的、工業的、政策的エリートの狭隘な利益は、それぞれの国の労働者のためではなく、専門家や投資家や経営者、政治家からなる新たな強力な二国間からなる階級の強化のためであった。

次に、リージョナリズム論との関連で NAFTA の意味を確認しておく。NAFTA はグローバル化時代の新自由主義型リージョナリズムである。世界的規模の多くの貿易や統合協定は拡張的なグローバルな統合への「踏石（stepping stone）」である。1980年代以降、LA で展開されてきたタイプのリージョナリズムは、外向きに「開かれたリージョナリズム」である。リージョナルな統合の新しいモデルは LA の新自由主義型転換とグローバル化の統合部分である。政府と企業集団は、グローバル化過程へのさらなる地域の接合のタイミングと強度を調整するために地域統合を利用してきた。地域統合はラテンアメリカの企業とビジネス組織が域内で国境横断的に拡張することを可能にし、グローバル経済へアクセスする新たな道を彼らに提供してきた（Robinson, 2008：195）。

北と南のナショナルな資本家階級の指導層は、その頂点に多国籍管理エリートが支配する新たな多国籍資本家階級（TCC）に統合されている。国民国家は消えることも、重要性が少なくなることもないが、変容を続けている。国民国家の制度的機構は多国籍な制度的ネットワークに巻き込まれてきた。1980年代と90年代の間、世界中の資本家とエリートは新たな路線に沿って、すなわち、ナショナル志向と多国籍志向へと細分化した。ナショナル志向の分派と競争するローカルなエリートの多国籍分派は国家権力をめぐり張り合った。多くの国では多国籍分派が勝利した。

たとえば、国境の両側でのトウモロコシ生産と加工に関する多国籍なコング
ロマリットが如何にNAFTAから利益を得たのか、他方、米国とメキシコ政
府がNAFTAの承認を通じて多国籍な蓄積を促進し、多国籍企業の生産補助
金を提供し、貧農による農業を多国籍な農業への転換し、新自由主義的緊縮を
推進してきたのかを。こうした現状は、米国によるメキシコの植民地化の構図
ではなく、事実上、両国による多国籍企業の植民地化の構図であり、TNS装
置から考えるような二つの国家の機能により推進された（Robinson, 2014：89）。
言い換えれば、メキシコ国家のこの多国籍化とメキシコ資本家階級のかなりの
部分の多国籍化は、アメリカ帝国主義やメキシコの従属といった旧来の新植民
地的分析の点から理解できない過程にある（Robinson, 2015：15）。
　以上の視点から、トランプ現象とトランプ政権に触れておきたい。

新たな世代のグローバル化の促進

　ドナルド・トランプの大統領就任は、メキシコにおける経済的・社会的危機
に新たな次元を付け加えることになる。国境の壁へのメキシコの支払い、
NAFTA再交渉の提案、メキシコの財への威嚇的な20％の関税、米国に住む
メキシコ人の国外追放、これらはトランプが米国の南の隣国との伝統的な関係
をひっくり返そうとしていることを明らかにした。

　トランプの一連の発言は、他方で、メキシコの新自由主義を信奉する既得権
益者にも大きな衝撃を与えた。彼らは輸出を軸にしたメキシコの米国依存を主
導してきたのである。サリーナス政権と彼の追随者や寡頭制支配勢力が現在の
メキシコの経済的苦境を設計し推進してきたのである。

　NAFTAのもとでますますの脆弱化と米国依存を進めたメキシコ経済に
とって、トランプのNAFTA再交渉発言は、メキシコの政治・経済エリート
にはある種の「津波」であった。具体的な政策が見えないが、米国への輸出が
GDPの28％を占めるメキシコにとって「壊滅的な打撃」を意味するかもしれ
ない、とサイファーは予想する（サイファー, 2017）。

　一方、ロビンソンは、再交渉の目的が協定の「近代化」と「現実化」である
との立場と視点から以下のように述べている（Robinson, 2017b）。

　トランプは選挙キャンペーンの期間中、米国の労働者階級の諸部門の中に社

会的基盤を確保する彼の戦略の一部として NAFTA を攻撃した。彼らは資本主義グローバル化の被害に直面していた。しかし、公式な言説以上には、現在までトランプ政権が提起した諸政策にはポピュリスト的なものはない。トランプの政策は、全面的規制緩和、社会支出の削減、社会福祉的施策の一層の撤去と民営化、企業や金持ちへの課税の削減、国による資本への補助金の拡大、結局、新自由主義政策であり、その徹底である。

1990年代初め、NAFTA の交渉が開始されたとき、米国の巨大企業は自動車、家電製品、機械工具などの生産であり、製造業がまだ経済を推進していた。NAFTA が発効したとき、世界貿易機構は存在せず、インターネットを利用する人はわずかで、コンピューターは一般的に普及しておらず、デジタル経済は存在してなかった。

しかし、NAFTA と世界貿易機構が発効して以降、グローバル経済は発展と変容の過程を辿った。とくに、サービスの多国籍化といわゆるデジタル経済の出現——コミュニケーション、情報、デジタル技術、電子取引、金融サービス、知的所有権の保護を必要とするその他多数の認知されない製品——は、グローバル・アジェンダの中心に置かれた。サービスにおける取引の世界的成長は20世紀末の四半世紀に財の取引を大きく上回った。2017年までに、サービスは世界の全生産のほぼ70％を示してきた。

米国の通商代表、ライトハイザーは再交渉の声明を出した。その目的は、協定の「近代化」と「現実化」であると。この25年に、「我々の経済とビジネスは大きく変化してきた」、「しかし、NAFTA は変わらなかった」と言う。デジタル貿易と知的所有権に関連した新たな条項が必要である、と主張した。NAFTA の再交渉やグローバル貿易体制の主張に注目すると保護主義どころか、米国は、今やグローバル経済の前衛であるデジタルやサービス貿易にとってのナショナルな障害を低める任務を担っている。それゆえ、米国はグローバル化の新たな世代を促進している。

右傾化に抗して

新自由主義的グローバル化と自由貿易協定はナショナルな生産構造を破壊し、多国籍企業の論理と対外的ショックを諸国家に押し付けている。しかし、

また犯罪的経済活動と合法的経済活動との連携もある。とくに、それがマネー・ロンダリングから利益を得ている金融部門においてこの連携が見られる。

　メキシコの状況は、新たな壁によって引き起こされた極端な緊張と犯罪についてわれわれに知らせている。メキシコと米国の国境は世界で最も暴力的な空間の一つである。米国は中米や南米からの移民に対して米国の国境の盾となるようにメキシコ政府の対応の変更要請を強めている（Laurell, 2015：262）。

　こうした新自由主義とグローバル化がメキシコ社会にもたらした広範な深刻な状況を克服し、民主的で自立的な新たな可能性を追求する必要がある。そのためには、オテロ（Otero, 2011）が主張する「新自由主義と結びついた北米経済へのメキシコの非対称的統合過程における食糧自給と労働主権との関係」を見直さなければならない。これは、メキシコが民主的再生に向け、LA の「左派的」・民主的潮流との関係を結ぶことも検討する必要があった。1990年代と2000年代、左派は LA で重要な影響を及ぼしたとき、メキシコは例外としての立場にいた。しかし、今日、LA の進歩的政府は砲火を浴びて、後退を余儀なくされている。

　2018年の大統領選挙では、メキシコ左派のリーダー、ロペス・オブラドールと新政党 MORENA が勝利した。彼はメキシコ左翼を統一し、この大統領選挙に向けて市民の変革への意欲とエネルギーを構築することに成功した（本書第9章で詳細した）。今後も彼らは「あらゆる社会階級からメキシコ人を動員し、既存の社会運動を統合し、最近の不満を方向づけ、近年の政治モデルと決裂する新たな国家ビジョンを提起しなければならない」。メキシコを根本から変えるためには、「すべての利害関係者に奉仕するよう国家を作り直す市民革命」（Salas, 2017）が必要とされる。

　南米の「ピンク・タイド」が衰退しており、この地域が右傾化している状況下でメキシコが新自由主義の時流に対抗して左派の再生の主要な場になりえるのか、注目されよう。

3　ラテンアメリカが提起してきた問題と課題：
　　「左派」政権の挫折を乗り越えて

LA が提起してきた問題と課題

　本書では新自由主義に翻弄される LA 社会を「国家―市民社会―市場」関係とグローバル資本のヘゲモニーとを連関させること、そして民衆的視点からポスト新自由主義に向けた重層的ガヴァナンス構築の枠組みからのアプローチと分析が不可欠であるとの立場から考察している。

　そこでは、自律的「国家―市民社会」関係の発展、国家の役割再考、社会運動と国家、資本やグローバル市場と関わる財政問題、そして米州というリージョナルなレベルでのガヴァナンス構築、これらの問題が課題になると指摘した。

　そこで、「左翼政権の挫折を乗り越えて、LA の社会運動の歴史と経験を如何に発展させるか」という問題意識から、若干、これらの問題を整理しておきたい。なぜなら、こうした総括を踏まえることなしに、これからの21世紀のこの地域の試練と積極的な挑戦を展望できない。

　まず、本書の視点とアプローチにかなり一致しているキャノン等の著書（Cannon and Kirby, 2012）を紹介しておこう。彼らは「民主化が依拠する国家―市民社会関係の永続的編成におけるローカルなこと、ナショナルなこと、グローバルなことの複雑な弁証法的相互関係性」の重要性を強調し、その視点から現在の LA 社会、とりわけ「左派」政権を考察する。彼らの指摘も踏まえて、以下本書の分析視角と再度確認しておきたい。

　第 1 に、ナショナルな市民社会内で一定の社会運動を発展させるために必要な集権的・垂直的ガヴァナンス構造を変えることは容易ではない。市民社会が同質的なアクターではなく、新しい左派政権を経験した国家も様々な点で市民社会アクター内部にさらなる分裂を創り出していた。そうした社会ではあるアクターを特権化し、他を周辺化していた。この困難は少なからず持続するネオリベラル型グローバル化の切迫した要請に拠っていた。また、ナショナルな市民社会とこれらの政治的要素は密接にその要請と結びついていた。それは資本

の自律性を最大限にするためにこうした垂直的権力関係を鼓舞していた。

　第2に、こうした構造的束縛にも拘らず、市民社会の強力なアクターは暮らしを掘り崩す国家の行動に異議申し立てをした。この点には注意が払われるべきであろう。なぜなら、市民社会の役割は、熟議や異議申し立てを通じて意思決定をするための単なる意見形成を超えて進んできた。左派政権は、一方で、社会運動によって結びつけられた民衆の諸要求と、他方で、大資本の市場志向やグローバルな要求との間で選択を迫られてきた。

　この選択は、「現代ラテンアメリカにおける民主化過程の成否にとって、また将来のポスト・ネオリベラルの形成にとってカギである。それは多くの緊張をもっているが、社会的転換と民主化の深化に向けた可能性をも含む魅力的な空間である。他方、民主主義、市民権、LA の民主化の軌跡を我々がどのように理論化するのか、この点での重要な諸問題を提起している」(Cannon and Kirby, 2012：202)。

　第3に、新自由主義が強力な支配をしていた時代は、一時的、表面的に終わりつつあるように見えたが、今や左派政権の挫折と失敗に直面している。他方、企業の経済勢力が劇的に拡大した。強力なレトリックと民族主義立場にもかかわらず、左派政府いずれも輸出や外国貿易や投資を規制する厳しい努力をしてこなかった。民営化への歩みは弱まったが、外国企業や国内企業の国有化ないし社会化へ向けた動きは少ない。したがって、「市場との関係で国家の役割を‘再構築’しようとするポスト・ネオリベラル政策」が国家を「飼い慣らす」意図を持つポスト・ネオリベラル的プロジェクトを傷つけている。(Cannon and Kirby, 2012：190)。前者が不可避的に後者を負かす可能性をどのように阻止するのか、緊急の課題であろう。

　第4に、グローバル化の文脈で、貧困削減のために左派政府の採掘産業への依存が民衆の生活と願望を、とくに、ローカル・レベルやこうした産業活動に関わる先住民集団のそれと矛盾をきたしている。この問題は「参加の精神と実践」を裏切っていることになる。

ポスト新自由主義に向けたガヴァナンス構築：新しい支配形態か自立か

　この地域の左派への旋回は、「国家―市民社会」関係を再規定するために多

くの社会的運動と諸政党によって経験が蓄積されてきた。しかし、新自由主義への抵抗の主要なアクターであり、広範な民衆を結集させる基盤となり、さらに左派政権を誕生させてきた社会運動の現状は複雑である。補助金や国家機関と制度上の地位の提供を含め、他の物質的利益の見返りに国家に協力し取り込まれ、あるいは解散した運動や組織も少なくはない。

たとえば、アルゼンチンでは、多くのピケテロ運動は社会プログラムや運動指導者の政府ポジションへの任命を通じて国家に取り込まれた。

対照的に、チリ、ペルー、コロンビアのインディオ人民がイニシアティブを握った社会運動は重要な段階に向かった。チリのマプチェ人民はピノチェト時代から引き継がれた反テロリスト法による破壊から回復しており、学生や労働運動の多様な部分、とくに鉱山労働者や林業労働者は、共同行動により彼等の運動の重要な再活性化に参加している。

ペルーの採鉱で被害を受けた先住民共同体は、新たな組織、ペルー共同体採鉱被害者全国連合（Conacami）を設立し、自社の利益を高めるため水資源と空気を汚染している多国籍企業のジェノサイド的な採鉱活動に激しく抵抗した。

ウルグアイの国際政治アナリストで、社会運動の研究者であるララウル・シベッチは、国家と社会運動の関連における「新しい支配形態」に注目し、次のような総括をしている。

> 「国家はネオリベラル・モデルを生き延びさせるために下からの社会プログラムによって設立されたネットワークや、連帯、相互性、相互援助の諸方法を中立化あるいは修正しようとする。一度、社会運動によって生み出されたこれらの結合や自律的賢明さが消えると、人々はより簡単に統制されよう。社会プログラムの中立化と、下からの自律性に対する攻勢に打ち勝つことによってのみ、社会運動は独立に戻る道を発見できる。」（Zibech, 2009）

確かに、草の根運動が国家への依存と従属を打ち破ることは事実上困難である。新たな「左派的」・「進歩的」政府は、貧民を「統合する」目的の社会プログラムを含む新たな支配形態を構築しようとする。さらに、国家は社会運動の言説を取り込み、あるいは実践を引き受けるにつれて、その運動の役割に問題にされるようになった。

第1に、新しい政府は伝統的・寡頭制的支配の基盤を破壊することなしに前

進できない。

第2に、資本と国家は新たな統制形態を設立するため、住民の問題と安全保障の問題を彼等の戦略の中心においた。そして、社会プログラムを新たな支配形態に転用した。これは、統合に向けた「市民のための一層巧妙な社会的発展」である。まさに、社会プログラムは生政治メカニズムを基盤にした統制の手段となるのである。

第3に、社会運動の言説を媒体とした自律性に対する攻勢がある。それにより、社会運動が社会プログラムのデザインに「参加」するための協力方法を探り、ローカルな政治の適用に巻き込まれるようになる。社会プログラムは反乱が起こったコミュニティの中心に向けられる。したがって、社会プログラムの中立化と、下からの自律性に対する攻勢に打ち勝つことによってのみ、社会運動は独立に戻る道を発見できる。

民主的ガヴァナンスの構築における国家の両義性

前に述べたように、如何なる国家であれ、国家はそれぞれの「国益」を追求する。もちろん、「国益」は一般的には決められない。国家が政治空間における諸アクターの活動が総括される場であるとすれば、新自由主義型グローバル化時代には、多国籍資本のグローバルな展開とグローバルな生産と金融のシステムが国家を考察する際に不可欠な要因である。北と南のナショナルな資本家階級の指導層は、多くの場合、新たな多国籍資本家階級（TCC）に国境を超えて統合されている。

それでは、LA の民衆と社会運動はどうすればよいのか。LA の現状は新しい、しかし複雑な段階に入っている。米国との関係で、左翼内部で、社会運動と国家の関係でも、また、オルタナティブの諸運動内部においても新しい局面にさしかかっている。

「国家（制度）―運動」関係の問題はいつの時代でも、どのような状況でも避けて通れない。ブラジルの例で見たように、「国益」と人権あるいは市民の権利の矛盾は新しい「左翼」政権でも変わらない。むしろ、「社会プログラム」を通じた、あるいは民衆の言説や規範を媒介として巧妙化する。社会運動の原点である自律的なローカルな運動・制度構築を基盤に、国家の諸レベルでの民

主化を継続的に追求することの重要性を再確認する必要がある。同時に、リージョナルおよびグローバルなレベルにおいても民衆の正当な願望の実現を結びつけるプロジェクトを継続的に追求し続ける重要性は変わらないであろう（土地なし農村労働者運動、社会連帯経済、民衆統合のための社会フォーラム、世界社会フォーラムなど）。

　LA 域内での協力と連携強化は、ボリバルからホセ・マルティ、そしてゲバラやチャベスにいたるまで歴史的伝統とその客観的基盤がある。したがって、新自由主義的グローバル化を乗り越える重要な今日的課題は、「国家─市民社会」関係、そこにおける「アソシエーション─社会運動─正式なガヴァナンス構造への参加」の一連の相互連鎖過程の水平的・民主的な転換を、「ローカル─ナショナル─リージョナル─グローバル」な垂直的・民主的なガヴァナンス構造の構築と連携することであろう（松下，2016b 参照）。

4　オルター・グローバル化を構想するために

領土的権力の再構築と民主制

　新自由主義の浸透・深化は様々な契機があるが、情報化の発展とそれを基盤にした民衆の同意を調達し、拡散するために新自由主義の言説を社会の隅々まで浸透させてきたことも無視できない。新自由主義の教義と政策はいまだ民衆の思考様式を含めあらゆる領域や空間で根強い支配的な位置を占めている。新自由主義は企業や国際機関はいうまでもなく、教育やマスコミの現場にも浸透してきたことは周知のことである。民主主義制度を基盤する社会、市民社会を内部から汚染し掘り崩しているのである。「要するに新自由主義は言説様式として支配的なものとなった」のであり、「われわれの多くが世界を解釈し生活し理解するに一体化してしまうほど、思考様式に深く浸透」（ハーヴェイ，2005：11）しているのである。このようにデヴィッド・ハーヴェイは認識する。

　こうした新自由主義言説について、筆者はフレデリック・ロルドンやウェディ・ブラウン、クリスチャン・ラヴァルの研究に注目してきた（松下，2019）。彼らは、新自由主義の浸透と展開が顕在化し「表層」に現れている多様な「暴力」的契機のみでなく、新自由主義独自の諸言説が社会の日常生活の

「深層」や「常識」を通じて「ソフトパワー」ともいえる独特な形で「主体の幹や枝」、「毛細血管」に入り込んでくる様子を考察している。

本書においても情報化の発展とそれを基盤にした新自由主義の浸透・深化に若干触れてきた。これは国境管理の強化や管理社会への現実的趨勢と向かってきた。他方で、グローバル化はグローバル・サウスにおける土地市場の出現や国家の空洞化と再配置が進んでいる現状も論じてきた。前者は、ハーヴェイが述べる「権力の資本主義的論理」に、後者は「権力の領土的論理」に関わっているであろう。

彼は権力の領土的論理と資本主義的論理を直視し、領土的権力の根本的な変革と再構築を模索する必要性を強調している。「権力の領土的論理」とは、独自の利害に基づいて国家機構によって展開される政治的・外交的・経済的・軍事的諸戦略のことである。

他方、「権力の資本主義的論理」は、貨幣権力が、終わりなき蓄積を求めて空間を横断し国境を越えて流れるその仕方に焦点を当てる（ハーヴェイ，2012：255-256）。

> 「現在の反資本主義的思考の多くは、資本の権力に対抗する権力のしかるべき形態として国家に目を向けることに対して、懐疑的ないしあからさまに敵対的であるが、新しい社会秩序を構想する際には、何らかの種類の領土的組織（たとえばメキシコのチアパスにおけるサパティスタ革命運動によって編み出されたものを含む）は避けて通れない。それゆえ問題は、国家が人々の問題を処理するのに妥当な社会組織形態なのかではなく、どのような種類の領土的権力組織であれば、別の生産様式への移行にふさわしいのか、である。……社会生活の再生産を組織する支配的な方法として資本蓄積から何らかの形で離脱するためには、領土的権力の根本的な変革と再構築をも想定しなければならない。何らかの領土内で機能する新しい制度的・行政的諸機構が構想されなければならない。」（ハーヴェイ，2012：258）

この指摘は現在の新自由主義国家と社会を民主主義的方向で再構築するための重要な構想の一つであり、基本的な発想の出発点であろう。

ローカルな空間と場から：反資本主義的戦略としてのコモンズ

「資本主義に抗するデモクラシー」あるいは「国家に抗するデモクラシー」

を構築にかかわって、ハーヴェイが注意を促す〈場所の政治学〉は重要なアプローチである。

　固有の場所は実際、個々人の出会いのための中心的場を形成する。こうした出会いを通じて、共通性と連帯とが個々人の間で確立されうるのであり、支配的秩序に対する対抗ヘゲモニー型の運動が明示的存在になりうる。このような場からこそ、「活動基盤に対する責任を維持しつつ偏狭な関心を」乗り越えるような「政治的プロジェクトに参加者を動員することができる」のである。そして時間とともに、種々の場所（近隣社会から地域や国家に至るまで）における持続的な社会的・経済的・政治的紐帯の強さが、「政治活動のための実用的な支点」を与える（ハーヴェイ，2013b：358）[1]。そこで、ハーヴェイはコモンズに注目する。

　ある種の囲い込みは、しばしば特定の貴重なコモンズに対する最良の保護策である。彼はまず次のことを確認する。たとえば、アマゾン河流域で、短期的な金銭的利害に基づく俗流民主主義が大豆プランテーションと放牧経営によって土地を荒廃させるのに抗して、これらのコモンズを保護するには、ほぼ間違いなく国家機関が必要となる。したがって、「あらゆる形態の囲い込みが、本質的に「悪」として退けられるわけではない。冷酷に商品化されつつある世界においては、非商品化された空間を生産しそれを囲い込むことは、明らかに良いことなのである」（ハーヴェイ，2013a：126）と。

　囲い込みによってコモンズを保護するという思想は必ずしも容易に成り立つわけではないが、とはいえ、一つの反資本主義的戦略として積極的に探求される必要がある（ハーヴェイ，2013a：127）。

　都市公共財と都市コモンズについても、彼は論じる。自由主義理論において、「私的所有権が正当化されるのは、結局のところ、それらの権利が公正で自由な市場交換制度を通じて社会的に統合される場合には、を最大化するということであった」（ハーヴェイ，2013a：134）。しかし、コモン化という実践の中核に存在している原則は、「社会集団と、それを取り巻く環境のうちコモンとして扱われる諸側面との関係が集団的で非商品なものだということである。すなわち、市場交換と市場評価の論理は排除される。この点は決定的に重要である。というのも、それは公共財とコモンとを区別するのに役立つからである。

公共財は国家の生産的支出と解釈されるが、コモンは、まったく異なる形で、まったく異なる目的のために創出ないし使用される」（ハーヴェイ，2013a：132）。

　新自由主義政治は実際、行政の分権化とローカルな自治の極大化の両方を支持している。一方では、これは急進勢力がより革命的な目標をはるかに容易に推進することのできる空間を開放する。だが、ボリビアのコチャバンバは、2007年に反動勢力によって乗っ取られ、自治の名のもとに反革命の支配が確立された（その後、彼らは民衆の抵抗によって追放された）。この事実は、多くの左翼が抽象的な戦略としてローカリズムや自治を奉ずることには問題があることを示唆している（ハーヴェイ，2013a：146）。

　そこで、資本主義権力に対抗可能な「新しいコモン」を確立が必要になる。

> 「資本蓄積の略奪的傾向を――不十分ながらも――抑制しようとしてきた規制の枠組みや統制がとっぱらわれると、野放図な資本蓄積と金融投機の「わが亡きあとに洪水はきたれ」的な論理が解き放たれた。……このダメージを抑制し逆転させることができるのはただ、剰余の生産と配分を社会化し、万人に開かれた「富の新しいコモン」を確立することによったのみである。……社会的利益のためにコモンズが生産され保護され利用されうるという政治的認識は、資本主義権力に抵抗し反資本主義的移行の政治を再考する一つの枠組みとなる。」（ハーヴェイ，2013a：152）

　そのためには、「二重の政治的攻勢」が必要となる。すなわち、「国家に対して、公共の目的に沿う形でますます多くの公共財を供給することを余儀なくさせるための攻勢であり、それと並んで、全住民が自らを組織して、非商品的な再生産・環境コモンズの質を広げ高める方向で公共財を領有し利用し補完するための攻勢」である（ハーヴェイ，2013a：153）。

5　グローバルな民主的世界秩序構想に向け：
　市場の論理を超える展望に向けての視点と課題

新自由主義型ヘゲモニーと正当性の限界

　2018年はこの大陸を左右するさらなる政治的変化が生まれている。この年の10月の大統領選挙で30年近くに及びブラジルを統治してきた労働者党は、極右

の元軍人ジャイル・ボルソナーロに政権を奪われた。他方で、メキシコでは7月の大統領選挙でロペス・オブラドールが勝利した。[2] この二つの大国における政治的変化は、新自由主義と米国を中心にした多国籍諸勢力が及ぼす各国内での民衆生活の複雑な情況を反映している。メキシコの場合、広範な民衆の叫び"もうたくさんだ！"というスローガンに深い意味を考えなければならない。それは、経済的低迷・下落、グローバル資本による生活破壊、半ば強制された移民、暴力と腐敗の蔓延等々である。

ボルソナーロ政権は米州域内の新自由主義の深化と保守化を推進する役割を担うであろう。他方、ロペス・オブラドール（AMLO）はボルソナーロ政権とは異なる反対の方向を追求するであろう。とりわけ、AMLO 政権の誕生は新自由主義への対応 LA 全域の今後の行方を構想する意味で歴史的な注目に値する。[3]

メキシコの新政権と目標を共にする LA の進歩勢力は協働し、グローバルな経済危機を取り除き、同時に社会的・政治的不安を妨げるための代替的な様式を構築できるか、これは「社会的正義の闘争であり、貧しい大多数の人々に富と権力の世界的規模での急進的な再配分に影響を与える第一歩として、グローバルな生産と再生産の過程に対する多国籍な社会的ガヴァナンスの措置」（Robinson, 2012：362）を含まなければならない（松下，2018c 参照）。

今や、LA のリージョナルな連帯と統一の再浮上の可能性を幅広く議論される必要がろう。重要なことは、新自由主義型グローバル化に対する対抗ヘゲモニー構想に向けて様々な主体的諸契機を重層的・連携的に構築することであろう。そのためには、それぞれの異なる固有の歴史、文化、位置、政治的・経済的諸条件のもとで活動している人々の間で領域横断型の同盟が構築されなければならないし、共通の目標に関して一定の合意が必要である（ハーヴェイ，2012：284-287）。

メキシコの新政権の取り組みがナショナルなレベルを超えて、地域的・統合的リーダーシップあるいは中核となれるか、言い換えれば、ローカル―ナショナル―リージョナルな民主的で重層的なガヴァナンスを構築する戦略をもつことが不可欠である。

21世紀の新自由主義的グローバル化の対抗戦略

21世紀の新自由主義型グローバル化の対抗戦略は、繰り返せば、「ローカル／ナショナル／リージョナル／グローバル」の連結関係の中で、ナショナルなレベルでの「国家―市民社会―市場」の変容する相互関係を考察することが必要になる。言い換えれば、国家を市民社会に埋め込む多様なプロジェクトを追求し、民衆を基盤にしたリージョナリズムを構築し、平等と多様性に基づいたコンセンサス型意思決定メカニズムをグローバルなレベルで長期的に追求する必要があろう。抑圧と周辺化の複雑な（不均等で連結型の）歴史的、経済的、文化的、政治的は諸過程を認識し、そして対抗しようとする革新的な作業方法を発展させている世界社会フォーラムのような運動（WSF の原則憲章を参照；フィッシャー／ポニア，2003：3）やコスモポリタン民主制（ヘルド，2002）を提唱する理論的努力も21世紀の対抗戦略に合流できるであろう。

重層的ガヴァナンス構築の視点に触れておく。ネオリベラル型「改革」の推進は、ナショナルかつグローバルな諸要素を伴った一つの過程である。多くの論者が強調してきたように、支配的なネオリベラル型世界秩序はローカルとナショナルなレベルだけでは変えられない。すなわち、グローバルな社会変容に向けた効果的闘争は、ローカルな抵抗からトランスナショナルな協調までの多様で重層的な運動の結合を必要とする。この点で、ロバート・コックスの指摘は説得的であろう。

> 「経済的規制緩和と脱政治化によって生み出された袋小路からの出口は、グローバルな構造変化に対応した再規制と再政治化である。これは一国だけでは一度に起こることはできない。なぜなら、各国は経済グローバル化の網の目に捕えられているからである。一国を基盤にした分離や孤立主義は自滅的になろう。それは、多分、第一段階には、救済策が世界の諸地域でのみ起こりうるかのように思える。そして、究極的には、グローバル・レベルで。もしそれがグローバルな社会に強く基礎づけられているならば、そこでのみおこりえる。」(Cox, 1994：110)

市民社会の基盤にしたローカルな抵抗や運動、そしてローカルからグローバルにいたる重層的なガヴァナンスの連携・協調が理想的なことは言うまでもない。

「もう一つのグローバル化」の実現へ

人類が直面している危険にもかかわらず、あるいはそれゆえに、最近は転換型・解放型プロジェクトに向けた大きな機会が提供されている。第1に、現行のシステムがその正統性を失ってきた。第2に、新自由主義は物質的・イデオロギー的枯渇に達しているようである。第3に、世界的規模で支配集団は分割され、しばしば舵がないように見える。第4に、「第一世界」の「第三世界化」は、北と南を横断して有機的同盟のため、ラディカルなグローバル化政策のための新たな機会を開いている。にもかかわらず、抵抗運動は必ずしも対抗ヘゲモニー運動ではなく、後者は必ずしも反資本主義運動ではない。反資本主義運動の否定は、必ずしも代替型のポスト資本主義あるいは社会主義プロジェクトの肯定ではない。グローバル危機の反資本主義型の民衆的解決は、政治行動のみならず世界資本主義を理解する歴史的—理論的理解でもあり、そこに横たわる構造とダイナミズム、その現在の具体化の理解でもある。

グローバルな民主的世界秩序を構築することは「ユートピア」に思われる。しかし、今日の世界を見渡すと、新自由主義型グローバル化が地球上を席巻している中でも市民的アソシエーションの成長と公共空間の拡がり、そしてそれらのネットワーク化が急速に見られる。こうした動きは、「社会・国家・市場の制度化された均衡」を取り戻すのみならず、新しい時代の民主主義の実践的・理論的探求とも連動している（松下，2012b）。

グローバルな民主的世界秩序は、公共空間のすべての次元で、すなわちローカル、ナショナル、リージョナルなレベルにおける広範な人々の参加過程を必要とする。だが、支配的な新自由主義型世界秩序は、ローカルとナショナルなレベルだけでは変えられない。グローバルな社会変容に向けた効果的闘争は、ローカルな抵抗からトランスナショナルな協調までの多様で重層的な運動の結合を必要とする。

デヴィッド・ヘルドは、社会から支持された民主的な「コスモポリタン多国間主義」へ移行する必要性を強調する。その核となる条件の中に、「様々な領域（社会、経済、環境）において政治的共同社会の相互連関性が増大していることの認識」や「透明性や責任、社会正義の原理を実際に実現するための地方レベルから地域、グローバルなレベルにまでおよぶ、既存の重層的な政治空間の

拡張と転換」を挙げている（ヘルド，2002：日本語版への序文）。しかし、コスモポリタン民主主義の可能性は「非決定性」という状態にあり、これこそが新しい政治的理解の可能性をつくりだしている、と主張する。

　ヘルドの重視する「非決定性」を方向付けるのは、多岐にわたる広範な社会運動による自律的で重層的なレベルでのガヴァナンス構築に向けたプロジェクトであろう。

　「もう一つのグローバル化」の過程は、根本的な再構成への条件を創出し、社会的解放と政治的変化を再構成する必要がある。この過程の一つは LA に存在している。そこでは従属諸集団の対抗的プロジェクトがローカルな空間と日常生活の政治化により国民国家を超えて、あるいはその底辺から動いている。この大陸では、「民主主義の民主化」の名のもとに展開されている「参加型」民主主義、「熟議型民主主義」、「エンパワー型民主主義」など多様な実験が蓄積されてきた。そして、世界社会フォーラムや連帯経済運動のようなもう一つのトランスナショナル化の形態の構想を実現しようとしている（Santos, 2005）。

　グローバル・サウスの重層的ガヴァナンスを構築するのは、言うまでもなく極めて困難な課題である。しかし、今日、世界中で新自由主義の過酷な影響を受けた人々が異議申し立てをしている。そして、グローバルな政治・経済、グローバルな社会運動、ナショナルな運動やローカルな運動とそれらの連携が論じられている。市民社会の民主化を前提として、NGO や社会運動はグローバル、リージョナル、トランスナショナル、ローカルな支配とガヴァナンスのシステムの交点で自らの権力を下から再構成するプロジェクトを探求している。これは、今後の民主的な世界秩序構築の鍵となる。とくに、ローカルなレベルでの下からの民主的なガヴァナンス構築は基本的である。

　現在、LA は多くの困難を抱えている。しかし、軍政をくぐり抜け、社会運動を基盤に下からの民主化を進め、ローカル、ナショナルなレベルで様々な挑戦をしてきた。加えて、リージョナルとグローバルなガヴァナンス構築に向けて積極的な貢献をしてきた。重要なことはこうした「成果」だけでなく、明らかになった問題をも含めて今後の発展に向けた深い分析を行うことであろう。

【注】

1) ハーヴェイは「場の力」を動員する契機を物神化する危険性は認識している。ローカリズムと偏狭な地域主義の政治は、新自由主義的搾取と「略奪による蓄積」という普遍的抑圧に対する回答ではない、と注意を向けている。

2) この勝利は、NAFTA協定実施の過去30年にわたりメキシコに存在してきたPRIとPANとの融合する政治体制「PARIANレジーム」を打ち破った。

3) AMLOと「一緒に私たちは歴史を作るだろう（Juntos Heremos Historia）」連合の勝利について、アンヘル・ゲラ・カブレラ（Ángel Guerra Cabrera）はメキシコの日刊紙ラ・ホルナーダ（*La Jornada*）でこの大統領選挙を「新自由主義に対する国民投票」と的確に位置づけた（5 de julio de 2018）。そのうえで、この勝利の意義を次のように展望している。

「それは1999年におけるこの地域に始まった反新自由主義諸政府のサイクルに位置づけられる。その先例の一つは1994年のチアパスにおける先住民の蜂起である。ロペス・オブラドール派の勝利はラテンアメリカ・カリブ地域を進歩的な方向に向けて新たに刺激するであろう。地域第二の経済大国メキシコは膨大な天然資源を有し、1億3200万以上の人口を擁し、密度の高い歴史的・文化的な蓄積を持っている。我々のアメリカにおいて巨大な政治的影響力を行使する。」

索　引

■著者紹介

松下　冽（まつした・きよし）

1947年　東京都生まれ
1970年　早稲田大学第一法学部卒業
1985年　明治大学大学院政治経済学研究科政治学専攻博士後期課程単位取得退学
現　在　立命館大学名誉教授・博士（国際関係学）

主　著

『現代ラテンアメリカの政治と社会』（単著）日本経済評論社、1993年
『途上国の試練と挑戦』（単著）ミネルヴァ書房、2007年
『現代メキシコの国家と政治——グローバル化と市民社会の交差から』（単著）御茶の水書房、
　　2010年
『グローバル・サウスにおける重層的ガヴァナンス構築——参加・民主主義・社会運動』（単著）
　　ミネルヴァ書房、2012年

Horitsu Bunka Sha

ラテンアメリカ研究入門
——〈抵抗するグローバル・サウス〉のアジェンダ

2019年12月10日　初版第1刷発行

著　者　　松　下　　　冽

発行者　　田　靡　純　子

発行所　　株式会社　法律文化社

〒603-8053
京都市北区上賀茂岩ヶ垣内町71
電話 075(791)7131　FAX 075(721)8400
https://www.hou-bun.com/

印刷：共同印刷工業㈱／製本：新生製本㈱
装幀：前田俊平
ISBN978-4-589-04047-3

日本平和学会編

平和をめぐる14の論点
―平和研究が問い続けること―

A 5 判・326頁・2300円

いま平和研究は、複雑化する様々な問題にどのように向きあうべきか。平和研究の独自性や原動力を再認識し、果たすべき役割を明確にしつつ、対象・論点への研究手法や視座を明示する。各論考とも命題を示し論証しながら解明していくスタイルをとる。

高柳彰夫・大橋正明編

ＳＤＧｓを学ぶ
―国際開発・国際協力入門―

A 5 判・286頁・3200円

SDGs とは何か、どのような意義をもつのか。目標設定から実現課題まで解説。第 I 部は SDGs 各ゴールの背景と内容を、第 II 部は SDGs の実現に向けた政策の現状と課題を分析。大学、自治体、市民社会、企業と SDGs のかかわり方を具体的に提起。

太田和宏著

貧困の社会構造分析
―なぜフィリピンは貧困を克服できないのか―

A 5 判・250頁・5500円

好調な経済状況、政府や NGO による対策にもかかわらず、なぜフィリピンは依然として貧困率が高いのか。国家、市場など各領域機能の相互関係・接合からなる全体構造に貧困要因を見いだすことで、対策が機能せず貧困が再生産される社会構造を考察。

グローバル・ガバナンス学会編〔グローバル・ガバナンス学叢書〕
大矢根聡・菅 英輝・松井康浩責任編集

グローバル・ガバナンス学 I
―理論・歴史・規範―

渡邊啓貴・福田耕治・首藤もと子責任編集

グローバル・ガバナンス学 II
―主体・地域・新領域―

I：A 5 判・280頁・3800円／II：A 5 判・284頁・3800円

グローバル・ガバナンス学会 5 周年記念事業の一環として、研究潮流の最前線を示す。I：グローバル・ガバナンスの概念とこれに基づく分析を今日の観点から洗いなおし、理論的考察・歴史的展開・国際規範の分析の順に論考を配置。II：グローバル・ガバナンスに係る制度化の進展と変容をふまえ、多様な主体の認識と行動、地域ガバナンスとの連携および脱領域的な問題群の 3 部に分けて課題を検討。

戸田 清著

人はなぜ戦争をするのか

A 5 判・70頁・1000円

戦争の残虐さや悲惨さを経験しながら「人はなぜ戦争をするのか」という根源的問いに応答する。様々な学問的叡智から、その背景や要因を探究し、この〈難問〉に答える。将来への展望として、戦争克服の可能性や平和教育の方向性も提言する。

―――――法律文化社―――――

表示価格は本体（税別）価格です